ミラクルハッピー

お仕事ずかん

デラックス DX

編著 ❤ ドリームワーク調査会

JN243176

西東社

もくじ

4

お仕事ってなんだろう？

お仕事は何のためにするのかな？
やらなくちゃいけないことなの？ 考えてみよう！

どうしてお仕事をするの？

収入をえる

人の役に立つ

生きがいが見つかる

生活にはお金が必要！

食べものや洋服は、お金を出してお店で買うよね。住んでいる家も、借りたり買ったりしているよね。このように、服を着る、食べる、住むなどの基本的な生活にはお金がかかるの。だから、仕事をしてお金（お給料）をもらう必要があるんだよ。

お仕事は生きがいになる！

自分がだれかの役に立つとすごくうれしいよね。働くこともそう。お店屋さんでもスポーツ選手でも、たくさんの人の生活を便利にしたり感動させたりできるの。人の役に立つと自分もしあわせになるから、みんな仕事をするんだよ。

お金の流れ

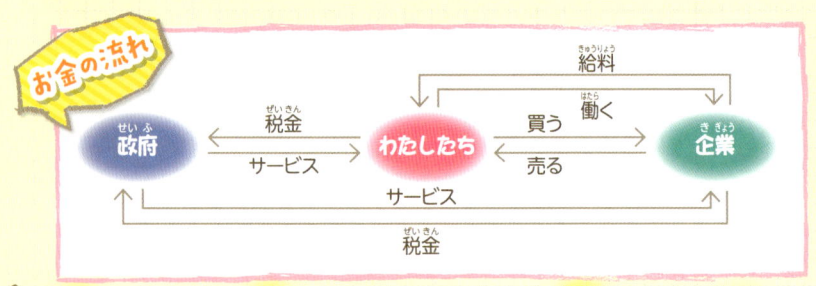

| 政府 | ←税金← / →サービス→ | わたしたち | ←買う / 働く→ | 企業 |

給料

税金

サービス

どうやってお仕事をえらぶの？

世の中にはさまざまな種類の仕事があるよ。そこから、自分にむいている仕事、楽しいと思える仕事を、どうやってえらべばいいのかな？まずは、自分がすきなことや、興味のあること、とくいなことをさがしてみよう。食べることがすき、洋服に興味がある、計算がとくい…。そして、世の中にどんな仕事があるのか調べてみよう！ 身のまわりの「働いている人」を観察してみて。すきなことを仕事にしている人は、イキイキと働いているはずだよ。

すきなお仕事につくには？

自分のすきなこと、とくいなことを見つける

興味をもった仕事のことを調べてみる

仕事に必要な技術や知識を身につけるため勉強！

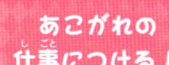

あこがれの仕事につける !!

「すきなこと」の見つけ方

すきなことがなかなか思いうかばない人もいるよね。でも心配しなくてもいいよ。いまはテレビでも、友だちと遊ぶことでも、おもしろそうなことはどんどん挑戦して。多くのことに関心をもてば、大人になるまでの長い間に「すきなこと」が見つけられるわ。そうすれば、きっと自分に合う仕事にめぐりあえるよ。

それぞれのお仕事の役わり

どんな仕事にも役わりがあり、
その役わりをはたすことで社会がつくられているよ。

病院
病気やケガをしたときに、治療をするところ

乗りもの
学校や会社に行くときに使うよ

農業
米や野菜などをつくって、スーパーや商店に売るよ

学校
子どもが社会に出て働くための知識や、生活する力をつけるため、勉強をしに行く場所

えき

りんご

警察（けいさつ）
みんなが安心して生活をするため、町を見守っているよ

商店（しょうてん）
何でも売っているスーパーや、1つのものを専門（せんもん）に売る個人商店（こじんしょうてん）。食べものやサービスをみんなに提供（ていきょう）するよ

役所（やくしょ）
国や市、町からのサービスを提供（ていきょう）するための機関（きかん）。住所変更（じゅうしょへんこう）や出生（しゅっしょう）とどけなどの処理（しょり）もするよ

会社（企業）（かいしゃ（きぎょう））
みんなが買いものをしたくなるような、みりょく的な商品を考えたり、それを買ってもらうための活動をするよ

住宅（じゅうたく）

特売

会社とは

会社は、担当するお仕事の内容によって、いろいろなグループに分けられているの。それぞれのグループが協力しあって働くんだよ。

総務部
備品の管理やお客さんへの対応、事務など多くを担当するよ

企画開発部
商品を生み出すところ。どのような商品がよいか考え、作っているよ

経理部
会社の売り上げなどを計算しているよ。利益をだして、損がなくなるように管理するよ

営業部
自分の会社の商品を、ほかの会社などに説明して、買ってもらうんだよ

人事部
どの人がどの部署に向いているのかを考えるよ

社長・秘書室
会社のトップが代表取締役社長。CEOとも呼ばれるよ。秘書は、社長のスケジュールを組んだり、管理する人だよ

よろしくおねがいします！

ようこそ

Hello!

ポン

法務部
ほかの企業との契約を交渉したり、契約書を作ったりするよ。法律の知識が必要だよ

よろしく

よろしく

広報・宣伝部
新商品などの情報をお客さんやほかの会社にアピールするよ

ポスター

それぞれのグループが協力しながら働いているよ

さまざまな働き方

正社員やアルバイトなど、
仕事にはいろいろな働き方があるよ。

正社員（契約社員もふくむ）

「正社員」は、自分からやめたり、特別な事情がないかぎり、同じ会社で長く仕事ができる働き方。保険や保障がしっかりしていて、万が一病気やケガをしても安心して働くことができるよ。保障がしっかりしているということは、会社側が正社員の能力に期待しているということ。だから正社員は、責任のある仕事をまかせられることが多いの。「契約社員」は、半年ごとや1年ごとなど、働く期限が契約によって決まっている働き方だよ。

派遣社員

「派遣社員」は、派遣会社に所属しながら、働き手を必要としている別の会社に行って働くよ。働きに行く会社ではなく、派遣会社からお給料をもらうの。1つの会社で長く働くというよりは、短期間ずつ、いろいろな会社で働く場合が多いよ。

パート、アルバイト

たとえば1年のうち3カ月だけとか、1日のうちの夕方だけなど、期間や時間を決めて働くのが「パート」や「アルバイト」。この働き方のよいところは、学校に行っている人や、家事や育児でいそがしい人でも自分のつごうに合わせて働く時間をえらべることだよ。

フリーランス

会社に入らず、個人で直接お金をもらう働き方が「フリーランス」。マンガ家など、専門的な技術をもっている人が多いの。収入は自分の能力で決まるから不安定なことも。でも仕事のやり方を自分で決められる自由があるのが、フリーランスのよさだよ。

＊本書では「フリー」と略しています。

公務員

国民や地域住民など、みんなのための仕事をするのが公務員。会社員とちがうのは、公務員のお給料は「税金」から支はらわれるところ。中央省庁や市役所などで政治や地域生活を守る仕事をしている人もいるし、公立学校の先生や警察官なども公務員にふくまれるよ。

経営者という働き方

会社やお店を自分で運営するのが「経営者」。みんなに商品やサービスを提供し、働き手をやとったりするよ。つまり、お給料を支はらう立場なの。経営者として成功するには、つねに景気や世の中の流行に気をくばり、どうしたら売れるかを考えることと、リーダーとして働き手をまとめていく力が必要だよ。

人気のヒミツを知りたい！

あこがれ

のお仕事

女の子たちの人気ベスト5の
職業を紹介するよ。

人気の理由やインタビューを
将来のお仕事えらびの参考にして！

あこがれのお仕事

モデル

雑誌やファッションショーで
洋服を着て、そのみりょくをつたえるよ。

女の子に人気のヒミツ！

1 新作の洋服がイチ早く着られる！

お店にならぶ前の有名ブランドの
洋服を、だれより早く着られる！

2 いろんな女の子に変身できる！

ボーイッシュからおじょうさま系
まで服やメイクで印象をガラリ。

3 テレビや雑誌で大活やく！いろんな経験ができる

売れっ子になると、テレビや雑誌にも引っぱりだこ。
海外のファッションショーによばれることもあるよ。

なるほどQ&A

Q モデルになるには身長が170cm以上必要って本当？

A 雑誌で活やくするモデルなら、身長に条件はないよ！海外で活動するなら背の高い人がこのまれるよ。

知りたい！ モデルのお仕事

洋服を着て、洋服をすてきに見せるのが
仕事。「洋服を着る」とひとことで言っ
ても、その中には努力がいっぱい。みん
ながほしいと思えるように着こなす必要
があるよ。それに健康管理がたいせつ。
肌はつねにキレイにしておかなきゃいけ
ないから、食事にもねる時間にもすごく
気をつかっているの。スタイルを保つた
めに、運動もかかさないよ。

お仕事メモ

勤務形態は？ モデル事務所に所属、フリーも多い

勤務時間は？ 不規則。2、3時間から、1日中かかることも

勤務地は？ 撮影スタジオ、国内外の撮影地など

休日は？ 不規則。土日も関係なく働く

お給料は？ 仕事と人気で変わる。雑誌モデルで1回数千円～10数万円くらい

モデルのお仕事 まるわかりっ！

朝5時——。
モデルの朝は早い

1日の生活は
規則正しくはじまるよ

ストレッチや
ヨガで体をほ
ぐしたり…

キレイを保（たも）つために
毎日つづけている
ことがあるの

手づくりのくだものの
ジュースを飲んだり、
健康管理（けんこうかんり）も
仕事（しごと）のうち！

お肌（はだ）の調子（ちょうし）は
どうかな？

撮影（さつえい）に行ってきます

いってきます

美白（びはく）のために
日焼（ひや）け対策（たいさく）は
かかせないよ

8時、撮影（さつえい）スタジオ入り

よろしくおねがい
しまーす！

よろしくねー

撮影（さつえい）には編集者（へんしゅうしゃ）やカメラマンなど、
たくさんの人がかかわるよ

ヘアメイク中

今日は衣しょうに合わせて、ふんわりしたイメージでね

衣しょう合わせ

まずはこのワンピース

いよいよ撮影開始

モデルは洋服に合わせたイメージを体で表現するのが仕事

その表情いいねぇー

一番キレイに見えるポーズの研究もだいじ！

1回の撮影で何度も衣しょうやメイクを直して…

つぎはパンツスタイルで行きましょう

わかりましたー

撮影がおわってつぎの現場に直行することも

できあがった雑誌を見るとちがう自分に会えたみたいでうれしいの！

あこがれの **モデル** さんに **インタビュー**

photo by 笹原清明

由中 美保さん
芸能事務所にスカウトされて芸能界に入り、モデルとして活やく。いまはモデルとしての仕事のほか、タレントや女優としてはば広く活やく中。

モデルになったきっかけは何ですか？

小学生のときスカウトされて、中学2年生のときからはじめました。習いごとの感覚で、「楽しい♡」と思っていただけだったのですが、20歳をこえてはじめて、「このお仕事でやっていこう！」と決意しました。こんなに長くつづけられるとは夢にも思っていませんでした。

スレンダーでかっこいいスタイルでいるのは大変そう！

食べものや運動などに自分で気をつけていないといけないから、大変！ それから、モデルのお仕事は、撮影が長びいたり、朝からおそくまでつづくこともあるから、意外と体力がいるんです。だから健康にはとても気をつかっていますし、すいみんもしっかりとります。ファンの方から「美保ちゃんが着ていた服を買いました！」なんて言われると、とてもうれしいんですよ。

モデルになるためにどんなことがたいせつですか？

マジメさと努力。「継続は力なり」で、あきらめずに努力することがたいせつです。あとは少しの自信。自分に自信をもつことは、どんなお仕事でも、生きていくためにも重要。モデルが夢なら、自分らしく、楽しくめざせたら最高だと思います。

\あこがれ！／ **モデルへの道**

モデル事務所のオーディションやスカウトを受ける
↓
モデル事務所に入る
↓
あこがれのモデルに！

雑誌に応募して、はじめは読者モデルとして活やくし、プロになった人も多いよ。学生のころからできる仕事だよ。

お仕事ぴったり度チェック！ check!

☐ とにかく洋服が大すき！

☐ 人前に出る仕事につきたい

☐ スタイルがよいといわれる

☐ 肌には気をくばっている

☐ 早起きはとくいなほう

☐ いろんな場所に行ってみたい

あこがれのお仕事

パティシエ

おいしいスイーツをつくって
食べる人をしあわせな気持ちにするよ。

女の子に人気のヒミツ！

1 あま〜いスイーツはみんなを笑顔にする！

あまくておいしいスイーツは、食べた人をハッピーにするよ！

2 新しいスイーツを発明できる！

芸術みたいなデコレーションや、新しい味をつくるのも楽しみ！

3 将来は自分のお店をもつこともできる！

多くのパティシエはお店をもつのを目標にしてがんばっているよ。

なるほど
Q&A

Q スイーツの学校で勉強した人の就職先は？

A 69% の人が洋菓子店に就職しているよ！

[おもな就職先]

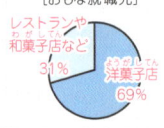
レストランや和菓子店など 31%
洋菓子店 69%

お仕事メモ

勤務形態は？
正社員、契約社員、アルバイト

勤務時間は？
1日8時間くらい。クリスマス前などは残業も多い

勤務地は？
洋菓子店、レストランなど

休日は？
お店の定休日

お給料は？
月収 15 万円くらいから

知りたい！ パティシエのお仕事

パティシエはケーキ、パイ、アイスクリームなど、スイーツを専門につくる職人。スイーツはおいしいのはもちろん、見た目のキレイさや、工夫がとてもだいじ。そのためにデコレーションの技術や芸術的なセンスもみがく必要があるの。さらに、季節の食材を使ったり、味も見た目にも新しいケーキがつくれるようにいつも研究をしているよ。

パティシエのお仕事 まるわかりっ！

朝6時——

開店時間に合わせて
出勤！

制服に着がえたら、身だしなみチェック！

髪の毛も
きちんと
むすんで

1日の仕事は工程表にそって計画的に

工程表

7:00〜	……
8:00〜	……
9:00〜	……
10:00〜	……

生地の焼き上げ

前日に仕こんでおいた、
生地を焼き上げます

業務用の大きなオーブン！

焼き上がり

クリームぬり

生地が焼き上がったら、
何台もクリームをぬるよ

1台1分もかからないすばやさ！

土台としてできあがった
ケーキは、いよいよ仕上げに！

いよいよ仕上げ！

キレイにデコレーション

あめでいろいろな
かざりをつくるよ

チョコでいろいろな
デコレーション

とかしたチョコを
のばして形を変えたり…

小さなシュークリームで
タワー型のケーキに！

チョコでもようをかいたり

こうしてできあがったスイーツは

いらっしゃい
ませ〜

お店のショーケースに
ならびます

お客さんのおいしいという
笑顔が最高のしあわせ！

おいしい！

そのために新しい味の
研究はかかせないの

素材の味をもう少し
いかしたいねー

そうだね

数々の失敗をかさね…

新作スイーツの完成

キッチンでは、
明日の仕こみも開始！

こむぎこ

ひたすら材料を計り…

1日の作業をおえたら、
キッチンをピカピカにして、
明日にそなえます

わくわく♪…どんなお仕事？ あこがれの パティシエ さんに インタビュー

柿沢 安耶さん
野菜スイーツ専門店「パティスリーポタジエ」のオーナーパティシエ。「食べた人が元気になれる料理」をめざす。料理教室などでも活やく中。

なぜパティシエになろうと思ったのですか？

フランスには、「トリュフ」というおいしいキノコがあります。ブタにだけわかるにおいを出しているので、トリュフのはえているところをさがすときには、ブタに手つだってもらうんです。フランスの食べものっておもしろいなあと興味を持ったことがきっかけです。

お仕事で一番たいせつだと思うことはなんですか？

食べものは気持ちをつたえてくれるもの。また、食べものは体の中に入っていって、体をつくるもとになります。だからいつも、楽しい気持ちで、食べる人のことを考えながら、体にやさしいものをつくるように心がけています。それからもう1つ、小麦粉や野菜などの食材をつくってくれている、農家の方たちにも感謝して、食材をだいじに使うようにしています。

楽しいこと、やりがいを感じるのはどんなことですか？

「野菜スイーツを食べて、子どもが野菜ずきになった」といわれたときは本当にうれしかったです。料理をつくる以外にも、農家の人のお話を聞いたり、畑を見に行ってとれたての野菜を食べたり、勉強になること、楽しいことがたくさんあります。

お仕事 ぴったり度チェック！ check!

- [ ] スイーツを食べるのが大すき
- [ ] おかしづくりがとくい！
- [ ] 手先の器用さに自信がある
- [ ] クラスのアイデアマン
- [ ] 根気強いほうだと思う
- [ ] こまやかな気くばりができる

パティシエへの道

高校、大学を卒業
↓
製菓専門学校を卒業
↓
洋菓子店やレストランで働く
↓
あこがれのパティシエに！

専門学校に入るかお店に就職して働きながら勉強をする人も多いよ。めざすなら、いろんなスイーツを食べくらべてみよう。

あこがれのお仕事

パティシエ

23

あこがれのお仕事

保育士

家族がめんどうをみられない時間の親代わり！
赤ちゃんから6歳までの子のお世話をするよ。

女の子に人気のヒミツ！

1 かわいい子どもたちといつもいっしょ

子どもの成長をそばで見守るよ。
あどけない笑顔にいやされるの。

2 はば広い年れいの子どもたちとふれあえる

幼稚園とちがい、0歳からのいろんな年の子のお世話ができるよ。

3 子どもたちの成長を見られて感動！

トイレや食事ができなかった子ができたときは、成長を実感！

なるほどQ&A

Q 1人で何人くらいの子どものめんどうをみるの？

A 保育士が1人でめんどうをみられる子どもの数は、法律で決められていて、4歳以上は30人、3歳児は20人、1～2歳児は6人、0歳児は3人まで。

知りたい！ 保育士のお仕事

仕事などでいそがしいママやパパにかわり、0～6歳までの子どものめんどうをみるよ。保育園では、遊びやおゆうぎをいっしょにしたり、ごはんや着がえ、トイレやおかたづけなどの生活に必要なことを教えるよ。子どもたちの体調に気をくばり、安全に楽しく遊んでいるかを見守ることもだいじ。とても大変だけど、やりがいのある仕事だよ。

お仕事メモ

勤務形態は？
公立は公務員、私立は正社員

勤務時間は？
1日8時間くらい

勤務地は？
保育園

休日は？
土日祝日。土曜出勤の所も

お給料は？
月収16万円くらいから

24

保育士のお仕事 まるわかりっ！

朝8時— 1日のスタートは子どもたちの
おでむかえからはじまるよ

保育園では0〜6歳児までの
子どもを保育します

みんなそろったら
朝のあいさつ

みなさん
おはよう
ございまーす！

みんなでおさんぽ、外遊び

午前中はみんなで
お外にでかけるよ

あ、桜が
咲いてるよ

子どもたちのようすを
きちんと見ながら…

先生、
おしっこ！

手あらい、うがい、着がえなどの
生活に必要なことを教えるよ

先生ボタン
とめられた！

わくわく♪〜どんなお仕事？
あこがれの保育士さんにインタビュー

行徳第二保育園／井坂 恵子さん

保育士になって15年。日々、子どもたちはもちろん、保護者の方にも職員にも笑顔で接することを心がけています。

なぜ保育士になろうと思ったのですか？

幼稚園のときの、担任の先生にあこがれて。大すきな先生のようになりたいと思ったのが、一番はじめに保育の仕事に興味をもったきっかけです。高校生になり進路を考えたときに、子どもがすきなこと、絵本がすきなこと、ピアノが弾けることからめざすことを決めました。

お仕事でやりがいと感じているのはどんなことですか？

子どもたちが大きくなっていくのを、すぐそばで見られることです。子どもは昨日できなかったことが、今日できるようになります。目をキラキラさせて「できた！」とピカピカの笑顔を見せてくれます。こういう瞬間に立ち会うと、この仕事をやっていてよかったな、と感じます。また、保育士は、子どもの成長にかかわる、とてもだいじな役わりをもっています。

気をつけていることはありますか？

子どもの安全です。事故やケガがおきないように、あぶないものが置いていないか、ケガをしそうな場所はないか気をつけます。子どもたちが笑顔で保護者のもとに帰れるように心がけています。

お仕事 ぴったり度チェック！ check!

- ☐ 小さな子どもがすき
- ☐ いつも笑顔でいるよ
- ☐ かなりのお世話ずき
- ☐ 注意力はバツグンだと思う
- ☐ 体力はかなりあるほう！
- ☐ 歌やピアノがとくい！

あこがれ！
保育士への道

保育士養成課程のある専門学校、短大、大学を卒業
↓
保育士の採用試験に合格
↓
あこがれの保育士に！

育児施設のある会社やデパートのたくじ施設、児童館など、保育士が活やくしている場所は保育園以外にも多いよ。

あこがれのお仕事
看護師

病気やケガをした人のお世話をして
健康な体になるようにサポートするよ。

女の子に人気のヒミツ！

1 こまっている人の役に立てる

病気やケガが回復し、かん者さんの笑顔を見るのがしあわせ。

2 絶対に必要な仕事！かならず就職できるよ！

都会でも地方でも病院はあるから、就職率は100％！

3 日常でも役立つ医療の知識

働いてえた知識は、自分や家族が病気になったときにいかせるよ。

なるほどＱ＆Ａ

Q 看護師さんの勤務時間はどうなっているの？

A

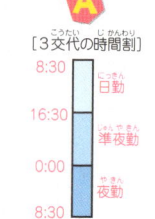

［3交代の時間割］

8:30	日勤
16:30	準夜勤
0:00	夜勤
8:30	

看護師はほとんどが3交代制だよ。

知りたい！看護師のお仕事

医師 P336 の指示のもと、病気やケガの治療を補助するよ。注射や点てきをしたり、消どくをして、かん者さんが1日も早く回復するようにサポートするの。かん者さんが不安にならないように、思いやりをもって、いつでも笑顔でいるよ。深刻な病気やケガもあるから、楽しいばかりの現場ではないの。体力と根性がある人にむいているよ。

お仕事メモ

勤務形態は？
正社員、契約社員、非常勤

勤務時間は？
不規則。早朝や深夜の交代制

勤務地は？
病院、介護施設、保健所

休日は？
週休1～2日

お給料は？
月収20万円くらいから

看護師のお仕事 まるわかりっ!

看護師Ａ子

さとうさーん、お待たせしました

あら、こうじくん どうしたの?

だいじょうぶ。全然こわくないからね

診察の説明

今日は予防接種ですね、気になることはありますか?

注射ニガテなんですよ

医師に情報をつたえる

8歳の男の子の、予防接種です

診察

お!こうじくん えらいね

看護師さんのおかげでおとなしく注射できました

いえいえ、今日は運動しないようにね。おだいじに

29

わくわく♪─どんなお仕事？

あこがれの看護師さんにインタビュー

米沢市立病院／石坂 彩さん

看護師になって4年。祖父母が入院したとき、親身になってくれた担当看護師さんに感動し、「人の役に立つ仕事がしたい」と看護師をめざす。

看護師にむいているのはどんな性格ですか？

看護師になりたいという強い思いがあることが一番。そのうえで、かん者さんに接するときに、人の気持ちを思いやれることがとてもたいせつです。また、かん者さんの命を守る仕事なので、心を落ち着けて行動できることもたいせつです。

お仕事でやりがいと感じているのはどんなことですか？

かん者さんやその家族から「ありがとう」と感謝のことばを言われるととてもうれしく、看護師になりたてのころからそのうれしさは変わりません。つらい入院生活のなかでもかん者さんが安心してすごせるように、体だけでなく、心も支えられるようになりたいと思い、看護しています。

つらいと思うことはありますか？

人の命にかかわる現場なのでとても大変です。医師や先輩の看護師からだけでなく、ときにはつらい立場のかん者さんからきびしいことばを受けることもあります。でも、そのぶん、かん者さんと接するなかで多くのよろこびややりがいを感じ、一生続けたいと思える職業だと思います。

あこがれ！

看護師への道

看護系の専門学校、短大、大学を卒業

↓

看護師国家試験に合格

↓

病院などで働く

↓

あこがれの看護師に！

看護師は、この先も決してなくならない仕事。資格さえあれば、日本中どこでも、そして結婚後もつづけやすい仕事だよ。

お仕事 ぴったり度チェック！ check!

- ☐ 人のめんどうをみるのがすき
- ☐ はげましじょうずだと思う
- ☐ いつでも笑顔を心がけている
- ☐ なんでもテキパキとこなすほう
- ☐ すばやい判断ができる
- ☐ 体力も根性もあると思う

あこがれのお仕事

マンガ家

楽しいストーリーやキャラクターをえがいた
マンガでみんなをわくわくさせるよ。

女の子に人気のヒミツ！

1 大すきな絵をたくさんかける

すきな絵をかいて、それが仕事に
なることがうれしい！

2 たくさんの人に希望をあたえられる

マンガを読んでやる気が出たり、
元気になったという人がいっぱい！

3 人気が出るとさらに世界が広がる！

アニメ化したり、キャラクターグッ
ズがつくられたりすることも！

なるほど G&A

Q
みんな何歳で
デビューしているの？

A

18 ～ 20 歳 くらい
が多いよ。

［人気マンガ家さんの
デビュー年れい］

久世みずき先生 19 歳
椎名軽穂先生 16 歳
やぶうち優先生 13 歳
槙ようこ先生 17 歳

知りたい！ マンガ家のお仕事

雑誌などにマンガをかくよ。ストーリー
やキャラクターを考え、マンガの用紙に
コマわりや下がきをし、ペンで清書をし
て完成。売れっ子は月に何本もマンガを
かくから、徹夜で作業をすることもある
の。みんなが楽しめるストーリーにする
ためにふだんの生活のなかでもいつもヒ
ントをさがしているし、ときには編集者
と相談してアイデアを考えるよ。

お仕事メモ

勤務形態は？
フリーがほとんど

勤務時間は？
不規則

勤務地は？
自宅、事務所など

休日は？
しめ切り日によって変わる

お給料は？ 仕事量や人気で変わ
る。新人は1ページ5千円くらいから

マンガ家のお仕事 まるわかりっ！

ストーリーをねる

どんな話をつくるか
いつも考えているよ

ミステリーか

恋愛（れんあい）か…

ギャグか…

思いついたことはつねにメモ！

ネームづくり

お話が決まったら、
原稿（げんこう）用にネームを書く

下書き

えんぴつで下描き
していくよ

【ネームとは？】
話をコマでわり、おおまかな絵を入れたり、
セリフが入ったりするもの

アシスタントに
てつだって
もらうことも

わくわく♪…どんなお仕事？
あこがれの **マンガ家** さんに **インタビュー**

久世 みずきさん
マンガ家になろうと思ったのは高校2年生のとき。専門学校に入学し19歳で『ちゃおマンガスクール』のベスト賞を受賞してデビュー。

Ｑ マンガ家をめざしたきっかけは？

むかしからマンガはすきでしたが、職業にしようという気はなかったんです。高校2年で進路を決めるときに、友だちが専門学校に進むという話を聞いて、「やりたいことのために勉強するってすてき」と思い、私もマンガの専門学校に行ってマンガ家になろう、と決めました。

Ｑ ストーリーはどうやって考えるのですか？

「ずばりこれ！」というものはないかもしれません。ふと思いつくときもあるし、自分の経験からアイデアがわくこともあります。あとは、テーマを決めて考え出すときもあるし、キャラの名前や性格がまず決まって、自然にストーリーが決まってくることもあるし…。マンガにかぎらず、いろいろな作品を見たり、いろいろな経験をすると、いい作品ができる気がします。

Ｑ マンガ家をめざすために、いまやっておくとしたら？

いろいろな経験をつむこと。しかも「全力で楽しむ！」という姿勢でのぞむと、よりおもしろいし、いい思い出になります。さらにそのときの状況や気持ちを日記やメモにしておくと、最高のネタ帳として、マンガ家になったとき役立つかも！

あこがれ！ **マンガ家への道**

出版社にもちこんだり、コンクールに応募する

アシスタントとして経験をつみながら、もちこみ

↓　↓

編集者にみとめられる

↓

あこがれのマンガ家に！

学歴は関係ない、実力勝負の世界。長年マンガをかいて、もちこみをつづける人も。デビューまで、根気が必要だよ。

お仕事ぴったり度チェック！ check!

☐ とにかく絵をかくのがすき

☐ ずっとマンガを読んでいられる

☐ お話を考えるのがとくい

☐ 自由な環境で仕事したい

☐ 失敗しても、あまりメゲない

☐ 体力に自信あり！

いま話題に！　人気急上昇中！

注目のお仕事

生活スタイルや流行は日々変わり、それはお仕事にも影響しているの。最近とくに大注目のお仕事を紹介するよ。

1 趣味をいかす！お仕事

大すきな趣味をきわめて人から認められれば、りっぱなお仕事になるんだよ。

ハンドメイド作家 P37 ／雑貨店オーナー P38 ／
カフェオーナー P38 ／ネイチャーガイド P39 ／
アウトドアインストラクター P39

2 最新技術をいかす！お仕事

コンピュータやスマートフォンなどのITの分野は、どんどん技術が進んでいるの。そんな最新技術をいかしたお仕事があるよ！

アプリ開発者 P40 ／キャラデザイナー P41 ／
3Dアニメーター P41

3 SNSで大活やく！できるお仕事

SNSといって、インターネット上でコミュニケーションをとる方法があるよ。共通の興味や関心がある人たちとやりとりができるの。そのSNSを使った新たなジャンルの仕事がうまれているよ。

YouTuber P42 ／Instagramer P43 ／LINEデコ作家 P44

お仕事ファイル
006

ハンドメイド作家

すきなこと、得意なことに夢中になれる！

さいほう、編み物、ししゅう、アクセサリー、ぬいぐるみ、皮製品、雑貨などを手づくりする人がハンドメイド作家。作り方を教えたり、販売するのがお仕事だよ。ハンドメイドとは「手づくり、自家製の」という意味の英語。つくった作品はイベント会場やネットショップ、雑貨屋さんなどで売っているよ。服飾系や美術系の学校で基本を教わる人もいれば、自分で勉強する人も。センスしだいで、人気の売れっ子作家になれるかも！

注目ポイント！ ココがすき！

★ 自分の作品を買ってもらえる
★ 時間を自由に使える

お仕事メモ

勤務形態は？
フリーがほとんど

勤務時間は？
不規則

勤務地は？
自宅や仕事場など

休日は？
不規則

お給料は？
人気と経験による。一作品数千円〜

37

雑貨店オーナー

お気に入りの雑貨を売りたい！

　自ら選んで買いつけた、お気に入りの雑貨を売るお店を経営しているよ。商品は国内の会社などで仕入れることもあれば、海外に仕入れに出かけることもあるよ。どんな風に商品を並べるかも重要なんだよ。

お仕事メモ

勤務形態は？	経営者
勤務時間は？	不規則
勤務地は？	経営するお店、自宅など
休日は？	お店の定休日。不規則な人が多い
お給料は？	お店の売り上げによる

注目ポイント！ ココがすき♪
★ すきな雑貨を集められる
★ 同じ趣味の人に買ってもらえる

カフェオーナー

こだわりのコーヒーや紅茶を追求

　おいしいコーヒー、紅茶などが飲めるお店を経営しているよ。お客さんにくつろいでもらえるように、味だけでなく、店内に流す音楽や、家具などにもこだわっているんだよ。

お仕事メモ

勤務形態は？	フリーがほとんど
勤務時間は？	不規則
勤務地は？	経営するお店、自宅など
休日は？	お店の定休日。不規則な人が多い
お給料は？	お店の売り上げによる

注目ポイント！ ココがすき♪
★ こだわりの空間を演出できる
★ 自分のいれたお茶をよろこんでもらえる

ネイチャーガイド

自然の楽しみ方ならまかせて!

自然環境をお客さんに案内して説明するのがお仕事。山や森、そこで生きる動物や植物などの豊富な知識が必要だよ。森林セラピーガイドなど呼び方はいろいろ。アウトドアツアーを企画することもあるよ。

お仕事メモ

勤務形態は?	フリーがほとんど	
勤務時間は?	不規則	
勤務地は?	山や森	
休日は?	不規則	
お給料は?	人気と経験による。一回数千円〜	

注目ポイント!
ココがすき!

★ 大すきな大自然が仕事場になる

アウトドアインストラクター

自然の中で安全にスポーツをレクチャー

スキューバダイビング、ロッククライミング、カヌーなどアウトドアスポーツを指導するのがお仕事だよ。安全にスポーツを楽しむために、用具の使用法など専門の知識が必要だよ。

お仕事メモ

勤務形態は?	正社員、契約社員、フリーも多い	
勤務時間は?	不規則	
勤務地は?	山や海	
休日は?	不規則	
お給料は?	人気と経験による。一回数千円〜	

注目ポイント!
ココがすき!

★ 大自然を感じながらお仕事できる!

お仕事ファイル
011

アプリ開発者

スマートフォンの便利なアプリをつくっているよ！

スマートフォンで使うアプリケーションをつくるのがお仕事だよ。略してアプリと呼ばれていて、アプリとは、スマートフォンで使える、いわばゲームソフトのようなもの。音楽やショッピング、お金の管理や連絡をとるものなど、いろいろな種類があるんだよ。そのアプリをみんなが使いやすく便利につくりあげていくのがアプリ開発者の仕事。技術は日々進化していて、世界中で情報がとびかっているから、英語力も必要だね。

お仕事メモ

勤務形態は？
正社員、契約社員、フリーも多い

勤務時間は？
1日8時間くらい。フリーは不規則

勤務地は？
会社や自宅など

休日は？
週休1～2日。フリーは不規則

お給料は？ 月収18万円～。
アプリの活用度にもよる

キャラデザイナー

人気キャラクターを生み出すよ！

アニメやゲームなどのキャラクターをデザインするよ。みりょく的なキャラクターをかくために、デッサン力がもとめられるの。イラストの流行も知っていないといけないんだよ。

お仕事メモ

勤務形態は？	正社員、契約社員、フリーも多い	
勤務時間は？	1日8時間くらい。フリーは不規則	
勤務地は？	会社や自宅など	
休日は？	土日祝日。フリーは不規則	
お給料は？	月収18万円〜	

注目ポイント！ ココがすき！

★ 自分のかいたキャラクターを多くの人に見てもらえる

3Dアニメーター

キャラクターに命をふきこむ！

3Dとは、立体的でまるでとびだしているように見える映像のことだよ。ゲームやアニメ、映画のキャラクターをよりリアルに動かすことができるの。難しいソフトを使いこなすための、高い技術が必要だよ。

お仕事メモ

勤務形態は？	正社員、契約社員、フリーも多い	
勤務時間は？	1日8時間くらい	
勤務地は？	会社や自宅など	
休日は？	土日祝日。フリーは不規則	
お給料は？	月収18万円〜	

注目ポイント！ ココがすき！

★ 自分の作った3Dイラストが映画、アニメ、ゲームなどに登場する！

お仕事ファイル
014

YouTuber

注目ポイント！
ココがすき！

★ 自分で自由にアピール
動画を作れる！

動画サイトの YouTube で情報を発信するよ！

YouTube はだれでも見れる動画サイト。自分で動画をつくって、自由に投稿できるの。つくった動画をたくさんの人が見てくれると、その動画にいっしょに表示される広告も注目されるから、その宣伝料が入るんだよ。英会話や歌、お笑いなど、動画の種類はさまざまで、世界中で大流行することも！より多くの人が見たくなるような、おもしろい動画を自分で準備、撮影してつくりこんでいくよ。

お仕事メモ

勤務形態は？ フリーが多い。
ほかの仕事をしている人も

勤務時間は？
不規則

勤務地は？
自宅、撮影場所

休日は？
不規則

お給料は？ 0円の人もいるけど、月収1000万円をこえる人も

Instagramer
インスタグラマー

自分のすきなことを毎日発信しているの♪

　どんな人でも、撮った写真を自由にアップできる Instagram。風景写真や日常の料理の写真をアップする人が多く、その人たちを Instagramer と呼ぶよ。利用する人の中には、毎日定期的に写真をアップし、フォロワー（ファンのような人）がたくさんいる人も。気に入ってくれた人に写真を売ったり、レシピ本の出版いらいなどがあると収入につながるよ。本来のお仕事をアピールする方法として利用する人も多いの。

注目ポイント！ ココがすき★

★ 世界中の人に写真を見てもらえる

お仕事メモ

勤務形態は？
ほかの仕事をしている人がほとんど

勤務時間は？
不規則

勤務地は？
自宅、撮影場所

休日は？
不規則

お給料は？ 収入がえられる人はわずか。その金額はさまざま

LINEデコ作家

トークをもりあげる
かわいいイラスト、スタンプを作るよ

スマホの人気コミュニケーションアプリのLINE。LINEではスタンプやキャラクター、アイコン、壁紙を自分のすきなように変えられるの。そのデザインをしている人がLINEデコ作家なんだよ。

お仕事メモ

勤務形態は？	正社員、契約社員、フリーも
勤務時間は？	1日8時間くらい
勤務地は？	会社や自宅など
休日は？	土日祝日。フリーは不規則
お給料は？	月収18万円〜

注目ポイント！
ココがすき♪

★ たくさんの人に自分の
イラストを活用してもらえる

SNSのやり方に注意して！

とくに気をつけよう！
＊いる場所を教えない
＊自分や友だちの顔をのせない
＊知らない人とやりとりしない

SNS（P36参照）はソーシャルネットワーキングサービスを略した言い方で、FacebookやTwitter、Instagram、LINEなどがあるよ。世界中のだれとでも友だちになれるのがすごく楽しいけれど、個人情報が知られてしまい、犯罪につながることもあるの。利用するときは、お家の人に相談してね。

ファッション・美容 のお仕事

毎日のおしゃれにかかせない

かわいい洋服やコスメ。

そんな世界にかかわる人たちは

ファッションや美容への情熱であふれている！

すてきなコーディネートをつくり出す人たち！

ファッションデザイナー P52

ソーイングスタッフ P58

パタンナー P59

アパレルショップスタッフ P60

バッグデザイナー P57

ジュエリーデザイナー P56

シューズデザイナー P57

ファッション雑誌ができるまで

スタイリスト
P48

ファッションプレス
P62

美容師
P64

ネイリスト
P68

スタイリスト

おしゃれな洋服や小物でモデルやタレントを
かわいくコーディネートする仕事だよ。

洋服のかわいい
組み合わせを考えるよ

ふだんの洋服
もおしゃれに
手ぬきナシ！

荷物が多いから、
大きなバッグは
かかせない！

テレビや映画、雑誌で女優 P80 やモデル P16 が着る洋服の準備をするのが、スタイリストの仕事。雑誌の編集者 P162 などのスタッフと打ち合わせすることから始まり、企画内容のイメージに合うものをさがすんだよ。洋服メーカーに商品を問い合わせたり、スタイリスト専門のレンタルショップに行ったり…。洋服や、それに合う小物をあつめたら、撮影にゴー！ イメージに合う何着もの洋服を持ち歩いているから、いつも荷物は多めなの。撮影が終わったら、借りたものをもとどおりのキレイな状態にしてお店に返すのも、だいじな仕事だよ。ファッション以外にも、料理や雑貨、インテリアなどの専門スタイリストもいるの。

お仕事メモ

勤務形態は？
フリーが多い。事務所所属の正社員も

勤務時間は？
不規則。2、3時間から、1日中かかることも

勤務地は？
撮影スタジオ、外の撮影地など

休日は？
不規則。休日出勤も多い

お給料は？
月収15万円くらいから。
有名なら数十万円にも！

ココが楽しい

頭の中でコーディネートした洋服や小物を実際にモデルさんが身につけてかわいく仕上がると、とってもうれしい！

ココが大変

いつも重い荷物を持って歩くし、撮影中はスタジオをかけまわって仕事をしているんだよ。体力がないととつとまらないね。

48

マンガでわかる スタイリストストーリー

編集者と打ち合せ

今月号は「春」を
テーマにします

パステルカラーを
基本(きほん)にしましょうか

ショップで服や小物をさがす

ショップをまわって
服やシューズをあつめる

アンティーク

アクセサリー

コスメック

洋服と小物があつまった！

あー、ようやく
そろった…

たくさんの洋服と
小物から
テーマに合う
コーディネートを
考えるよ

編集者に提案

えりもとの
ビーズがアクセントに
なります.

いいですね！

この
組み合わせが
春らしいな…

49

なりたい! スタイリストへの道

服飾系の専門学校、短大、大学を卒業
↓
スタイリスト事務所に入る　先輩スタイリストのアシスタントになる
↓
アシスタントとして経験をつむ
↓
あこがれのスタイリストに!

アシスタントは、アイロンがけやおつかいばかりが2〜3年つづくこともあるよ。

スタイリストへの第1歩

とにかく流行のファッションを、いつもチェックしておくことがたいせつ。ファッションがすきな人だけがつづけられる仕事だよ。

知ってる? スタイリストあれこれ

気に入った洋服を買いとることができる!?

撮影で使った洋服が気に入ったら、買いとることもできるよ! 最先端の洋服がイチ早く手にはいるのはうれしいね。

これ買おう!

じつはおさいほうの達人!

撮影の最中に、はりと糸で洋服を調整することも。イメージに合うものがお店で売ってなければ、自分でつくることもあるよ。

先ぱいにトッゲキ☆インタビュー

石井あすかさん

Q お仕事のみりょくは、何ですか?

自分のつくった世界をたくさんの人に見てもらったり、コーディネートの参考にしてもらったりするのがうれしい! 流行を発信できるよろこびを感じています。

Q 撮影ってどんな雰囲気ですか?

スタイリストの本領を発揮できる場所です。カメラマンや編集者などのスタッフと意見を出し合う、なごやかで楽しい場ですが、一番緊張します。

Q やっておくとよいことは何ですか?

おさいほうはとても役立ちます。家庭科の授業で洋服のつくり方をきちんと覚えておくと、応用していろいろな物がつくれるようになります。

お仕事ぴったり度チェック! check!

- ☐ 体力には自信がある!
- ☐ ファッション雑誌は毎月読む
- ☐ 友だちに洋服のアドバイスをする
- ☐ おしゃべりだっていわれる
- ☐ もっている洋服だけでかわいくコーデできる!
- ☐ おさいほうもとくい

ファッションデザイナー

「あんな洋服を着てみたい」をカタチにして、たくさんの人のおしゃれをおてつだい！

ファッションの流行をつくりだすよ

トルソー（人型）に洋服を着せてみるよ

洋服はいつも自分だけのこだわりが！

時代を先取りして、新しい洋服のデザインを考える仕事。洋服のイメージをかいたデザイン画をつくり、ソーイングスタッフ P58 やパタンナー P59 などに指示を出して洋服をしあげていくの。センスや発想力はもちろん、人に自分の考えをうまく説明できる人がむいているよ。どんな生地を使うかを決めたり、洋服の仮ぬいもするから、さまざまな生地や糸の専門知識やおさいほうの技術も身につけなくちゃ。自信作の洋服は季節ごとにおこなわれる新作発表会（コレクション）でおひろめするよ。日本で活やくしているデザイナーは8千人ほど。なかには、イタリアやフランスでコレクションを発表するデザイナーもいるんだよ。

お仕事メモ

勤務形態は？
正社員、契約社員。フリーも多い

勤務時間は？
1日8時間くらい。残業も多い

勤務地は？
アパレル系会社、個人事務所など

休日は？
土日祝日。フリーは不規則

お給料は？ 月収18万円くらいから。
有名なら数百万にも！

ココが楽しい

自分のつくった洋服を着ている人を、町で見かけると楽しくなるよ。みんながおしゃれを楽しんでくれるとうれしい。

ココが大変

自分のデザインした服が売れないことも。季節ごとにみんながほしいと思えるデザインを考えるのは大変だよ！

マンガでわかる ファッションデザイナー ストーリー

デザイナーはいろいろなことから発想をえる

あ、新緑（しんりょく）がキレイ♪

映画（えいが）や…

ファッションデザイン集

本などからも

デザイン画（が）をかく

発想（はっそう）はここでかたちに。
最近（さいきん）はパソコンでかくことも多いよ

テーマは「春の色」にしようかな

何枚（なんまい）も何枚（なんまい）もデザイン画（が）をつくり…

デザイン画（が）完成（かんせい）！

生地（きじ）やボタンなどのこまかいところも考える

くるみボタンも春っぽいかも…

色柄（いろがら）や…

素材（そざい）や…

うーん

なりたい！ ファッションデザイナーへの道

服飾系の専門学校、短大、大学を卒業

↓

アパレル系の会社に入る　　デザイナーのアシスタントにつく

↓

あこがれのファッションデザイナーに！

イメージをカタチにする技術が必要。パソコンでデザイン画をつくることも多いから、パソコンの勉強もするよ。

ファッションデザイナーへの第1歩

いろんなファッション雑誌を見て、流行をチェック！ 自分が着てみたい洋服のスケッチは勉強になるよ。

知ってる？ ファッションデザイナーあれこれ

活やくの場を自分でつくることができる！

経験が少なくても、デザイナーのなかまとブランドを立ち上げたり、ネットショップで洋服を販売したり、チャンスを自分でつくる人もいるよ。

デザインする洋服は、大きくわけて3種類

注文を受けて1着だけつくるオートクチュール。有名ブランドの洋服など、同じ洋服を少しずつつくるプレタポルテ。大量に同じ洋服をつくるユニホームがあるよ。

先ぱいにトツゲキ☆インタビュー

リズリサ／墨岡 茉美さん

Q いつからこの仕事につきたかったのですか？

中学2年生ぐらいのころから洋服をつくるのがすきでした。おしゃれや、こまかい作業がすきな人にむいている仕事です。

Q すきなことでも、仕事にすると大変？

いそがしい時期もありますが、女の子に「かわいい！」と思ってもらえる服をつくるのがわたしのしあわせ。すきなことを仕事にしてよかったです。

Q センスをみがくにはどうしたらいいですか？

雑誌を読んだり、町を歩いたりして、おしゃれな人や服をたくさん見ることと、自分もおしゃれを楽しむことがたいせつです。

お仕事ぴったり度チェック！ check!

- ☐ 雑誌で洋服を毎号チェックするよ
- ☐ コーデをよくほめられるの！
- ☐ イラストをかくのがとくい
- ☐ パソコンがとくい
- ☐ 手芸がすき
- ☐ 自分流のおしゃれがしたい

55

ジュエリーデザイナー

すてきなジュエリーを
デザインするよ

洋服もジュエリーに合わせてコーディネート！

身につけるジュエリーにはこだわっているよ

　指輪やブレスレット、ネックレスなどの、アクセサリーをデザインするお仕事だよ。デザインするには、まずデザイン画をつくり、どんな素材を使えばイメージどおりに仕上がるかを考えるの。使う素材は宝石やビーズ、ガラスや革など。それぞれ、かたさ、光沢などの特ちょうがあって、素材の組み合わせで、できあがりの印象はガラリと変わるから、素材えらびはたいせつ。デザインするときは素材についての知識も勉強しておかないといけないよ。デザイン画をもとに、ほかのスタッフにジュエリーの制作をお願いする人もいるけれど、自分でアクセサリーをつくる人もいるよ。ジュエリーは、デリケートで小さなものが多いから、こまかいところまできちんと考えてデザインしなきゃいけないの。

お仕事メモ

勤務形態は？
正社員、契約社員。フリーも多い

勤務時間は？
1日8時間くらい。残業も多い

勤務地は？
アクセサリー会社、宝石店など

休日は？
土日祝日。フリーは不規則

お給料は？
月収25万円くらいから

なりたい！

ジュエリーデザイナーへの道

高校、大学を卒業

↓

デザイン系の専門学校を卒業

↓

アクセサリー会社、宝石店に入る

↓

あこがれのジュエリーデザイナーに！

アクセサリー会社や宝石店で経験をつんだあとはフリーの道も。百貨店専属になり、お客さんのリクエストにこたえてデザインをする人も。

シューズデザイナー

パンプスやサンダル、ブーツなど、くつのデザインを考える仕事。足に合わないくつは健康に悪い影響がでてしまうから、足の構造や骨や皮ふのしくみなどの知識ももっておかないといけないよ。スニーカーや、ブーツ、サンダル、ハイヒールなど、くつの種類はさまざま。それぞれの分野を専門とするデザイナーもふえているんだよ。

\なりたい/ **シューズデザイナーへの道**

| 高校、大学を卒業 | → | デザインや服飾系の専門学校を卒業 | → | くつメーカー、アパレルショップなどで働く | → | あこがれのシューズデザイナーに！ |

バッグデザイナー

バッグのデザインをするのが仕事だよ。かわいいだけじゃなく、使いやすさと、肩や手に負担がかかりにくいかどうかも考えるよ。バッグの専門店や、百貨店、セレクトショップなどの商品企画室で働くことが多いけれど、自分でブランドを立ち上げたり、お店を開くデザイナーもいるよ。バッグに使う布や革など、素材の勉強もかかせないの。

\なりたい/ **バッグデザイナーへの道**

| 高校、専門学校、大学を卒業 | → | バッグメーカー、百貨店などで働く | → | あこがれのバッグデザイナーに！ |

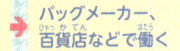

ソーイングスタッフ

デザイナーが考えたデザインを
1着の洋服にしあげる、おさいほうのプロ。

もちろん、はりと糸は手ばなせないよ

洋服をつくるまほうの手!

しあげるのは、実際に洋服をしあげるのは、わたしたち!

パタンナー P59 がつくった型紙をもとに、ミシンや手ぬいで洋服をしたてるよ。1着の洋服ができるまでには、えりやそで、ポケットをつくったり、ボタンをつけたり、200近くの作業があるの。すべての作業を1人でやるのはとっても大変。だから、それぞれの担当を決めて、流れ作業でおこなうことが多いよ。複雑なししゅうや、ビーズをぬいつけるようなこまかな部分は、ミシンを使わず、チクチク手ぬいをするよ。お客さんの注文に合わせて、1着だけつくるオートクチュールのおさいほうも手作業が多いよ。うでがみとめられれば、有名ブランドの洋服を手がけるチャンスがめぐってくることもあるんだよ!

P59

お仕事メモ

勤務形態は?
正社員、契約社員、パートなど

勤務時間は?
1日8時間くらい。交代制の会社も

勤務地は?
アパレル系の会社や工場、自宅など

休日は?
週休1〜2日など

お給料は?
月収17万円くらいから

ココが楽しい

心をこめてぬった洋服が、デザイン画のとおりにできあがったときに、ものすごい達成感があるんだよ!

ココが大変

毎日、ミシンにむかってずっと同じ姿勢。肩や腰を痛める人が多く、体をのばしてリフレッシュしながら仕事をしているの。

なりたい！ ソーイングスタッフへの道

高校、服飾系の専門学校、短大、大学を卒業

↓

アパレル系の会社や工場で働く

↓

あこがれのソーイングスタッフに！

アパレル会社や繊維メーカーにつとめる人が多いけど、個人経営の洋品店で働く人もいるんだよ。小さな会社では、1人で1着の洋服すべてをつくれたりするので、やりがいがあるよ。

ソーイングスタッフへの第1歩

ぬいものができるようになろう。小さなものから、チャレンジしてみようね。家族や学校の先生に教えてもらって、少しずつステップアップしていこう。

知ってる？ ソーイングスタッフあれこれ

自宅で仕事することもできる！

長年、ソーイングスタッフとして働き、技術を身につけたベテランの人は、企業からお仕事をうけて、自宅で作業するということもできるんだよ。結婚したり、子どもができても仕事をつづけられるよ。

つくるものは洋服だけじゃない！

洋服だけでなく、くつやバッグ、アクセサリーをぬうことも。さまざまな布地をあつかうスペシャリストなんだよ。

かかわりのある仕事

洋服の基礎になる型紙づくりの名人

＊ ＊ パタンナー ＊

洋服をつくるための型紙づくりがおもな仕事。デザイン画をもとに、立体的な洋服にしあげるため、ぬいしろを考えながら型紙をつくるよ。

ファッションデザイナー P52 の希望をきちんと表現できるパタンナーは引っぱりだこに。近ごろは、パソコンで型紙をつくることがふえているから、パソコンの技術も身につけておくと役立つよ。

お仕事ぴったり度チェック！ check!

- [ ] 家庭科がとくい
- [ ] むずかしい手芸にチャレンジしたい
- [ ] ずっと同じ作業をしてても平気！
- [ ] 外より家で遊ぶことが多い
- [ ] もちろん、洋服が大すき！
- [ ] 手先が器用っていわれる

アパレルショップスタッフ

アパレルショップで洋服を販売するよ。

おにあいの洋服を教えちゃうよ♪

流行の色やデザインにはびんかん！

ショップの洋服を自分なりに着こなしてアピール

　アパレルショップで、洋服を販売して、サイズえらびやコーディネートをアドバイス。お客さんとの会話の中から、このみやどんな洋服をさがしているかを聞きだして、ぴったりの洋服をすすめるの。おしゃべりじょうずでないとむずかしい仕事だよ。洋服の売り上げアップのために、洋服のたたみ方やマネキンの展示のしかた、おすすめ商品の置き方も工夫しているよ。自分でもおすすめのコーディネートを身につけて、お客さんにアピールするよ。着こなしが雑誌などにのって、ファッションリーダーとして、女の子のあこがれの存在になる人も。スタッフに会うために、ショップに行く女の子もいるんだよ。

お仕事メモ

勤務形態は？
正社員、契約・派遣社員、アルバイト

勤務時間は？
ショップの開店時間の間で交代制が多い

勤務地は？
アパレルショップ

休日は？
平日に週休1〜2日

お給料は？ 月収14万円くらいから。
アルバイトは時給800円くらいから

ココが楽しい

洋服にかこまれて、夢のような毎日。新作の洋服をあれこれコーディネートしたり、すきなことを仕事にできて楽しい♪

ココが大変

新しいショップがどんどんオープンするので競争がはげしい！自分のお店の商品を買ってもらえるようにがんばるよ！

なりたい♪ アパレルショップスタッフへの道

高校、専門学校、大学を卒業

↓

アパレルショップで働く

↓

あこがれのショップスタッフに！

むずかしい資格は必要なし！それよりもファッションの知識やセンス、人を楽しませる会話ができることが重要。

アパレルショップスタッフへの第1歩

ショップスタッフやモデルのコーディネートを見ておこう。だんだんとセンスがみがかれおしゃれじょうずになるよ。それから有名ブランドやファッションの専門用語などをおぼえておくと役に立つよ。

知ってる？ アパレルショップスタッフあれこれ

おしゃれのお手本、注目度は有名モデルなみ!?

いつももち歩いているバッグの中の化粧品や、住んでいる部屋などが、おしゃれのお手本として、雑誌などに取り上げられることもあるの。

もちものチェック☆

努力やセンスでトップをねらえる

経験が少なくても、チャンスをつかみやすいよ。売り上げへのこうけん度や着こなしのセンス、お客さんに接する態度がみとめられて、若くして店長になれることもあるよ。

かかわりのある仕事

古い洋服や小物の価値を見つけ出す 古着屋オーナー

おねがいします！

はい！

サイズが合わなくなったり、着る機会が少なくなった洋服を、お客さんから買い取って販売。子ども服専門や、ビンテージ物（古い洋服）を多くあつかうショップなどさまざま。しいれた商品に値段をつけることもあるので、商品を見きわめる目をみがいておくことがだいじ。必要な資格はとくにないけれど、都道府県の警察署の公安委員会の許可をうけないと、ショップをオープンできないんだよ。

お仕事ぴったり度チェック！ check♪

- [ ] 洋服えらびがとくい
- [ ] クラスのファッションリーダー！
- [ ] 初対面の人とも仲よくなれる
- [ ] 洗たくものをたたむのがとくい！
- [ ] 新しいショップはいつもチェックずみ
- [ ] けっこうがんばり屋！

ファッションプレス

洋服のいいところを宣伝するために
雑誌などでアピール！

新商品の資料はいつでも持ち歩いているよ

商品のことを一番深く理解してるよ！

洋服を着こなすセンスも必要！

アパレル会社では商品を広く知ってもらうために、雑誌やテレビで宣伝してもらうよ。その窓口になる人をファッションプレスというよ。すてきな商品をつくっても、お店にならべてあるだけじゃ気づかれないことも。だから雑誌やテレビなどで紹介してもらうのはたいせつなこと。新商品ができたら、のせてほしい雑誌の編集者 P162 に資料を送るの。取り上げてくれることになったら、記事に使う写真の撮影に行ったり、原稿のチェックもするよ。また、商品を宣伝するためにファッションショーに出したり、自分たちでイベントを企画することも。ファッションのあらゆる知識を身につけ、洋服をきちんと説明できる力が必要だよ。

お仕事メモ

勤務形態は？
正社員、契約・派遣社員など

勤務時間は？
1日8時間くらい。イベントがあると残業も

勤務地は？
アパレル会社、PR会社内

休日は？
土日祝日

お給料は？
月収18万円くらいから

ココが楽しい

自分が宣伝にかかわった洋服をたくさんの人が買ってくれたり、流行の中心になっていると、とてもうれしいの。

ココが大変

商品の質問をされたら、なんでもこたえられるようにしておくよ。新作が出るときは、おぼえることがいっぱい！

服飾系の専門学校、大学、短大を卒業

⬇

アパレルメーカーに入る

⬇

営業や販売職で数年働く

⬇

あこがれのプレスに配属

PR会社に入る

⬇

てブランドのことを知ってから、配属されるよ。宣伝専門のPR会社でも、プレスの仕事ができることもあるよ。

ファッションプレスへの 第1歩

プレスはファッション業界の最先端をいく仕事。つねに流行を先取りし、すきなメーカーの新作をチェックしよう。

アパレル会社に入社しても、プレスにすぐつくことはなく、営業や販売をつうじ

知ってる？ **ファッションプレスあれこれ**

ブランドイメージをつくる

効果的な宣伝で会社のブランドをイメージアップさせることができるわ。プレスの宣伝方法やことばが、お客さんの商品に対するイメージを変えることもあるんだよ。

イベント企画など
いろんな売り方を考える

プレスの仕事は、洋服がたくさん売れたら大成功！ だから、売れるためのイベントを企画したり、ほかの企業とコラボして自分の会社だけじゃつくれない商品を開発したり、だいたんで新鮮な企画を生み出すことがだいじ！

名物プレスになって雑誌で活やくする⁉

「このブランドといえば、この人」というように、人気ブランドの顔になったら、雑誌などで取り上げられることも多くなるよ。自分がおすすめした商品が注目されて、売り上げアップにつながることもあるんだよ。

来月号に出てください！

check♪ **お仕事 ぴったり度チェック！**

- ☐ ファッション雑誌をよく読む
- ☐ すきなメーカーの服はいつもチェック
- ☐ 学校の行事ではいつも中心にいる
- ☐ 洋服のコーディネートに自信あり！
- ☐ 人に説明することがとくい
- ☐ 人見知りはしない

美容師

センスとカットテクニックで、
お客さんをキレイに変身させちゃう!

ヘアスタイルなら
わたしにまかせて!

腰にはすぐ取り出せるように、ハサミが何本も

動きやすい服だけど、おしゃれ心もわすれない!

お客さんの希望や雰囲気に合わせて、カットしたり、パーマをかけて、ヘアスタイルをつくっていくよ。にあうスタイルをアドバイスしたり、カット中にお客さんがたいくつしないようにおしゃべりすることが多いから、話題がたくさんあって、気くばりができることがだいじだよ。有名なカットコンクールで優勝したり、指名してくれるお客さんがふえれば、自分のお店をもつことも夢じゃないよ。結婚式やパーティーに出席するお客さんのメイクをしたり、着物の着付けをすることも、美容師の仕事の1つ。うでがみとめられると、雑誌やテレビで、女優 P80 やモデル P16 のヘアメイクの仕事をたのまれることもあるよ。

お仕事メモ

勤務形態は?
正社員、契約社員、経営者

勤務時間は?
1日10時間くらい。残業も多い

勤務地は?
美容室

休日は?
平日に週休1~2日

お給料は? 月収17万円くらいから。
売れっ子になれば数百万にも!

ココが楽しい

「キレイになってうれしい」という、お客さんの声を聞くのがいちばん。またきてくれるとよろこびが2倍に!

ココが大変

1日に何度もシャンプーをしたり、立ちっぱなしでカットしているから、手があれたり、足や腰が痛くなることが多いの。

\なりたい!/ 美容師への道

美容師養成学校などを卒業

↓

美容師国家試験に合格する

↓

美容室で働き、アシスタントからスタート

↓

あこがれの美容師に!

アシスタント中は、シャンプー担当の日々がつづき、ハサミを持たせてもらえるまでの道のりは長いよ。そのあとは実力の世界。努力しだいでカリスマ美容師になれるかも。

美容師への第1歩

友だちにあうヘアスタイルを考えてみよう。ヘアカタログや雑誌を見るのもいいね。

かかわりのある仕事

\カットやシャンプー、顔そりもおまかせ/

理容師

理容師のお客さんはほぼ男性。カットやシャンプー、パーマをするのは美容師と同じだけど、カミソリで顔そりができるのが美容師との大きなちがい。また、理容師は、パンチパーマなど、決められたパーマ以外はかけることができないよ。勉強する学校も美容師とちがっていて、理容学校・理容師養成施設に入り、理容師国家試験に合格しないとなれないの。理容師は、へっていて今後は必要な資格が見直される可能性があるよ。

先ぱいにトッゲキ☆インタビュー

ビュートリアム／高橋澄絵さん

Q むかしから髪型にこだわってましたか?

小学校低学年のころから、こだわって美容室をえらび、髪を切りに行っていました。ヘアアレンジをして遊んだりするのもすきでした。

Q 美容師の仕事のいいところは?

この仕事は、男女関係なく自分のうででしだいで、いくらでも収入がえられるんです。がんばった分、たくさんお給料をもらえます。

Q 美容師になるために必要なことは?

センスをみがくには遊ぶこともたいせつ。休日は旅行や映画など、とことん遊びます。新しいアイデアを生むのにだいじなことなんです。

お仕事 ぴったり度チェック! check!

- [ ] 女優やモデルの髪型が気になる
- [ ] ヘアスタイルを変えるのがすき
- [ ] いろんな人と話すのが楽しい!
- [ ] 同じ髪型をしてるとすぐあきちゃう
- [ ] メイクやネイルにも興味あり!
- [ ] 長時間立ってても平気!

ネイリスト

人の目にふれやすい指先をキレイにして、
かわいいネイルにしあげるよ！

自分のネイルをキレイにしておくこともたいせつ！

ネイルをキレイにしあげます！

　ヘアスタイルやファッションに合わせて、マニキュアをぬったり、つけづめをつけたり、もようをかいて、ネイルを美しくかざるよ。ネイルのおしゃれだけでなく、つめがおれたりかけたりといったトラブルもケアするの。マッサージをしたり、ケアの方法をアドバイスして、ネイルのお医者さんのような役わりもはたすよ。洋服やメイクとのバランスを考えたデザインを考えなくちゃいけないから、ファッションセンスをみがくこともだいじ。センスがみとめられて、人気モデルや芸能人の専属ネイリストとして活やくしている人もいるよ。1人でもできる仕事だから、経験をつめば、自分のお店をオープンしやすい仕事なんだよ。

お仕事メモ

勤務形態は？
正社員、契約社員、経営者

勤務時間は？
ショップの開店時間の間で交代制が多い

勤務地は？
ネイルサロン

休日は？
平日に週休1〜2日

お給料は？
月収15万円くらいから

ココが楽しい

自分が考えたデザインをお客さんが気に入って、ネイルをすることでハッピーになってくれたらうれしいよ。

ココが大変

1点をじっと見つめながらの作業で目がつかれることが多いの。背中や腕も痛くなるから、自分でケアが必要。

マンガでわかる ネイリスト ストーリー

開店前

開店前はねん入りにおそうじ

お客さんの手にふれるので、自分の手とネイルのケアもしっかりと！

お店の1日の予定と予約をチェック

よろしくお願いします！

お客さん来店

こんにちはー

いらっしゃいませ！

カウンセリング

お客さんの注文や、つめの状態を見るよ

最近つめの色が悪いんです

じゃ、きちんとマッサージしましょうね

マッサージケア

クリームをたっぷり使って

マッサージも

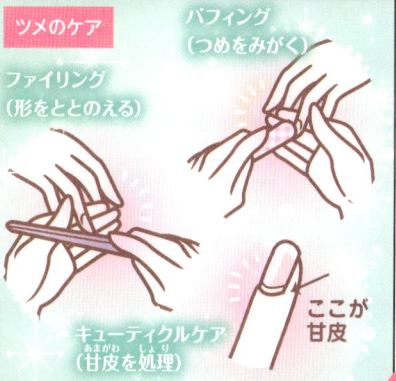

ツメのケア

ファイリング（形をととのえる）

バフィング（つめをみがく）

キューティクルケア（甘皮を処理）

ここが甘皮

ネイリストへの道

なりたい！

- 高校、大学を卒業
- ネイルの専門学校を卒業
- ネイルサロンで働く
- あこがれのネイリストに！

技術や専門知識を身につけるなら、ネイルの専門学校にかようと近道だよ。ほかには、留学して、テクニックやセンスをみがき、海外でネイルアーティストとして活やくする人もいるよ。

ネイリストへの第1歩

小物をデコレートすると、手先の器用さやセンスがアップするよ。身のまわりの文具などで、練習してみよう。

知ってる？

ネイリストあれこれ

トップネイリストの作品はまさに芸術品！

せんさいなモチーフやキラキラのストーンでかざられたジュエリーのようなネイル。その美しさから、CD のジャケットなどに使われることも。

働く場所はいろいろ！

エステティックサロンや美容室で働くこともあるよ。およめさんの晴れの日をもりあげるため、結婚式場で活やくする人も。

先ぱいに**トッゲキ☆インタビュー**

エリコネイル／黒崎えり子さん

Q 何歳からこの仕事をめざしましたか？

19歳のころです。自分のつめをキレイにしたかったのですが、当時はネイルサロンがあまりなかったので、自分で勉強をはじめました。

Q いまでも練習をしますか？

はなやかに見えますが、こまかい作業が多く、じつは技術職。だから練習もかかせません。センスを身につけることも必要。練習を納得いくまでやれば、上達します。

Q 仕事で心がけていることは？

お客さまが満足することがいちばん。自分の意見をおしつけず、お客さまの希望に合わせたものを提供するよう、心がけています。

お仕事 check! **ぴったり度チェック！**

- □ おしゃれが大すき！
- □ 絵をかくことがとくい
- □ ビーズやラインストーンの手芸がすき
- □ 手先が器用なほう
- □ つめがキレイとよくいわれる
- □ こまかい作業がすき

美容アドバイザー

キレイになるアドバイスをする
美のスペシャリスト。

美しさのヒミツを教えちゃうよ

メイク道具は、キレイに整とんして持ち歩いてます！

制服も上品に着こなすのがうでの見せどころ！

デパートや化粧品メーカーのカウンターで、化粧品を販売したり、メイクのアドバイスをするよ。カウンターには、さまざまなメイクのなやみをかかえた女性がくるの。だから、いろんな肌質のスキンケア方法やメイクのしかたを頭に入れて、その人に合った化粧品をおすすめするよ。「この店の化粧品を買おう」と思ってもらうためには、商品をきちんと説明できることがたいせつ。それからお客さんにためしてもらうときに、じょうずにメイクやスキンケアができないといけないよ。そして新作のリップやアイシャドウを使って、自分もメイク。キレイにメイクすることで、お客さんの目にとめてもらえるよ。

お仕事メモ

勤務形態は？
正社員、契約・派遣社員など

勤務時間は？
ショップの開店時間の間で交代制が多い

勤務地は？
百貨店、化粧品メーカーなど

休日は？
平日に週休1〜2日

お給料は？
月収17万円くらいから

ココが楽しい

新しい化粧品をイチ早くチェックできるのが、この仕事のいいところ！ どんな化粧品が登場するか楽しみがいっぱい。

ココが大変

キレイな肌をキープすることがたいせつ。どんなにつかれていても、肌のお手入れはおろそかにできないんだよ。

なりたい！

美容アドバイザーへの道

高校、大学を卒業
↓
百貨店・化粧品メーカーなどに入る
↓
あこがれの美容アドバイザーに！

メイクやスキンケアを勉強する、メイクアップスクールなどにかよった経験のある人は、就職先で採用されやすいよ。

美容アドバイザーへの第1歩

家族が化粧品を買いに行くときはついていって、カウンターでの会話を聞いてみよう。スタッフにメイクの質問をしてみるのもいいかも。どんな説明をするのかもチェックしてみてね！

知ってる？ 美容アドバイザーあれこれ

売れっこの美容アドバイザーは芸能人みたい

化粧品カウンターでの仕事を経験したあと、メイクテクニックやアドバイスのうまさがみとめられて独立する人も。雑誌でメイクやスキンケアのなやみ相談の連載をしたり、モデルや女優にメイクのアドバイスをするよ。それらの情報をまとめて、本を出版することも。最新のメイク情報をかいたブログも人気なんだよ。

ブログも大人気！

メイクアップの先生をすることも

女性のメイクのなやみはつきないもの。そういう人のために、素肌のように見えるファンデーションのぬりかたや、パーティーメイクの方法など、カルチャースクールやイベントのメイク教室で、メイクを教えている人もいるよ。

まさに化粧品メーカーの顔！

お客さんのメイクのお手本になるため、「女優になったつもりでカウンターに立つように」と、指導しているメーカーもあるよ。

いらっしゃいませ！

お仕事 ぴったり度チェック！ check!

- ☐ メイクするのが大すき！
- ☐ 美容の情報はかかさずチェック
- ☐ 肌がキレイってよくいわれる
- ☐ 絵をかくのがすき
- ☐ よく友だちの相談にのる
- ☐ おしゃべりじょうずだっていわれる

エステティシャン

「キレイになりたい」という願いをかなえるため、
美容のなやみを解決するおてつだいをするよ。

いっしょに解決していくよ
美のなやみを

身だしなみは
清けつに！

マッサージが気
持ちよくてねちゃ
うお客さんも！

顔やボディーのマッサージなど、髪の毛以外の全身のケアをするプロ。"エステティック"とは、フランス語で「全身の美容」という意味。「スリムになりたい」「肌のふきでものをどうにかして」といったなやみにこたえて、肌のトリートメントや脱毛、ダイエットなどのおてつだいをするよ。顔や体をていねいにケアされると、つかれがやわらいで、心までゆったりリラックスできるという人が多いの。エステティシャンの体がキレイじゃないと、お客さんに「効果がないの？」と思われてしまうことがあるから、自分もつねにピカピカの肌とスリムなボディーをキープしなくちゃいけないから気がぬけないよ！

お仕事メモ

勤務形態は？
正社員、契約・派遣社員など

勤務時間は？
お店の開店時間の間で交代制が多い

勤務地は？ エステティックサロン、
ホテル、美容室など

休日は？
平日に週休1〜2日

お給料は？
月収18万円くらいから

ココが楽しい

お客さんがどんどんキレイになって、自分に自信がついていくのを見ると達成感があって、とてもやりがいを感じるよ。

ココが大変

マッサージは意外と体を動かすことが多くて重労働。それでもつかれをお客さんに見せないようにしているよ。

エステティシャンへの道

高校、大学を卒業

↓

エステティシャンの専門学校を卒業

↓

エステサロン、ホテル、美容室で働く

↓

あこがれのエステティシャンに！

資格がなくてもなれるよ。顔のお手入れをするフェイシャルトリートメントをするには、美容師の資格が必要。

エステティシャンへの第1歩

肌をツルツルにするスキンケアや、美しいスタイルを保つストレッチをテレビや雑誌などでチェックしてみて！

ファッション・美容のお仕事

エステティシャン

知ってる？ エステティシャンあれこれ

男の子も「キレイになりたい」時代

近ごろは、男性も美肌やダイエットに興味しんしん。エステサロンにかよう人がふえていて、男性専用のエステがどんどんオープンしているよ。お店は男性が行きやすいような雰囲気で、男性エステティシャンもがんばっているよ。

エステといっても、目的によっていろいろ

スリムな体をつくるそう身マッサージやムダ毛をキレイにする脱毛処理、ツルツルの肌をキープするフェイシャルマッサージやパックなど、目的に合わせて、数えきれないほどのコースがあるんだよ。アロマオイルを使ったマッサージなど、リラクゼーション効果のあるコースも人気だよ。

化粧品や美容グッズの生みの親になることも

経験をつんだエステティシャンは、美容のプロとして、新しいマッサージクリームやダイエットグッズなどを開発するための企画に参加することもあるよ。

お仕事ぴったり度チェック！ check!

- ☐ 雑誌の美容記事をよく読む
- ☐ 健康に気をつかって生活している
- ☐ スキンケアはかかさない
- ☐ 家族にマッサージをするのがとくい
- ☐ 人のためになることをしたい
- ☐ 体力はあるほう

75

アロマセラピスト

リラックスできるよいかおりで、
お客さんを元気にしちゃうよ。

たくさんの種類のアロマオイルを知っているよ

アロマボトルはいつも持ち歩いてます

気分に合ったかおりをアドバイスするよ

植物から取れる精油（オイル）のかおりをかいだり、オイルマッサージをして、心と体の不調をやわらげることをアロマセラピーというよ。リラックスできると、女性に大人気なの。アロマセラピストは、お客さんの体調やこのみに合ったオイルをえらんで、正しい使い方をアドバイス。アロマサロンやエステティックサロンで働く人が多いけれど、経験をつめば、若いうちに自分のお店をオープンすることも夢じゃないの。アロマセラピーは医療の現場でも取り入れられていて、そのアドバイザーとして活やくしている人も。精油を使った石けんや化粧品にも注目があつまっていて、そのつくり方を教える先生になる道もあるよ。

お仕事メモ

勤務形態は？
正社員、契約社員など

勤務時間は？
お店の開店時間の間で交代制が多い

勤務地は？ アロマサロン、エステティックサロンなど

休日は？
平日に週休1〜2日

お給料は？
月収17万円くらいから

なりたい！ アロマセラピストへの道

高校、大学を卒業
⬇
アロマセラピーの専門学校を卒業
⬇
アロマサロン、エステティックサロンで働く
⬇
あこがれのアロマセラピストに！

絶対ではないけれど資格があると就職に役立つよ。サロンのほか、かおりを使った商品の開発スタッフとして、企業で活やくしている人も。

芸能界に興味しんしん！

テレビ・映画・ラジオ のお仕事

わくわくドキドキをとどけてくれる
テレビ・映画・ラジオ。
スタッフ、出演者みんなのがんばりが
楽しい番組をつくるんだよ！

おもしろい！　役立つ！
テレビ番組をつくる人たち

女優
P80

照明スタッフ
P103

映画監督
P104

テレビ
カメラマン
P102

脚本家
P101

映画配給
スタッフ
P106

字幕翻訳者
P108

映画館支配人
P108

タレント
P84

ニュース
キャスター
P90

アナウンサー
P92

気象予報士
P96

お笑い芸人
P88

放送作家
P102

テレビ
ディレクター
P100

声優
P98

広告
プランナー
P114

ラジオ
パーソナリティー
P110

コピーライター
P118

クリエイティブ
ディレクター
P112

アート
ディレクター
P116

女優

映画やドラマに出演して、すばらしい演技で観客を物語にひきつけるよ。

おじょうさまにも、小悪魔にも、いろんな女の子になれるよ

顔のアップを撮影することも多いから、美容には力を入れているよ

ドラマや映画、舞台などで役を演じて、見る人を楽しませるのが女優の仕事。オーディションで合格するか、映画監督 P104 にばってきされたら、脚本をもらって、セリフをおぼえたり、役づくりをすることから仕事がはじまるの。活やくの場は映画やテレビ、舞台とさまざま。いろいろな職業の人や悪人、ときには時代劇のおひめさまや宇宙人など、はば広い役を演じるチャンスがあるから、日ごろからの演技の勉強や発声練習などの努力が必要。撮影が早朝から深夜までつづくことも多く、体調をしっかり管理しないといけないよ。人から見られる仕事なので、肌やボディーのお手入れもかかせないの。

お仕事メモ

勤務形態は？
芸能事務所に所属

勤務時間は？
不規則。2、3時間から、1日中かかることも

勤務地は？
テレビ局のスタジオや国内外のロケ地

休日は？
不規則。土日も関係なく働く

お給料は？
出演の作品数による。1作品数千円から数千万円まで

ココが楽しい

「ドラマのあのシーンでないちゃった」などと、ファンの声を聞くと、影響力のたきな仕事だと、やりがいを感じるの。

ココが大変

役づくりができなかったり、監督のイメージどおりにセリフがいえなかったり…。納得いく演技をするのはむずかしいよ。

事務所の面接

あなたは女優に
なりたいの？

はい！映画が
大すきなんです！

このドラマの
オーディションを
受けてみましょう

はい、
がんばります！

ドラマのオーディション

ではセリフを
言ってみてください

実は、わたし…
前からあなたのことが…

あの子
いいねー

役にぴったり
じゃないか！

オーディションに
合格したよー！

やった〜！

脚本の意図を
読み取って、
セリフを練習

役が決まったら、セリフを
おぼえるよ

動きをつけて
練習も！

役のための取材

わからないところは、
実際に取材をするよ

なりたい！ 女優への道

俳優養成所や演技の専門学校で学ぶ

スカウトされる

↓

オーディションに合格

↓

あこがれの女優に！

才能があっても、なかなかよい役にめぐまれないことも。収入が少なくてほかの仕事のアルバイトをしながら、がんばっている人も多いよ。

女優への第1歩

学芸会の劇では、積極的にセリフの多い役に立候補を。演劇部に入るのもいいよ。映画やドラマ、舞台をいまからたくさんみておこうね。

かかわりのある仕事

芸能人の活やくをバックアップ

マネージャー

芸能人にいつもつきそって、仕事場への送りむかえやスケジュールの管理、身のまわりの世話などをするよ。プロデューサーなどに、芸能人の演技力や才能をアピールし、仕事をふやすのもだいじな仕事。ときには、実力アップのための対策を考えたり、演技や歌、ダンスのレッスンなどの手配もするよ。

先ぱいにトッゲキ☆インタビュー

相武 紗季さん

Q どうやってデビューしたのですか？

スカウトです。女優をつづけようと思ったのは20歳のとき。大学にもいかなかったし、「この仕事をだいじにするしかない！」と。

Q たいせつにしていることは？

作品はみんなでつくるもの。だから、共演者の方とよく知り合うようにします。たとえば、撮影のあいまのおしゃべりなど、コミュニケーションがだいじです。

Q 役づくりはどんなふうにしているんですか？

1つひとつのシーンや作品に合わせて自分にしかできない演技をするため、いろいろな場面で感じる自分の気持ちをだいじにしています。

お仕事ぴったり度チェック！ check!

- ☐ ものをおぼえるのは、早いほう
- ☐ 映画やドラマ、舞台が大すき
- ☐ あこがれの女優さんがいる
- ☐ 演劇部に入ろうと思っている
- ☐ 人前で発表するのがとくい
- ☐ おこられてもメゲない！

タレント

トークでテレビ番組を楽しくする
さまざまな才能のもち主。

キュートな笑顔
でみんなの心を
つかむ！

バラエティ番組も歌も、
なんでもチャレンジするよ！

個性的なキャラクターをいかして、トークや歌、司会などをし、いろいろなテレビ番組でみんなを楽しませるよ。"タレント（才能）"ということばのとおり、才能ゆたかな人はクイズや料理、旅行など、さまざまな分野の番組に出演できるんだよ。ドラマに出たり、CDを出す人もいるよ。自分の趣味をいかした本を出版する人も多いの。いろんな芸能人と共演することがあって、人との出会いがつぎの仕事につながることが多いから、だれとでもフレンドリーにつきあえる、社交的な性格の人にむいている仕事だよ。また、芸能界はしきたりを重んじる世界。礼儀正しさは、絶対に身につけていなきゃいけないよ。

お仕事メモ

勤務形態は？
芸能事務所に所属

勤務時間は？
不規則。2、3時間から、1日中かかることも

勤務地は？
テレビ局のスタジオ、国内外の撮影地

休日は？
不規則。土日も関係なく働く

お給料は？ 人気と経験による。1番組
数万円から数百万円まで

ココが楽しい

テレビ番組の収録や雑誌の撮影などいろんな仕事ができて、毎日がしんせんなの。新しい出会いも多いよ。

ココが大変

何カ月も休みがなかったり、1日に何本も撮影があって、移動時間や撮影のあいまにしかねられないこともあるの。

マンガでわかる　**タレント** ストーリー

応募
自分のプロフィールや写真を事務所に送るよ

決定

レッスン
事務所が決まったらいろいろなレッスンをうけるよ

バラエティ
クイズ

今日もがんばりましょうクイズショーです

さぁ、これはなんでしょう？

気のきいたトークで番組をにぎやかに楽しくするよ

もりあげるためにがんばらないと

1日にいくつも仕事が入るから、毎日いそがしい

つぎはスタジオだよ！急いで!!

空き時間も
体が資本！ジム通いで体力づくり

移動中は次の仕事の台本を読んだりするよ

85

タレントへの道

なりたい！

- **オーディションに合格**
  ↓
- **芸能事務所に入る**
  ↓
- **あこがれのタレントに！**

個性的な人やみんなをおどろかせるようなとくぎがある人は、オーディションに受かりやすいよ。読者や視聴者として雑誌やテレビに出る機会があったら、応募してみよう。

タレントへの第1歩

スポーツでも料理でも、なんでもいいので、とくいなものを見つけてね。おしゃべりじょうずな人のまねをして、トーク力をみがくのも◎。

知ってる？

タレントあれこれ

人気司会者への道も

トークがうまく、気くばりができる人は司会者をまかされることも。たくさんのゲストをまとめて、楽しく番組を進行するよ。バラエティー番組や、情報番組の司会をすることもあるよ。

店や料理、観光地を紹介するレポーター

情報番組やワイドショーでのレポートも、タレントのお仕事。スイーツやテーマパークなども、自分流の表現で、楽しく、わかりやすくつたえられる人がもとめられているよ。

先ぱいにトツゲキ☆インタビュー

小倉 優子さん

Q いつからタレントになりたかったのですか？

タレントをお仕事にしようと決めたのは20歳のときです。それまでは、学校にかよいながら仕事をしていました。

Q 仕事のはげみになっているのは？

毎日たくさんの人に会えること。最初、わからないことばかりでつらかったのですが、声えんをもらい、いろいろ教わって、自信をもてるようになりました。

Q いつもだいじにしていることは？

いろいろな人に支えていただいています。いつも「ありがとう」の感謝の気持ちをたいせつに、笑顔でいるようにしています。

お仕事ぴったり度チェック！ check!

- ☐ 楽しいことが大すき
- ☐ おしゃべりするととまらない！
- ☐ とくぎがたくさんある
- ☐ だれとでも友だちになれる
- ☐ 目立ちたがりといわれる
- ☐ あいさつはきちんとできる

お笑い芸人

漫才やコントで、日本中を笑いでつつみ
落ちこんでいる人も元気にするよ！

お客さんに聞きやすい
声でネタをひろう！

体全体で笑い
をとるよ！

テレビのバラエティー番組に出たり、劇場やデパートなどの舞台でネタをひろうするよ。劇場などのお客さんの前で芸をすることをライブといって、人気が出ると自分だけのライブを開くことも。芸人にとっては、たくさんのお客さんが笑ってくれることが一番の目標。笑顔が大すきな人にぴったりの職業だよ。もしもウケなくても、それをネタにするぐらいのポジティブさが必要だね。芸人は、テレビの収録などで生活が不規則になりがちだし、体をはげしく使う番組も多いから、体力がだいじ。新人の収入は低いけど、人気が出ると収入が 100 倍にもなる人も！ドラマや映画など、芸人の活やくの場は広がっているよ。

お仕事メモ

勤務形態は？
芸能事務所に所属

勤務時間は？
不規則。2、3 時間から、1 日中かかることも

勤務地は？
テレビ局のスタジオやイベント会場

休日は？
不規則。土日も関係なく働く

お給料は？ ライブ 1 回数百円から、
売れれば月収数千万円の人も

ココが楽しい

自分の芸を見て、会場の人たちが大爆笑してくれることが、何よりうれしい！ つぎの仕事もがんばろうと思うよ。

ココが大変

みんなを笑顔にさせるのが仕事だから、落ちこんでいるときも、舞台ではいつも笑顔でいなきゃいけないの。

お笑い芸人

なりたい！ お笑い芸人（おわらいげいにん）への道（みち）

- お笑い（おわらい）の養成（ようせい）学校（がっこう）で学ぶ
- 参加（さんか）自由（じゆう）のライブでネタ見せ（みせ）

↓

ライブをしたり、オーディションを受ける

↓

芸能（げいのう）事務所（じむしょ）に所属（しょぞく）

↓

あこがれのお笑い芸人（げいにん）に！

むかしは師匠（ししょう）に弟子入り（でしいり）することが多かったけど、いまは芸能事務所の養成学校に入る人が多いよ。芸人の多くは養成学校の卒業生（そつぎょうせい）だよ。

お笑い芸人（おわらいげいにん）への第1歩（だいいっぽ）

ネタをつくって、友だちにひろうしよう。お笑いの DVD（ディーブイディー）を見て、ネタの研究（けんきゅう）をするのもいいね。

知ってる？ お笑い芸人（おわらいげいにん）あれこれ

さまざまな芸術（げいじゅつ）を見て笑い（わらい）にいかす

芸人（げいにん）はネタをつくり、笑いの勉強をするために、さまざまな芸術にふれているんだよ。たとえば、むかしから受けつがれている落語（らくご）や狂言（きょうげん）、能（のう）などの伝統（でんとう）芸能を積極的（せっきょくてき）に見て、表現（ひょうげん）のしかたや会話の間（ま）のとり方などを参考（さんこう）にしたり、海外のコメディーや映画（えいが）、ミュージカルを見て自分のネタに取り入れる芸人（げいにん）もいるよ。いろんな芸術にヒントをもらって、みんなを楽しませる工夫（くふう）をしているよ。

先ぱいにトッゲキ☆インタビュー

森三中（もりさんちゅう）／黒沢（くろさわ）かずこさん

Q 子どものころはどんな子でしたか？

小4のころ、タレントのコロッケさんを見て、そうじの時間にだけものまねをしていました。でもふだんは人見知りだったんです。

Q 芸人（げいにん）の仕事（しごと）でだいじなことは？

チームワークです。自分だけでは何もできません。それから、芸（げい）をやるうえでだいじなのは、心！　やる気があればなんでもできる！

Q 人前に出るのはうれしいこと？

町で「応えんしてるよ！」と声をかけられることもあり、うれしい。たまにお話ししたこともない人に「キライ」と言われるのは悲しいですが…。

お仕事（しごと）ぴったり度（ど）チェック！ check!

- ☐ とにかく人を笑わせ（わらわせ）たい！
- ☐ 先生や友だちのまねがとくい
- ☐ どんな話もオチをつくってしまう
- ☐ 目立ちたがりだといわれる
- ☐ お笑い番組が大すき
- ☐ 声が大きい

ニュースキャスター

ニュース番組の進行をしたり、
事件や事故を正確につたえて、解説するよ。

自分の知識や経験をもとに
ニュースをつたえます

カッチリした
スーツを着る
ことが多いよ

事件や事故の情報をつたえながら、ニュース番組を進行する“番組の顔”。アナウンサー P92 とちがうのは、自分で調べたニュースの裏側について解説したり、意見をのべるところ。大きな事故や事件が起きたときは、自分で現場に行ったり、事件に関係している人に直接取材することもあるよ。キャスターは、アナウンサーやリポーターとしてニュース番組に長年出演したベテランがつとめることが多いよ。事件の取材経験がたくさんある新聞記者 P164 がキャスターにばってきされることもあるの。政治や経済、さらにスポーツや芸能など、さまざまな分野において、はば広い知識がないとつとまらない仕事なんだよ。

お仕事メモ

勤務形態は？ テレビ局の正社員、フリー、芸能事務所所属の人も

勤務時間は？ 社員は8時間くらい。災がい、大事件のときには残業も

勤務地は？ テレビ局のスタジオか取材先

休日は？ 番組の収録日によって、休日が変わる

お給料は？ 月収は20万円くらいから、数百万円まであがる人も！

ココが楽しい

あまり足をふみいれることができない場所で取材できたり、総理大臣に会ったり、貴重な経験がたくさんできるよ。

ココが大変

番組のとちゅうで、新しいニュースが入ることが。急に番組の内容が変わっても、冷静に対応しなきゃいけないよ。

ニュースキャスターへの道

なりたい！

大学を卒業（そつぎょう）

↓

アナウンサーの試験に合格し、テレビ局、ラジオ局に入る

↓

ニュース番組のアシスタントとして、経験（けいけん）をつむ

↓

あこがれのニュースキャスターに！

番組をまとめる立場だから、責任重大（せきにん）。アナウンサーになって、取材（しゅざい）や原稿（げんこう）づくりの経験（けいけん）をつむことが近道。

ニュースキャスターへの第1歩（だいいっぽ）

新聞をよんだり、ニュースを見る習慣（しゅう・かん）をつけよう。それを見て考えたことを、まわりの人に話してもいいね。

知ってる？

ニュースキャスターあれこれ

メインキャスターは、「アンカーマン」

ニュース番組で、司会（しかい）をつとめる人を「アンカーマン」とよぶことがあるよ。これは、アメリカでよく使われるよび方。アンカーとは船のいかりのことで、状況（じょうきょう）に流されず、番組を進行する立場をたとえたことばなんだよ。

World News

政治家（せいじか）や有名人（ゆうめいじん）にインタビューも

世界的（せ・かいてき）に有名なアーティストと対談（たいだん）したり、あまりインタビューにこたえない政治家（せいじか）や有名人に話をきくことがあるよ。キャスターとしての実績（じっせき）をみとめて、相手が出演（しゅつえん）をOKしてくれることが多いの。なかなか会う機会（きかい）がない人と話せるのは、とてもしげき的でやりがいを感じられることだよ。

お仕事（しごと）ぴったり度（ど）チェック！ check!

- ☐ 友だちの間ではテキパキしきるほう
- ☐ 調べものをするのがとくい
- ☐ ニュース番組がすき
- ☐ ドキュメンタリー番組がすき
- ☐ 世界のいろんな地域（ちいき）に行ってみたい！
- ☐ 落ち着いているほう

アナウンサー

テレビやラジオで美しい日本語を話し、正しい情報をつたえるよ。

原稿をすばやく読みこみ、的確につたえるよ

情報をわかりやすくおつたえします

テレビやラジオで原稿を読み、情報をつたえるのが仕事。ニュースやスポーツ番組がはじまるまでは、打ち合わせや下調べ、取材をかさねて、原稿をつくるよ。番組の放送中に、事故や事件の新しい情報が入ることも。どんな状況でもあわてずに対応する判断力が必要。正しいことばづかいと聞きやすい声で話すための、ことばの勉強や発声練習もたいせつ。じつは地道な努力をかさねているの。番組でディレクター P100 から「あと10秒」と指示が出たら、その時間内で話をまとめる技術も身につけなければいけないよ。最近は、バラエティー番組の司会やナレーターの仕事をして、タレント P84 のように活やくしている人もいるよ。

お仕事メモ

勤務形態は？
テレビ、ラジオ局の正社員。フリーも多い

勤務時間は？
1日8時間くらい。早朝や深夜出勤もあり

勤務地は？
テレビ、ラジオ局のスタジオか取材先

休日は？
番組の収録日によって、休日が変わる

お給料は？ 月収は20万円くらいから、数百万円まであがる人も！

ココが楽しい

スポーツ番組の中継や、バラエティー番組でタレントと共演したり…、さまざまなことにチャレンジできるの。

ココが大変

朝から晩まで番組に出つづけて、帰りが深夜になることも。つぎの日も朝から仕事という日があり、とてもいそがしいよ。

マンガでわかる アナウンサーストーリー

テレビ・映画・ラジオのお仕事

アナウンサー

なりたい！ アナウンサーへの道

大学を卒業

↓

アナウンサーの試験に合格しテレビ局、ラジオ局に入る

↓

あこがれのアナウンサーに！

東京の大きなテレビ局でも、1人、2人しか採用しないときも。大学にいる間にアナウンサー養成学校にかよう人も多いよ。

アナウンサーへの第1歩

漢字や日本語の正しい使い方はアナウンサーの技術の基本だから、国語の勉強をがんばろう。英語を話せると、取材のときに役立つから、英語の授業をきちんとうけよう。英会話にもチャレンジしてみて。

知ってる？ アナウンサーあれこれ

経験をつみかさねて、フリーになる人も

アナウンサーとして経験をつんだら、フリーで活やくする人も多いよ。テレビ局に関係ないいろんな番組に出演できるし、アナウンサー以外の仕事にチャレンジしやすいというメリットがあるよ。

ベテランアナウンサーは養成学校の先生に！

アナウンサー養成学校を経営するテレビ局では、技術の高いアナウンサーが先生として、アナウンサーを夢みる人たちを指導するよ。

先ぱいにトツゲキ☆インタビュー

テレビ朝日 竹内由恵さん

Q テレビに出るのは楽しいですか？

アーティスト、スポーツ選手、政治家などいろいろな分野で活やくしている人たちと、会うことができるので刺激的で楽しいです。

Q 大変なことはなんですか？

かぜをひいて声が出なくなると仕事ができないので気をつけています。夜中は、のどが痛くならないようにマスクをして寝ています。

Q 今からやっておくことはありますか？

アナウンサーは「人にわかりやすくつたえること」がだいじ。学校でのできごとをお父さんお母さんにわかりやすくつたえてみましょう。

お仕事ぴったり度チェック！ check!

- [ ] 国語がとくい
- [ ] 声がきれいと言われる
- [ ] 早口ことばがとくい
- [ ] スポーツをみるのがすき
- [ ] 体力には自信がある
- [ ] 人前で話すのがすき

お仕事ファイル **035**

気象予報士

天気を予測してお知らせし
みんなの仕事や生活に役立ててもらうよ。

天気図を使って、わかりやすく説明するよ

天気のことなら、なんでも聞いて！

雲や風の動きをもとに、天気を予測するのが仕事。天気予報をしていいのは、気象予報士の資格をもち、気象庁に登録している人だけと決められているよ。気象庁が提供する雲や風の動きをまとめた気象観測データをもとに天気の予測をするんだよ。お天気キャスターとして、テレビやラジオ、新聞の天気予報のコーナーで解説をしている人もたくさん。天気によって運転に影響が出る航空会社や鉄道会社、お客さんの数や売り上げが変わるデパートやテーマパークなどに、天気の情報をつたえることもあるよ。天気はたくさんの人の生活に影響をあたえるから、やりがいがあると同時に責任も重大なの。

お仕事メモ

勤務形態は？
気象予報会社、テレビ局の正社員など

勤務時間は？ 1日8時間くらい。
勤務形態によって交代制も

勤務地は？ 気象予報会社。キャスター
をやる人はスタジオも

休日は？
週休2日

お給料は？
月収20万円くらいから

ココが楽しい

天気は、農業や漁業など、さまざまな職業の人に影響をあたえるもの。たくさんの人のためになっているのがうれしい。

ココが大変

雲や風は急に動きを変えることがあるから、発表した予報はずれてしまうことも。いつも正しい予報をするのは大変だよ。

96

気象予報士への道

高校、短大、大学を卒業

↓

気象予報士試験に合格

↓

気象予報社などに入る

↓

あこがれの気象予報士に！

気象予報社の職業からお天気キャスターにばってきされることもあるよ。また、タレントが資格をとって、お天気キャスターになっていることも多いよ。

気象予報士への第1歩

新聞などの気象図を見る習慣をつけよう。天気図記号をおぼえる勉強にもなるし、毎日見ているとだんだん天気にくわしくなってくるよ！

知ってる？

気象予報士あれこれ

難関の国家資格、気象予報士試験

平成6年からはじまった試験。気象予報士になるには、この試験にかならず合格しないといけないよ。だれでも受けられるけど、合格率は約5％ととても低くて、何年もチャレンジしている人も多いの。試験は気候や気圧の知識にかんするテストや、実際に天気を予報するテストがあるんだよ。

お天気キャスター、気象予報をする会社などで活やく

女の子に人気なのは、ニュースやワイドショーで天気をつたえるお天気キャスター。「お天気お姉さん」とよばれ、アイドルみたいに人気がある人もいるよ。あとは、気象庁からみとめられた気象情報を発表する会社や気象庁などに就職することもできるよ。

お仕事ぴったり度チェック！ check!

☐ 地図を見るのがすき

☐ 環境問題に興味あり！

☐ ものごとの判断が早い

☐ 友だちに話がわかりやすいといわれる

☐ 人前で話すことがすき

☐ 毎日天気予報をチェック！

声優

アニメの登場人物になりきって、
キャラクターに命をふきこむよ。

いつでものどをケアしているよ

いろいろなキャラクターを声で演じるよ

アニメやゲームの登場人物の声や、海外の映画のふきかえをするよ。CM、テレビ番組のナレーションをすることも。個性的な声の人にはぴったりの仕事だよ。声だけで感情をあらわす表現力や、口の動きに合わせて話すテクニックが必要なの。そのために、毎日発声練習をしたり、演技をみがく努力をしているよ。アニメは、熱狂的なファンがどんどんふえていて、それとともに声優の人気もアップ！ 話がじょうずな人は、ラジオパーソナリティー P110 をつとめたり、イベントの司会の仕事をまかされることもあるよ。CDを出したり、ライブやサイン会をしたり、アイドルのような活やくをする声優もいるんだよ。

お仕事＋α

勤務形態は？
芸能事務所に所属

勤務時間は？
不規則。2、3時間から、1日中かかることも

勤務地は？
声の収録をするスタジオ、ライブ会場など

休日は？
収録日によって、休日が変わる

お給料は？ 出演作品数による。1作品
数千円から数十万円まで

ココが楽しい

自分がふきかえている作品に、たくさんの人が感動してくれたとき。そのキャラクターの人気が高まるとすごくうれしい！

ココが大変

かぜなどで声が出なくなると、仕事ができなくなってしまうの。こまめにうがいをしたり、のどのケアをかかさないよ。

なりたい♪ 声優への道

声優や俳優の養成所などを卒業

↓

劇団や芸能プロダクションに所属

↓

オーディションに合格する

↓

あこがれの声優に！

声優の専門学校に入るのが近道だよ。高校にかよいながら、レッスンを受けられる学校もあるよ。

声優への第1歩

友だちや家族の声を研究してみよう。マンガのセリフを、実際に感情をこめて声に出すのも練習になるよ。

知ってる？ 声優あれこれ

1人で、子どもから大人、動物まで演じる

1つの作品でいくつかの役を担当することもあるから、声をつかいわけるテクニックが必要なんだよ。

「つぎはひだりにまがって」これも声優の仕事

カーナビの声も声優の仕事のひとつだよ。個性を出しすぎず、聞きとりやすいように、落ち着いた声で話すことがだいじ。

先ぱいにトツゲキ☆インタビュー

豊崎愛生さん

Q 声優になろうと思ったのはなぜですか？

「あなたの声を聞くと元気になる」と言ってもらったことがあり、とてもうれしかったので、「声」のお仕事をえらびました。

Q 気をつけていることはありますか？

かぜをひかないようにしています。あとは、日々、人間観察！ 赤ちゃんから大人までや、妖精など、いろいろなものに声で変身するからです。

Q 声優にむいているのはどんな人ですか？

キャラクターに声で命をふきこむ、とてもすてきなお仕事。アニメや映画、お芝居がすきなら、だれでもめざしてほしいです。

お仕事ぴったり度チェック！ check!

- [ ] アニメやゲームが大すき
- [ ] 個性的な声っていわれる
- [ ] 朗読がうまいといわれる
- [ ] ものまねがとくい！
- [ ] かぜをひかないように気をつけている
- [ ] 何種類かの声を出すことができる

テレビディレクター

テレビ番組を制作する大勢のスタッフをまとめ
よい番組をつくりあげる現場のリーダー。

台本はいつも持ち歩いてるよ！

いつもスタジオやロケ現場を走りまわってます

テレビディレクターは、テレビ番組をつくる現場のリーダー。ふだんはテレビ局や番組の制作会社で働いているの。テレビ番組をつくるには、タレント P84 などの出演者のほか、放送作家 P102 やテレビカメラマン P102 などの多くのスタッフとかかわるよ。そのすべてのスタッフの仕事をチェックしておもしろい番組をつくるのがディレクターの仕事。バラエティーや報道、ドラマなど、担当する番組によって仕事は変わってくるけど、おもな仕事は番組の演出をすること。おもしろい番組にするために、番組の内容を考え、出演者たちにアドバイスをするよ。ドラマの場合は、俳優に演技指導をおこなうこともあるんだよ。

かかわりのある仕事

＼ 番組のすべてを決定する ／
テレビプロデューサー

プロデューサーは、ディレクターよりも上の役職の人。番組の予算や出演者の決定、スタッフ（ディレクターふくむ）えらびなど、決定権はプロデューサーにあるんだよ。

なりたい！ テレビディレクターへの道

大学、マスコミ系の専門学校を卒業

↓

テレビ局、番組制作会社に入る

↓

アシスタントディレクター（AD）になる

↓

あこがれのテレビディレクターに！

AD として経験をつんだあと、ディレクターになるよ。AD はディレクターのアシスタント。AD 時代のがんばりが、その後の力になるよ。

脚本家

テレビドラマになるお話を考え
俳優に演じてもらうための脚本を書くよ。

脚本の書き方の形式にそって、脚本はつくられているよ

楽しいドラマはわたしがつくります♪

ドラマをつくるのに、すべてのもとになるのが「脚本」。脚本には、役者が話すセリフと、「ト書き」といわれる場面をあらわす文章が書かれ、それが組み合わさりお話になっているの。この脚本を書くのが、脚本家の仕事だよ。仕事はテレビプロデューサー P100 から「こんなドラマをつくりたい」といらいがきてスタート。執筆に入る前に、ドラマの内容に合わせて、下調べや取材をするよ。それがおわったら、全体を考えながらドラマ1回1回のお話をおおまかに考えるの。そうやってお話全体の地図をつくってから、ようやく執筆に入るんだよ。いい脚本を書くには、ふだんから名作映画やドラマをたくさん見ておくことがだいじ。

お仕事メモ

勤務形態は？ ほとんどがフリー。まれに映像制作会社に所属する人も

勤務時間は？ 不規則。2、3時間から1日中かかることも

勤務地は？ 自宅、事務所など

休日は？ 不規則。仕事の進みぐあいによる

お給料は？ ドラマ1本数万円から数百万円までさまざま

なりたい！ 脚本家への道

大学の芸術学部を卒業 → 映像制作会社に入る

脚本スクールを卒業 → 脚本コンクールで入賞する

あこがれの脚本家に！

プロデューサーからNGを出されることもしばしば。脚本は何度も直しをかさねてできあがるもの。根気のある人がむいているわ。

放送作家

テレビやラジオ番組をつくるために、テレビプロデューサー P100 と会議をし、どうしたらおもしろい番組がつくれるか知恵を出すのが放送作家のおもな仕事。司会の人がどうゲストに話をするかなどが書かれた台本をつくることがあるよ。おもしろい番組は放送作家しだいといわれるほど、番組づくりに大きくかかわるよ。

なりたい！ 放送作家への道

高校、大学を卒業 → 放送作家の事務所に入る → あこがれの放送作家に！

放送作家養成講座を受ける

お笑い芸人やラジオにいつも投稿している人から、放送作家になる人も多いよ！

テレビカメラマン

テレビにうつる映像を、高性能カメラで撮影する技術者。テレビディレクター P100 が考えたイメージを聞き、本番前には何度もカメラリハーサルするよ。どうしたらいい映像になるのか考えながら撮影するんだよ。テレビを見ている人に笑顔や感動がつたわる映像をとるには、技術をみがくことと、経験からえるひらめきがたいせつだよ。

なりたい！ テレビカメラマンへの道

高校、大学を卒業 → テレビ局や番組制作会社に入る → アシスタントになる → あこがれのテレビカメラマンに！

マスコミ系専門学校を卒業

美術スタッフ

テレビ番組で出演者がすわるような大きなセットをつくる大道具係と、タレントが持つ小物や食べものを準備する小道具係が必要。大道具は建築の知識と体力が必要。男性が多いけど、こまやかな感性がすてきなセットをつくるのに役立つから、女性もふえているわ。大道具、小道具係とも、美術やインテリアのセンスが必要だよ。

なりたい！ 美術スタッフへの道

芸術系の大学、専門学校を卒業	→	制作会社やテレビ局に入る	→	あこがれの美術スタッフに！

照明、音響スタッフ

キラキラした照明でスタジオやホールを演出するのが、照明スタッフの仕事。音響スタッフは、テレビ番組で音声を録音して聞きやすく調節する仕事だよ。活やくの場は、テレビのほか、映画や舞台、ライブハウスなど。映像と音楽系では、入る会社がちがうから、自分が何をやりたいかで決めよう。専門学校に入ると、勉強しやすいよ。

なりたい！ 照明、音響スタッフへの道

高校、専門学校、大学を卒業	→	イベント、テレビ制作会社に入る	→	あこがれの照明、音響スタッフに！

映画監督

映画をつくるすべての現場で
スタッフをまとめ、演出をする映像の作家。

台本は持ち歩いているけど、ほぼ頭に入っているよ！

最高の1作をつくるために、全力をぶつけるよ

脚本づくり、撮影、編集などの映画づくりの工程を、すべてしきって完成させるのが映画監督の仕事。映画をつくるには、どんな物語にするかを考え、実現するために映画プロデューサー P105 と会議。それから脚本家 P101 に脚本をいらい。監督自身が書くこともあるよ。役に合う俳優をえらび、カメラマンなどのスタッフと打ち合わせをしたら、ようやく映画の撮影がスタート！ 撮影中は、俳優に演技を指導。すべてのスタッフの仕事もチェックするよ。終了後もフィルムの編集や、効果音、音楽の録音に立ち会ったり、仕事がいっぱい！ 映画が完成したら、雑誌やテレビの取材を受けたり、宣伝で全国をまわることもあるよ。

お仕事メモ

勤務形態は？ ほとんどがフリー。制作会社やテレビ局の正社員もいる

勤務時間は？
不規則

勤務地は？
撮影スタジオや外の撮影地など

休日は？
撮影などの状況による

お給料は？ 映画1本数十万から1千万円くらい。社員は会社による

ココが楽しい

映画が完成して、お客さんがよろこんでくれるととても達成感があるよ。つぎの作品を撮るはげみにもなるのよ！

ココが大変

撮影現場はハプニングの連続。外で急に雨がふったり、俳優やスタッフがケガをしてしまったり、なやみはつきないの。

なりたい！ 映画監督への道

映画監督のサポートをする助監督になると、勉強になることがいっぱい。募集を見かけたら応募してみよう。コツコツと自分の映画を撮りためておくのもだいじ。

- 大学の映像学科や専門学校を卒業
  ↓
- 映画制作会社や制作プロダクションに入る
  ↓
- アシスタントや助監督として経験をつむ
  ↓
- あこがれの映画監督に！

- 自主映画を撮る
  ↓
- コンテストに入賞する

映画監督への第1歩

映画はもちろん、本や音楽などたくさんの芸術品にふれておこう。

知ってる？ 映画監督あれこれ

たくさんの人が夢みている映画監督

お芝居の演出家や俳優、テレビディレクター、タレントや芸人まで、さまざまな人が映画監督にチャレンジしているよ。映画は長い時間をかけてじっくり制作できたり、大規模なセットや３D映像を使ったり、テレビではできない表現にチャレンジできるからなの。

カメラの進化でむかしより撮影しやすくなった！

映画のフィルムは高価で、特定の技術者しかあつかえず大変だったの。でもデジタルカメラが主流になって使いやすくなり、映像をとりやすくなったよ。中学生が映画監督デビューした例もあるから、挑戦してみて！

かかわりのある仕事

映画づくりの決定権をもつ責任者 映画プロデューサー

映画プロデューサーは、映画制作の責任者。監督を指名するのもプロデューサーだよ。映画の製作費をあつめ、予算をオーバーしないように、いつも現場をチェック！ 映画が失敗したときに責任を負うから、とっても責任の大きな仕事なの。

お仕事ぴったり度チェック！ check!

- ☐ ぼんやり空想するのがすき
- ☐ 大人数をまとめるのがとくい！
- ☐ ねばり強い性格
- ☐ 映画やドラマをみるのがすき
- ☐ 体力はあるほう
- ☐ 人を感動させたい

映画配給スタッフ

国内、国外のすぐれた映画を見つけ、
映画館で上映できるように手配するよ。

宣伝にかかせないチラシやポスターづくりも仕事だよ

おもしろい映画はわたしに聞いて！

世界中の映画祭に出かけておもしろい映画をさがしたり、評判の自主映画を見つけて、それを映画館で上映できるようにする仕事。映画配給会社で働くよ。上映する映画館を決めたら、映画をマスコミの人に見てもらえるように上映会（試写会）を開いたり、映画を宣伝してくれるようお願いするのも仕事だよ。会社によってあつかう映画のジャンルがちがうから、スタッフにもとめられる能力もさまざま。海外の映画祭で買いつけるなら英語力、自主映画を多くあつかうなら、マイナーな映画の知識が必要になるの。どんな映画がすきか、配給会社に入って何をやりたいかによって入る会社も変わってくるんだよ。

お仕事メモ

勤務形態は？
正社員、契約社員。フリーも多い

勤務時間は？
1日8時間くらい。残業も多い

勤務地は？ 配給会社、映画館、撮影スタジオ、海外に行くことも

休日は？
土日祝日。休日出勤も多い

お給料は？
月収20万円くらいから

ココが楽しい

よい映画は心に残るもの。自分が見つけた映画で、たくさんのお客さんが感動してくれると、うれしくなるの！

ココが大変

自信をもって手がけた映画上映に、お客さんが入らないとき。よい映画でも評価してもらえないのは、つらいよ。

なりたい♪ 映画配給スタッフへの道

映画の専門学校、大学を卒業

↓

配給会社に入る

配給、宣伝会社でアルバイト

↓

あこがれの映画配給スタッフに!

配給は映画ずきの人に人気の職業だけど、募集が少ないから就職するのは大変。アルバイトをしながら、配給スタッフになる道もあるよ。

映画配給スタッフへの第1歩

いい映画を見きわめる目は、たくさんの映画を見ることできたえられるよ。とくに名作といわれる、むかしの映画はかならず見ておこうね。

知ってる? 映画配給スタッフあれこれ

映画製作をする配給会社も

映画配給会社のなかには、映画の製作をしている会社もあるよ。だから映画製作から、配給までのすべてにかかわることができるの。撮影現場を見に行くことも多いよ。

買いつけはだれでも、できるわけではない

映画の買いつけでは、ヒットしそうな映画を見つけることがとてもだいじ。経験をつまないと、映画の見きわめはむずかしいよ。

かかわりのある仕事

映画宣伝のプロがあつまる 映画宣伝会社スタッフ

配給会社の中に宣伝部がある会社もあるけど、宣伝のみを専門で受ける会社もふえているよ。社員が数人の会社や、フリーとして1人で活やくする人も。宣伝についてあらゆることをやるため、小さな宣伝会社の人ほど映画の知識が多いことも。

お仕事 ぴったり度チェック! check!

- [ ] 映画をみるのがすき
- [ ] 英語の勉強をがんばりたい
- [ ] すきなことはとことん追求する
- [ ] 人づきあいはとくいだと思う
- [ ] めんどうみのいいほうだ
- [ ] 体力に自信がある!

特殊メイクアーティスト

　若い俳優を老人に見えるようにメイクしたり、怪物に見えるような皮ふやキバをつけたりするお仕事。1000種類以上の薬品や、汗などで色が落ちないように建築塗料を使って、顔や皮ふをつくるよ。怪物の顔をつくるために俳優の顔型をとってマスクをつくったり、こまかいしわを手書きしたり、まるで彫刻や油絵をつくるような作業よ。

＼なりたい！／ 特殊メイクアーティストへの道

| 大学の芸術学部、特殊メイクの専門学校を卒業 | → | 特殊メイク制作会社に入る | → | あこがれの特殊メイクアーティストに！ | 美容師やカラーコーディネーターの資格を持ってると就職に有利だよ！ |

×××××××××××××××××××××××××××××××××

お仕事ファイル
046

字幕翻訳者

　外国映画のセリフを日本語に訳して、スクリーンに表示される字幕をつくる仕事。映画のスクリーンに字幕がうつるのは短い時間。短い時間で読める文字数には限りがあるから、短いことばでわかりやすい表現をすることがなによりもたいせつだよ。正しい意味をつたえるためには、外国語のほか、国語力もだいじなんだよ。

＼なりたい！／ 字幕翻訳者への道

| 大学の外国語学部を卒業 | → | 字幕制作、翻訳会社に入る | → | あこがれの字幕翻訳者に！ |
| 専門の養成所を卒業 | | | | |

スクリプター

映画は何度も同じシーンをとったり、天気や俳優のつごうでラストシーンから撮るなんてこともあるの。監督が脚本のセリフを変えちゃうことも。そういう撮影現場で起こる変更などを、きちんと記録しておくのがスクリプターだよ。つづきのシーンで俳優の服がちがうなんてことを防ぐのにも役立つよ。日本では女性が多い職業なの。

なりたい！ スクリプターへの道

映画撮影現場でアルバイトをする → スクリプター助手になる → あこがれのスクリプターに！

映画館支配人

映画館で上映する映画を決定し、経営の全責任をもつよ。映画館を経営するには、経済的な知識はもちろん、映画をたくさん知っていることが必要。どんなジャンルの映画にどれだけのファンがいるのかを見きわめ、上映するスクリーンの大きさを決めるの。映画館には、映画会社がつくったところと、個人がつくったところがあるよ。

なりたい！ 映画館支配人への道

大学を卒業 → 大手の映画会社に入る → 映画館経営についての経験をつむ → あこがれの映画館支配人に！

映画館でアルバイトとして働く ⟶

ラジオパーソナリティー、ディスクジョッキー

楽しいトークで、ラジオ番組をもりあげます。

心地よい声でリスナーに情報をとどけるよ

ヘッドフォンからスタッフの指示が聞こえるよ

ラジオ番組で、いろんな情報をつたえ、ゲストをまねいておしゃべりする人がラジオパーソナリティー、音楽番組の進行をする人はディスクジョッキーとよぶんだよ。リスナーからのメールやハガキを紹介したり、楽しいトークをして番組をもりあげるよ。ラジオ担当の放送作家 P102 と相談しながら、新しくはじまるコーナーの企画を考えることもあるの。受験生やタクシー運転手など、勉強や仕事のあいまに、同じ番組を聞きつづける根強いファンに支えられている番組も多いよ。あっとう的なトーク力や強いメッセージをもっているパーソナリティーは、リスナーたちにしたわれて、カリスマ的な存在になっているよ。

お仕事メモ

勤務形態は?
ラジオ局の正社員。芸能事務所所属の人も

勤務時間は?
担当している番組の収録日時で決まる

勤務地は?
ラジオ局

休日は?
収録日によって休日が変わる

お給料は? 社員は月収 20 万円くらいから。フリーは人気による

ココが楽しい

番組中にリスナーからとどくメールが楽しみ。ストレートな意見がかえってきて、リスナーが近くに感じるの。

ココが大変

毎回、番組で話しているとネタがなくなることがあるの。だから、日々おもしろいことがあったら、メモするようにしてるよ。

110

放送系の専門学校、アナウンサー養成学校で学ぶ

↓

ラジオ局に入る　　オーディションに合格する

↓

あこがれのパーソナリティー、ディスクジョッキーに！

ラジオ局のアナウンサーが経験をつんで自分の番組をまかされるとパーソナリティーになるよ。ディスクジョッキーは、オーディションを受けることが多いよ。

ラジオパーソナリティー、ディスクジョッキーへの第1歩

自分の番組をつくってみて、パソコンや携帯電話で録音してみよう。番組内でかける曲もえらんでみてね。

知ってる？

ラジオパーソナリティー、ディスクジョッキーあれこれ

よきお姉さんとして、相談にのることも

将来の進路や、だれにもいえないなやみを相談するコーナーをもつ番組もあるの。そこでは、パーソナリティーが相談者にあたたかいメッセージを送るよ。ラジオ番組をきっかけになやみが解決できた、というリスナーもたくさんいるんだよ。

人気パーソナリティーがタレントになることも

個性ゆたかなおしゃべりやしきりのうまさがみとめられて、テレビのバラエティー番組に出演したり、ワイドショーの司会をしているパーソナリティーもいるよ。

お仕事ぴったり度チェック！ check!

- ☐ いつも聞いているラジオ番組がある
- ☐ おしゃべりが大すき！
- ☐ 友だちからなやみ相談をよくされる
- ☐ いろんなジャンルの音楽をチェックしてる
- ☐ 早口ことばがとくい！
- ☐ 人見知りはあんまりしないほう

クリエイティブディレクター

広告をつくるチームのスタッフをまとめる仕事だよ。

みんなの目をひくような広告をつくるよ！

広告の企画書など、必要な資料はいつも持ち歩いているよ

広告とは、商品を宣伝するCMやポスター、チラシやパンフレットのこと。さまざまな役わりのスタッフがチームになってつくっているの。そのリーダーがクリエイティブディレクター。広告で商品のどんなところを、どのようにつたえるかを決めて、アートディレクター P116 やコピーライター P118 、広告プランナー P114 などのスタッフをえらぶよ。そして、イメージどおりの広告ができるように、それぞれのスタッフがつくった企画やデザイン、コピーをこまかくチェックするの。広告のいらい主とスタッフの間で意見が合わない場合は、状況を冷静に判断して、みんなの意見をまとめるのもだいじな仕事だよ。

お仕事メモ

勤務形態は？
正社員、契約社員

勤務時間は？
1日8時間くらい。残業も多い

勤務地は？
広告代理店、広告プロダクション、デザイン会社、撮影スタジオなど

休日は？
土日祝日。休日出勤も多い

お給料は？
月収25万円くらいから

ココが楽しい

広告は、商品の売上アップが一番の目標。かかわった広告の商品がヒットすると、すごくやりがいを感じるよ。

ココが大変

みんな真剣だからこそ、スタッフの意見がぶつかることもあるの。あいだに入って、意見をまとめるのに、ひと苦労。

なりたい！ クリエイティブディレクターへの道

専門学校、大学を卒業

↓

広告代理店やデザイン会社で、デザイナーやコピーライターとして経験をつむ

↓

あこがれのクリエイティブディレクターに！

デザインやコピーライターの知識が必要。広告の世界で、長い期間経験をつんでからなる人が多いよ。

クリエイティブディレクターへの第1歩

どんなものが人の心をひきつけるのか、知っておこう。映画や写真集、画集をたくさん見て勉強を！

知ってる？ クリエイティブディレクターあれこれ

広告にかかわるイベントのまとめ役をすることもある！

商品をヒットさせるために、期間限定で、サンプルやプレゼントをくばるキャンペーンをすることがあるよ。販売や商品開発のスタッフがかかわることもあるから、さまざまな分野の知識があると、いらい主からたよりにされるよ。

音楽や映像の世界にも、活やくの場は無限大

CM などをきっかけに、芸能の世界ともつながりをもてる仕事。個性的なアイデアや表現力がみとめられて、ミュージシャンから CD ジャケットやプロモーションビデオのいらいをうけることがあるよ。広告から映画の世界にチャレンジした人もいるよ。

お仕事ぴったり度チェック！ check!

☐ テレビのCMを見るのがすき

☐ ポスターを見るのがすき

☐ 友だちをおどろかせるのがすき

☐ 好奇心おうせいなほう

☐ クラスのリーダー的存在

☐ 作文がとくい

広告プランナー

楽しい広告をつぎつぎと発表！アイデアを
たくさん出して、ユニークな CM をつくるよ。

広告のアイデアを考えるのが仕事だよ。とくに多いのがテレビ CM の仕事。イメージを絵にかいた絵コンテや、アイデアの説明をまとめた企画書をつくって、広告づくりをいらいしてくれた会社にプレゼンテーション（説明会）をおこなうよ。CM はたった 15 〜 60 秒の世界。この中につたえたい情報をもりこまなきゃいけないの。だから、情報をきちんと整理して、短い時間でも見ている人の印象に残るように工夫するよ。CM のイメージキャラクターはだれにするか、どんな場所で撮影するか、ポスターやパンフレットが必要かも、クリエイティブディレクター P112 と相談しながら決めていくよ。

みんなが見ている
CM のアイデアを考えるよ

撮影現場では
動きやすいか
っこうで

お仕事メモ

勤務形態は？
正社員、契約社員

勤務時間は？
1日8時間くらい。残業も多い

勤務地は？ 広告代理店、広告プロダクション、撮影スタジオなど

休日は？
土日祝日。休日出勤も多い

お給料は？
月収 23 万円くらいから

ココが楽しい

まわりの人が、アイデアを「おもしろい」と言ってくれると自信になるよ。広告ができあがったときが最高にうれしい。

ココが大変

「いいアイデアがうかんだ」と思っても、ほかの広告に使われていることも。新しいアイデアを考えるのは大変。

広告プランナー

マスコミ系の専門学校、大学を卒業

↓

広告代理店・CM制作会社の制作部に入る

↓

あこがれの広告プランナーに!

コピーライターをして広告の基本的な考え方を身につけたり、営業の仕事をしてコミュニケーション能力をつけたり、ほかの仕事を経験してから、広告プランナーになる人も多いよ。

広告プランナーへの第1歩

テレビを見るときは、CMをしっかりチェックしてね。どんなふうに商品をアピールしているか見てみよう。

知ってる? 広告プランナーあれこれ

多くの才能とチャレンジ精神もある!

アイデアを考える才能をいかして、雑誌をつくったり、作詞にチャレンジする、好奇心おうせいな人が多いよ。広告だけでなく、新しい商品の開発やテレビ番組に出演して、タレントのような活動をしている人もいるよ。

プランナーの勝負の瞬間、プレゼン!

CMの企画をいらい主に提案する会議が、"プレゼンテーション(プレゼン)"。1回のプレゼンで10とおりもの企画をもっていくこともあるよ。プレゼンは仕事をいらいしてもらえるかが決まるだいじな会議。CMのテーマをきちんと理解してのぞむことがたいせつ。

お仕事ぴったり度チェック! check!

☐ チャレンジ精神はおうせいだよ

☐ 新しい遊びを考えるのがとくい

☐ テレビCMをじっくり見ちゃう!

☐ 映画を見るのがすき

☐ 空想するのがすき

☐ おしゃべりじょうずって言われる

アートディレクター

すてきな広告ができあがるように、想像力をふくらませて、デザインを決めるよ。

最新のデザインの勉強はかかせない！

デザインのことなら、なんでも聞いて！

商品の広告に、どんな写真やイラストを使えばいいかを、クリエイティブディレクター P112 と相談し、見た目のイメージを決めるよ。実際に作業をおこなうグラフィックデザイナー P172 やカメラマン P170、イラストレーター P176 を決めたら制作スタート。色の組み合わせ、文字の書体（形）や位置など、デザインをこまかくチェック。イラストもイメージどおりに仕上がるように注文するよ。撮影にも立ちあって、写真のできばえに気をくばるよ。チェックする作業をディレクションというの。1つの商品で、CM やポスター、パンフレットなど、さまざまな広告をつくり、そのすべてのデザインを決めるよ。

お仕事メモ

勤務形態は？
正社員、契約社員

勤務時間は？
1日8時間くらい。残業も多い

勤務地は？ 広告代理店、デザイン会社や撮影スタジオなど

休日は？
土日祝日。休日出勤も多い

お給料は？
月収 23 万円くらいから

ココが楽しい

新しいデザインを考えるのはワクワクするよ。だれもがひきつけられる、すてきなデザインをめざしているよ。

ココが大変

思いどおりのイメージにしあげるため、何度もデザインを修正していくの。いつも、しめきりとのたたかいなんだよ。

なりたい！ アートディレクターへの道

専門学校、大学の美術学部を卒業

↓

広告代理店、企業の広告宣伝部やデザイン会社に入る

↓

グラフィックデザイナーになる

↓

あこがれのアートディレクターに！

優秀なアートディレクターがいる会社に入り、先ぱいのセンスを近くで勉強する人が多いよ。経験をつんで独立する人も。

アートディレクターへの第1歩

写真集や画集をたくさん見ておこう。広告に使われている写真やイラストも注目してみるとおもしろいよ。

知ってる？ アートディレクターあれこれ

もともとはグラフィックデザイナー

アートディレクターの多くは、グラフィックデザイナーとして、経験をつむことが多いの。実際に作業を経験したほうが、ほかのスタッフにデザインのイメージをスムーズにつたえられるんだよ。もちろん、アートディレクターになってからも、自分でデザインを担当することがあるよ。

さまざまな商品のデザインを担当

広告キャンペーンにかかわるものなら、WEBサイトや商品パッケージなどもディレクションすることがあるよ。だから、WEBの知識を勉強したり、立体的なデザインの考え方を身につけなきゃいけないよ。

お仕事ぴったり度チェック！ check!

- ☐ 広告を見るのがすき
- ☐ イラストがとくい
- ☐ 写真集や絵画を見るのがすき
- ☐ 友だちの間のまとめ役だよ！
- ☐ クラスのリーダー的存在
- ☐ 雑誌を見るのがすき

コピーライター

広告の世界で、インパクトのあることばを
生みだすコピーのスペシャリストだよ。

たくさんの人の心に残る
コピーをめざしているよ！

名コピーは流行語になることも

CMや新聞、雑誌など、広告に使われる文章を考えるのが仕事。クリエイティブディレクター P112 と相談しながら、どんなことばを使えば「この商品がほしい」という気持ちになってもらえるか工夫をするよ。商品をしっかり理解していないと、説得力のあるコピーは書けないから、資料を読んだり、商品の生産者や実際に使っている人など、たくさんの人の意見を聞いて、コピーをつくるよ。ものごとをいろいろな方向から考える力と、ことばを発想する力が必要なんだよ。広告プランナー P114 のかわりに、広告のアイデアを考えることもあるよ。だから、いつも新しい情報をチェックしておくこともだいじだよ。

お仕事メモ

勤務形態は？
正社員、契約社員。フリーも多い

勤務時間は？
1日8時間くらい。残業も多い

勤務地は？
広告代理店、広告プロダクションなど

休日は？
土日祝日。休日出勤も多い

お給料は？
月収23万円くらいから

ココが楽しい

商品にふさわしいコピーがうかんだときはすごくうれしいよ。自分が考えたことばが、みんなの記憶に残るのはしあわせ！

ココが大変

CMやパンフレットなど、一度にたくさんのコピーを書かなければいけないときは、ことばが全然うかばないことも。

なりたい♪ コピーライターへの道

マスコミ系の専門学校、大学を卒業

↓

広告代理店、広告制作会社などで、コピーライターとして採用される

↓

あこがれのコピーライターに！

ことばを自由に使いこなして印象的なコピーを考えるには訓練が必要。コピーライター養成講座にかよって、講座に来ている先生に弟子入りして、経験をつむという手もあるよ。

コピーライターへの第1歩

本はたくさん読んでおこう。お気に入りのものをおすすめする文章を書いてみよう。

知ってる？ コピーライターあれこれ

コピーライターから小説家への道も

ことばで、人の心をつかむ訓練をかさねてきたコピーライター。その経験をいかして、作家に転職する人もいるよ。ベストセラーをたくさん発表したり、直木賞などの有名な賞をとっている人もいるんだよ。エッセイストや脚本家など、ほかにも文章をかく仕事にチャレンジしている人がいるよ。

広告業界の第一線で活やくしている人が先生

コピーライターになりたい人は、養成講座にかようのがおすすめ。先生は有名なCMをたくさん担当しているコピーライターが多いよ。自分のつくったコピーをチェックしてもらったり、だれもが知っているCM撮影の裏話を教えてもらえることもあるよ。

お仕事ぴったり度チェック！ check!

☐ ニックネームをつけるのがとくい

☐ ねばり強い性格と言われる

☐ 本を読むのが大すき！

☐ 作文などの文章を書くのがすき

☐ 話がわかりやすいと言われる

☐ 自分はアイデアマンだ

女性が大活やく！スポーツにかかわるお仕事

世界の有名な選手と対戦し、最高の演技やプレイをしたとき、それがプロスポーツ選手や、支えるスタッフの最大のよろこび。女性の活やくが目ざましく、注目度がアップしているよ。

👑 スポーツのお仕事 みりょくのポイント ベスト3 👑

1 女性が世界で活やくするスポーツがふえたよ！

日本代表の女子サッカーチーム「なでしこジャパン」がワールドカップで優勝、フィギュアスケート選手の世界大会での活やくなど、日本女性選手が大人気に！

2 国民えいよ賞をもらうのも夢じゃない！

芸術やスポーツで活やくをし、大きな感動をあたえた人だけに総理大臣からおくられるのが「国民えいよ賞」。マラソンの高橋尚子選手などが受賞しているよ。

3 中学生や高校生でも人気者に！

プロスポーツ選手は、小さいころから練習している人がほとんど。なかには、中学生でオリンピックに出場し、金メダルをとった選手もいるんだよ。

プロゴルファーに インタビュー

畑岡奈紗さん

Q プロゴルファーになろうと思ったのはいつ？

11歳でゴルフをはじめましたが、プロをめざしたのは中学1年生のころ。プロの試合を観戦したり、自分も試合に参加していくうちに、将来はプロになりたいと思いました。

Q 練習はどのくらい？

体が動きをおぼえるまでやるときもあれば、集中して短時間のときも。

Q たいせつなことは？

努力と、支えてくれる人たちへの感謝、体調管理です。

メッセージ

大人になったときに「あのときにもっと練習していればよかった」と、後悔しないように、今をたいせつにしてくださいね。

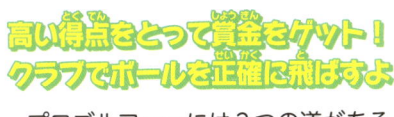
プロゴルファー

高い得点をとって賞金をゲット！
クラブでボールを正確に飛ばすよ

　プロゴルファーには2つの道があるよ。1つは、大会に出場して賞金をねらう「トーナメントプロ」。テレビのゴルフ中けいで見るのは、このプロゴルファーだよ。日本女子プロゴルフ協会がおこなっているテストに合格すれば、トーナメントプロになれるよ。もう1つは、ゴルフ場に練習にくるゴルファーのコーチをする「レッスンプロ」。なかにはトーナメントプロを指導する人もいるよ。レッスンプロのほうが人数が多く、60歳をこえても現役で活やくできるよ。長くできる仕事として、人気は高くなっているよ！

知っておきたい！
ミニ知識

ゴルフをはじめた年れい

あの有名人たちは
いつからゴルフをやっていたのかな？

0～5歳
宮里 藍さん（4歳）
タイガー・ウッズ
（9カ月）

6～9歳
石川 遼さん（6歳）
池田 勇太さん（6歳）
横峯 さくらさん（8歳）
諸見里 しのぶさん（9歳）

10～13歳
古閑 美保さん（10歳）
上田 桃子さん（10歳）
有村 智恵さん（10歳）
三塚 優子さん（13歳）

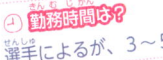
お仕事メモ

勤務形態は？ フリーが多い。レッスンプロはゴルフ場に所属している人も

勤務時間は？ 選手によるが、3～5時間くらい

勤務地は？ ゴルフ場、ゴルフ練習場、トーナメント会場など

休日は？ 大会のスケジュールと選手の体調によって変わる

お給料は？ レッスンプロは月収20万円くらいから。大会に出る選手はさまざま

フィギュアスケート選手

**氷の上をかれんな衣しょうですべり
お客さんのハートをわしづかみ！**

スケートリンクの上で、音楽に合わせてステップやジャンプ、スピンなどの技を組み合わせながらすべるのが、フィギュアスケート。選手は、フィギュアスケートの大会に出てよりよい演技をひろうすることをめざすんだよ。フィギュアスケートの評価は、技の美しさや完成度を審査員に見てもらって決まるの。美しい演技のために、むずかしい技や表現力を身につける練習を日々つづけているんだよ。現在活やくしている選手は、日本スケート連盟という組織に入っている教室でレッスンを受けた人が多いよ。

知っておきたい！
ミニ知識

フィギュアの技

フィギュアのかれいな技を紹介！

ジャンプ

ふみきって空中で回転！　3回転は女性では浅田真央さんのほか数人しかとべないよ。

ステップ

すべりながらひねって、くるっとまわり、ダンスをおどるようにすべる技だよ。

スピン

リンクの上でクルクルまわる技。立ってすわって自由にまわるのがプロの技だよ。

お仕事メモ

勤務形態は？　フリー、芸能事務所に所属、企業の正社員など

勤務時間は？
選手によるが5、6時間くらい

勤務地は？
練習場のスケートリンク、競技場

休日は？　大会のスケジュールと選手の体調によって変わる

お給料は？　試合の成績による。大きな大会なら500万円くらいもらえることも

サッカー選手

グラウンドを走りシュートを決める！すばらしいプレイで観客をひきつける

サッカー選手は、すぐれたプレイで試合を勝ち上がっていくのが仕事。選手は、ランニングや筋トレなどのハードな練習メニューを毎日おこなうよ。女子選手は、男子選手のようにサッカーだけの収入で生活しているプロは少ないの。ほとんど会社員として働きながらサッカーをしているんだよ。女子選手のおもな活動の場は「日本女子サッカーリーグ（なでしこリーグ）」。ここで活やくしたり、ユースの女子チームで注目されるようになれば、日本代表チームにえらばれて世界を舞台にプレイすることができるんだよ。

知っておきたい！ミニ知識　女子サッカーの世界大会

日本代表が活やくする世界大会はたくさんあるよ。

FIFA 女子ワールドカップ
なでしこジャパンが 2011 年に優勝した世界大会。参加国が多く、サッカーではもっとも有名な大会。

FIFA U-20 女子ワールドカップ
20 歳以下の選手が出場する世界大会。

オリンピックサッカー競技
ワールドカップよりも参加国は少ないけど、注目度はピカイチだよ。

AFC 女子アジアカップ
女子サッカーのアジア日本一を決定する大会。FIFAワールドカップの予選をかねることも。

スポーツにかかわるお仕事

フィギュアスケート選手／サッカー選手

お仕事メモ

勤務形態は？ 企業の正社員、プロ選手はサッカーチームに所属

勤務時間は？ 選手によるが、1 日 2 時間くらい

勤務地は？ サッカー場、サッカー練習場、トーナメント会場

休日は？ 大会のスケジュールと選手の体調によって変わる

お給料は？ 月収 20 万円くらいから。大会で優勝すれば数百万円もらえることも！

監督、コーチ

選手を指導して勝利にみちびく！

　選手が試合で勝つために、毎日の効果的な練習の方法を考えたり、技術を教えるのが仕事だよ。フィギュアスケートのような個人スポーツなら、1対1でつきそって、選手の体調を考えながら指導するよ。教えるスポーツの経験者が多いよ。

お仕事メモ

勤務形態は？	クラブやチームに所属、個人コーチ、アルバイトなど
勤務時間は？	1日8時間くらい。試合が近づくと時間もふえる
勤務地は？	各スポーツの練習場、競技場など
休日は？	大会のスケジュールと練習日によって変わる
お給料は？	1練習数千円から、年収数千万円など、スポーツによる

スポーツ審判員

平等に実力をきそうための見はり役

　審判員はスポーツの試合が正しくおこなわれるために、試合中のルールをチェックする人だよ。演技やプレイの採点をすることもあるよ。はげしく動く選手のプレイを見ていなければいけないから、一般の人以上の高い運動能力が必要だよ。

お仕事メモ

勤務形態は？	各スポーツの団体に所属
勤務時間は？	スポーツによるが、1日8時間くらい
勤務地は？	各スポーツの練習場、競技場など
休日は？	大会のスケジュールと練習日によって変わる
お給料は？	1試合1万から、年収数千万円など、スポーツによる

スポーツインストラクター

スポーツクラブでトレーニング方法を教えるよ

スポーツクラブで、効果的なトレーニング方法を指導する人だよ。クラブには、運動不足の解消、体力づくり、ダイエットなど、いろいろな目的の人がくるの。お客さんの目的に合った、それぞれ専門のインストラクターがいるよ。

お仕事メモ

勤務形態は？	正社員、契約社員、アルバイト
勤務時間は？	1日8時間くらい
勤務地は？	スポーツクラブ
休日は？	スポーツクラブの定休日
お給料は？	月収15万円くらいから

ヨガインストラクター

インドの体そう「ヨガ」の動きと精神を教える

ヨガはゆっくりした動きの体そう。たくさんの種類の動きをマスターし、教えるのがインストラクター。ヨガのポーズには1つひとつに意味があるから、ポーズの由来の勉強が必要。資格はいらないけど養成スクールを卒業する人も多いよ。

お仕事メモ

勤務形態は？	正社員、契約社員、アルバイト
勤務時間は？	1日8時間くらい
勤務地は？	ヨガスタジオ
休日は？	スタジオの定休日
お給料は？	月収15万円くらいから

スポーツドクター

選手の健康管理と技術をあげるための医師

スポーツ医学にくわしい医師 P336 のこと。日本体育協会の講習会を受けると、スポーツドクターに認定されるの。スポーツでのケガの治療と予防、リハビリなどが、おもな仕事。選手の健康管理のほか、スポーツの技術向上にも役立っているよ。

お仕事メモ

勤務形態は？	診療所のオーナー、チームに所属など
勤務時間は？	1日8時間くらい
勤務地は？	診療所、練習場、試合会場など
休日は？	大会のスケジュールと選手の体調によって変わる
お給料は？	所属する医院やチームによる

スポーツの熱きょうをつたえる
スポーツ雑誌や新聞のお仕事

スポーツのようすを、新聞や雑誌で記事にするのがスポーツライター。試合や練習にひんぱんに足を運んで、選手を取材するよ。何度も取材しているうちに、おたがいに信らい関係ができて、よい記事が書けるんだ。スポーツ選手を専門に撮影するスポーツカメラマン、スポーツ雑誌をつくるスポーツ雑誌編集者も、ライターといっしょに仕事をする人たちだよ。

音楽・ダンスのお仕事

歌や演奏、ダンスがとくい！

わたしたちの心を明るくしたり、

いやしてくれる、すてきな音楽とダンス！

みんなを感動させるパフォーマンスは

日々の努力があるからこそ！

音楽＆ダンスでみんなの心を動かす表現者たち！

バレリーナ
P148

指揮者
P140

声楽家
P142

演奏家
P144

歌手
P130

作曲家
P137

作詞家
P136

サウンド
エンジニア
P139

音楽
プロデューサー
P138

ミュージシャン
P134

ふりつけ師
P150

ダンサー
P146

歌手

歌声を CD やライブでひろうし
みんなに勇気や希望をあたえるよ。

曲によって
いろんな衣
しょうを着
られるの

わたししか歌えない
歌をきかせるよ！

じょうずに歌を歌い、それを CD に
録音したり、ライブやテレビ番組など
で歌をひろうして、感動をとどけるよ。
歌手には、作曲家 P137 や作詞家 P136 に
歌をつくってもらう人もいるし、自分で
詞と曲を書くシンガーソングライター
もいるの。歌手は歌声が命。のどの調
子にはつねに気をくばり、よりよい歌
声のためのボイストレーニングもかか
せないよ。ボーカルテクニックだけじゃ
なく、自分流のファッションセンスや
考え方など、キラリと光る個性がだい
じ。それは生き方そのものが歌に影響
し、人の心をつかむから。注目される
と、エッセイや自伝などの本の出版を
お願いされることもあるんだよ。

お仕事メモ

勤務形態は？
芸能事務所、レコード会社に所属

勤務時間は？
不規則。2、3時間から1日中かかることも

勤務地は？
テレビ局やライブハウス、スタジオなど

休日は？
不規則

お給料は？ 曲の売り上げによる。
事務所所属なら月給制のところも

ココが楽しい

心をこめて歌う曲を、たくさん
の人にきいてもらい、その人た
ちが元気になったり、感動して
くれるとうれしいよ。

ココが大変

レコーディングやライブのとき、
かぜで声が変わったら大変！
のどの調子や体調にはいつも気
をつかっているよ。

マンガでわかる 歌手 ストーリー

オーディション

合格すると、事務所（プロダクション）への所属が決まるよ

合格！

さっそくビシバシ指導するわよ！
しっかりがんばりなさい

ボイストレーニング

もっとお腹から声を出そう！

歌手にとってのどは命！

HONEY

のどによいものでケアするよ

ダンスレッスン

リズムにのって！

ハイ！

1
2
3

歌手デビュー決定

あなたのデビューが決まったわ！

デビュー曲のレッスンにレコーディング…これから、ますます忙しくなるわよ

はい！

＼なりたい♪／ 歌手への道

高校、大学、音楽の専門学校を卒業

自分で音楽の勉強をする

ほかの仕事をしながら歌手になったり、路上やライブハウスで歌っていてスカウトされ、デビューすることもあるよ！

⬇

ライブ活動をしたり、オーディションを受ける

⬇

音楽制作会社やレコード会社に所属してデビュー

⬇

あこがれの歌手に！

歌手への第1歩

とにかく歌いつづけることがたいせつ。音楽の授業はボイストレーニングのチャンス！

知ってる？ 歌手あれこれ

歌う曲によって歌手のタイプは変わる

音楽の種類の分だけ歌手の種類があるよ。1つの音楽を専門に歌う人やいろいろなジャンルで活やくする歌手もいるよ。

＊ポップス…ききやすいメロディではば広い人の心をつかむ曲。

＊ロック…ギター、ベース、ドラムの音を基本にした、はげしい曲調が多い。

＊ダンスミュージック…おどりだしたくなるようなリズムの曲。

＊演歌…こぶしをまわして歌う、昭和からいまもつづくはば広い年れいに受ける曲。

＊ミュージカル…演劇の舞台でおどりながら歌う曲。

先ぱいにトツゲキ☆インタビュー

川嶋 あいさん

Q いつから歌手になりたかったのですか？

5歳のころ、母がつれていってくれた音楽教室にかよいはじめ、気づいたら「歌手になりたい」と思っていました。

Q ライブですきな瞬間はどんなとき？

ライブで会場に一体感が生まれたときや、お客さんに「勇気をもらいました」といってもらったとき、人と人のむすびつきを実感します。

Q 歌以外でたいせつなことは？

まわりのスタッフや、お世話になった方々、出会うすべての人に対して、感謝の気持ちをわすれないようにしています。

お仕事ぴったり度チェック！ check!

- ☐ 歌うことが何よりすき！
- ☐ 流行の歌はチェックしてる
- ☐ 「声がすてき」とよくいわれる
- ☐ ねばり強い性格だ
- ☐ アピールがとくい！
- ☐ 体力はあるほう

ミュージシャン

高いテクニックで楽器をかなでる達人！
すばらしい演奏できく人をとりこにするよ。

楽器でいい音楽
を演奏するよ

楽器演奏で、みんなを楽しませるよ！

ギターやベース、ドラムやキーボードなどの楽器を、じょうずに演奏するのがプロのミュージシャン。1つの楽器を専門に演奏している人が多く、ギターは「ギタリスト」、ベースは「ベーシスト」などとよばれるよ。ミュージシャンの活やく場所は、ライブや、CDのレコーディング。歌手 P130 とバンドを組んで活動している人、楽器をひいて自分で歌う人、自分の演奏だけのライブをしたり、CDを出す人などさまざま。ミュージシャンになるには、ずばぬけた演奏テクニックが必要。プロでも、1日数時間の練習はかかさないという人も多いの。演奏のセンスだけじゃなく、毎日の練習などの努力もだいじだよ。

お仕事メモ

📖 **勤務形態は？** レコード会社、芸能事務所に所属。フリーも多い

🕐 **勤務時間は？**
不規則。2、3時間から1日中かかることも

🏃 **勤務地は？**
テレビ局やライブハウス、スタジオなど

🎵 **休日は？**
不規則。ライブやレコーディングの日程による

💰 **お給料は？** 仕事量による。事務所所属なら月給制のところも

ココが楽しい

自分でいい演奏ができた！と思えるとき。ライブでお客さんのよろこぶ声を聞くと、はりきって演奏しちゃうよ。

ココが大変

CDのレコーディングでは納得いく演奏ができるまで、何時間もひきつづけたり、徹夜でがんばることもあるの。

なりたい！ ミュージシャンへの道

高校、大学、音楽の専門学校を卒業

自分で演奏の練習をする

ライブ活動をしたり、オーディションを受ける

音楽制作会社やレコード会社に所属してデビュー

あこがれのミュージシャンに！

ライブやコンクールに出演したり、たくさんの人に演奏をきいてもらうと、スカウトされるチャンスがふえるよ。

ミュージシャンへの第1歩

あこがれのミュージシャンの演奏をお手本にしよう。ライブなど、生の演奏をきく機会もつくろう。

知ってる？ ミュージシャンあれこれ

学生バンドが、デビューにつながる

学生のときにバンドをつくって、そのままデビューしたミュージシャンが多いよ。路上ライブをしていて、スカウトされたという人も。

登録制のシステムから仕事を紹介してもらう

ライブやレコーディングによばれるミュージシャンは、インペクという歌手やプロデューサーからのいらいに合ったミュージシャンを紹介する会社に登録していることが多いよ。

インディーズでデビューするという手もある！

"メジャー"とよばれる大手のレコード会社に対して、小規模の会社や自分でお金を出す自費制作で、CDをつくり、販売するのが"インディーズ"。メジャーの会社にくらべてサポートが少ないので、制作のなかで自分でやることが多いの。でもその分自由に音楽がつくれるという、プラスの面もあるよ。

お仕事ぴったり度チェック！ check!

- [ ] あこがれのミュージシャンがいる！
- [ ] 楽器の演奏が何よりすき！
- [ ] チームワークをだいじにするほう
- [ ] リズム感がいいっていわれる
- [ ] 人前で何かやることがすき
- [ ] 音楽の時間が楽しくてしかたない

作詞家

自由なことば「詞」を音楽にのせて
さらに曲に深みをもたせるよ。

心をつかむ
ことばを曲にのせます

思いついたことは、その場でメモしておくの

歌手 P130 が歌うための曲にのせる詞をつくるのが、作詞家の仕事。レコード会社や音楽プロデューサー P138 、歌手からいらいをうけて、打ち合わせをし、曲に合わせてイメージをふくらませて詞を完成させるの。はじめに詞をつくって、それに合わせてミュージシャン P134 が曲をつくっていくこともあるよ。小説家 P154 など、文章を書く仕事の人がチャレンジすることも。作詞は音に合わせてことばをのせていく作業。きく人が気持ちよくきこえる作詞をするには、音楽の知識があるといいよ。また、たくさん本を読むと、作詞をするときに出てくることばのバリエーションがふえ、いろんなタイプの詞を書けるようになるよ。

お仕事メモ

🗓 勤務形態は？　フリーがほとんど。まれに芸能事務所所属の人も

🕐 勤務時間は？
不規則

🏃 勤務地は？
自宅など

📖 休日は？
不規則

💰 お給料は？　作詞した曲の売り上げによる。曲が売れれば数百万円もらえることも

なりたい！ 作詞家への道

作詞をする

↓

レコード会社に送ったり、コンクールに応募した詞が採用される

↓

あこがれの作詞家に！

自分だけの感性や特ちょうある表現をもっている人が、成功できる世界だよ。自分のすきな音楽に、詞をつけて練習してみよう。

作曲家

歌手が歌う曲や、映画やテレビのテーマ曲、
サウンドトラックまでさまざまな音楽をつくるよ。

みんなを元気にする
すてきな音楽をつくります

ピアノやギター、ドラム…
多くの楽器を
ひけるんだよ

わたしたちが耳にする、さまざまな音楽をつくるのが作曲家の仕事。歌手 P130 が歌う曲だけじゃなく、映画のテーマ曲など、詞のない曲もつくるよ。歌手に提供する曲の場合は歌手や音楽プロデューサー P138 からいらいがきて、まずはメロディだけのシンプルな「デモ」という音楽をつくるの。それを音楽プロデューサーにわたし、曲の方向性が決まったら、楽器の音をかさね1つの曲にしあげていくよ。メロディをつくる人と、楽器のばんそうをつくる人がちがうことも。映画やテレビなどの曲は、映画監督 P104 やテレビディレクター P100 などからいらいがくるよ。最近では、コンピュータを使って作曲することが多いんだよ。

お仕事メモ

- **勤務形態は？** 芸能事務所、レコード会社に所属。フリーも多い
- **勤務時間は？** 不規則
- **勤務地は？** 自宅、スタジオなど
- **休日は？** 不規則
- **お給料は？** 作曲した曲の売り上げによる。曲が売れれば数百万円もらえることも

なりたい！ 作曲家への道

高校、専門学校、音楽大学などを卒業

⬇

レコード会社に曲を持ちこんだり、コンクールに応募して、曲が採用される

⬇

あこがれの作曲家に！

音楽を勉強するために、音楽大学にかよっていた作曲家も多いよ。でもかならず必要なわけじゃないから、まずは音楽を自由に楽しもう。

音楽プロデューサー

歌手やミュージシャンに合わせて
音楽づくりの全体を指揮するよ。

才能を見ぬく
確かな目

歌手やミュージシャンの
みりょくをひき出すよ

歌手 P130 やミュージシャン P134 のイメージに合った音楽をつくるための、制作にかかわるすべての人のリーダー。自分でプロデュースしたい人を見つける場合や、いらいを受けて仕事をすることも。音楽づくりを作詞家 P136、作曲家 P137 にいらいし、レコーディングを指導。プロデューサーによって、同じ歌手の歌でもまったくちがうイメージになるんだよ。CD ジャケットのデザインやプロモーションビデオの内容、CD を売るための宣伝のしかたも決めるの。スターを育てる仕事だから、人の才能をイチ早く見ぬく目が必要。有名ミュージシャンや作曲家が、作詞、作曲、プロデュースをすべて 1 人でおこなうこともあるよ。

お仕事メモ

勤務形態は？ レコード会社や音楽プロダクションの正社員。フリーも多い

勤務時間は？
不規則

勤務地は？
レコード会社、スタジオなど

休日は？
不規則

お給料は？ プロデュースした曲の売り上げによる。曲が売れれば数百万円ももらえることも

なりたい！

音楽プロデューサーへの道

高校、専門学校、大学を卒業

⬇

レコード会社や音楽プロダクションに入り、プロデューサーになる

⬇

あこがれの音楽プロデューサーに！

音楽のさまざまな知識が必要な仕事だよ。それから、音楽業界での流行に目をむけ歌手やミュージシャンが売れるための方法を考える力も必要。

サウンドエンジニア

歌手やミュージシャンがつくった音楽を
一番いい音にしておとどけ。

複雑な機械を
動かして、音
を調節するの

CDを最高の
音にする職人だよ

それぞれバラバラに録音された歌手 P130 の歌声と、ギターやピアノなどのミュージシャン P134 が演奏する音をまとめ、1曲にしあげる仕事だよ。まとめる前には、音のバランスをとる専用の機械を使い、それぞれの音をはく力が出るように調節しききやすくするの。音の調節はサウンドエンジニアによって個性があり、「その人にしかつくれない音」だから、音楽プロデューサー P138 やミュージシャンに気に入られたら、何度も仕事をすることが多いよ。曲のできは、この人のうでにかかっているといってもいいくらい。音楽プロデューサーのやりたいことを理解し、実現する技術と、いろんな音をきき分ける職人のような力が必要だよ。

お仕事メモ

📋 **勤務形態は？** エンジニア事務所やスタジオの正社員。フリーも多い

🕐 **勤務時間は？** 1日8時間くらいだが、レコーディングにより不規則

🚶 **勤務地は？**
レコーディングスタジオなど

🛏 **休日は？**
レコーディングの日程による

💰 **お給料は？**
月収18万円くらいから

\なりたい!/  ## サウンドエンジニアへの道

音楽系の専門学校を卒業

↓

レコーディングスタジオなどで働く

↓

あこがれのサウンドエンジニアに！

専門学校はかならず行く必要はないけど、エンジニアへの近道になるよ。スタジオに就職したら、エンジニアの助手からスタートするよ。

指揮者（しきしゃ）

オーケストラを1つにして、
すばらしいハーモニーをつくるリーダー。

タクト（指揮棒）ひとつで、みんなの演奏をまとめるよ

クラシックの正装は「えんび服」だよ

曲の世界を表現するの！
わたしの指揮で

オーケストラとは、バイオリンやトランペット、打楽器などの演奏家 P144 があつまり、クラシック音楽を演奏するためにつくられた団体のこと。オーケストラ団員に、いい演奏のためのわかりやすい指示をあたえ、演奏をまとめるのが指揮者の仕事。演奏中にタクトをふるのは、団員の心をひとつにし、テンポや強弱をつたえるため。団員は指揮者に大きな信らいをよせて、演奏をしているんだよ。指揮者は、多くの楽器や音楽についての知識がないといけないよ。曲が生まれた時代のことをよく勉強し、作曲家の思いを理解するのもたいせつ。「指揮者が代われば演奏が変わる」というほど、演奏への影響力は大きいの。

お仕事メモ

勤務形態は？
ほとんどがフリー。音楽事務所に所属する人も

勤務時間は？
演奏会や練習メニューによる

勤務地は？
コンサート会場やスタジオが多い

休日は？
不規則

お給料は？ コンサート1回につき20万円くらいから。有名になれば、数百万円にも

ココが楽しい

演奏が1つになって、美しいハーモニーになった瞬間。感動で胸がいっぱいになり、練習の大変さもむくわれるよ。

ココが大変

オーケストラのメンバーは、性格も才能もバラバラ。ときには海外のメンバーがいることも。それをまとめるのは大変。

指揮者への道

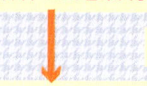

- 高校を卒業
  ↓
- 指揮科のある音楽大学を卒業
  ↓ → 指揮者に弟子入り
- コンクールでみとめられる
  ↓
- あこがれの指揮者に！

クラシックの本場ウィーンなど、海外で勉強すると耳がきたえられるよ。指揮者はツアーのために世界中をまわるよ。

指揮者への第1歩

合唱コンクールのときは、指揮者に立候補してみよう。いろんな指揮者の演奏をききくらべるのも勉強になるよ。

知ってる？ 指揮者あれこれ

楽器の演奏だってプロ級のうでまえ

指揮者はほぼ100％、ピアノやバイオリンなど、いくつかの楽器の経験者。演奏者の気持ちがわからないと、指揮をするのはむずかしいよ。

優秀な指揮者の弟子入りが近道

尊敬する指揮者のそばで、音楽や、オーケストラの指導のしかたを学んでから、プロになる人が多いんだよ。すきなオーケストラを見つけたら、だれが指揮をしているのか、いまからチェックして！

英語はもちろん、数カ国語も話せる人も！

たくさんの音楽家や名作が生まれたヨーロッパで勉強したり、ツアーで世界中をとびまわったり、日本にいるほうが少ないことも。海外のオーケストラと仕事をすることもあるから、外国語でのコミュニケーションはとてもたいせつ。たくさんの国のことばを勉強しているよ。

お仕事ぴったり度チェック！ check!

- ☐ クラシック音楽がすき
- ☐ とくいな楽器がある
- ☐ 楽譜が読める
- ☐ クラスのリーダー的存在
- ☐ 耳がいいほう
- ☐ 海外のいろいろな国に行ってみたい

141

声楽家

クラシック音楽をコンサートや
オペラでひろうします

うつくしい歌声を
会場にひびかせます

マイクなし
で歌声を届
けます

華やかなドレス
を着ることが多
いよ

　クラシック音楽（一般的に西洋でうまれた音楽）の歌曲を歌うプロ。コンサートやオペラなどの舞台で歌をひろうして、歌声をお客さんに届けるよ。ときには、テレビ番組などに出ることもあるよ。1人（ソロ）で演奏会を開けるのは、その才能がみとめられたごく一部の人のみ。ポップス音楽にくらべると、クラシック音楽の演奏会そのものの回数が少ないよ。合唱団などに所属したり、レストランやホテル、結婚式で歌ったり、音楽教室の先生として働きながら演奏活動をつづける人もたくさんいるんだよ。コンクールなどで入賞すると、海外留学や演奏会などのチャンスがあつまるよ。

お仕事メモ

勤務形態は？ 合唱団や声楽家の団体に
所属、フリーも多い

勤務時間は？
演奏会のスケジュールによる

勤務地は？
演奏会の会場や練習用のホール

休日は？
演奏会の日程による。休日でも練習はかかせない

お給料は？ 合唱団による。
月収10万円～数百万円までさまざま

ココが楽しい

歌ったあと、お客さんが感動して、立ち上がってはく手をしてくれあっとき、声楽家はとてもうれしいよ。

ココが大変

歌だけでは、なかなか生活ができないことも。ほかの仕事とかけもちすると、練習時間が十分とれないことも。

なりたい！ 声楽家への道

音楽短大、大学を卒業

↓

コンクールで入賞する

↓

あこがれの声楽家に

声楽家をめざす人のなかには、有名な声楽家に個人レッスンを受ける人も。

声楽家への第1歩

歌をならったり、合唱部などに入って練習する機会をつくろう。音楽短大や大学ではピアノの試験もあるのでピアノの練習も。また、感性や表現力が身につくように、たくさんの芸術品にふれることもたいせつだよ。

知ってる？ 声楽家あれこれ

人によって声の高さが違う

声の高さは人によって違うよ。声がでる範囲を声域（パート）と呼ぶよ。歌曲はカラオケのようにキーを変えれば歌うことができるけれど、オペラでは役柄によってパートがあるよ。1つのオペラを上演するには、いろいろなパートの声楽家がいるんだよ。

＊ソプラノ…女性の高音。

＊メゾソプラノ…ソプラノとアルトの中間音域。

＊アルト…女性の低音

＊テナー…男性の高音。カウンターテナーと呼ばれるさらに高音の男性も。

＊バリトン…テナーとバスの中間音域。

＊バス…男性の低音。

かかわりのある仕事

歌い方を指導する ボイストレーナー

より声がでるように、呼吸のし方や声のだし方を教えるお仕事。歌手や声楽家などのプロとして活動している人や、歌手をめざしている人、カラオケをじょうずに歌いたい人など、生徒はさまざま。教える曲の種類はクラシック、ポップス、ロック、演歌などたくさんあるから、幅広い知識が必要だよ。

お仕事ぴったり度チェック！ check!

- ☐ 歌うことが何よりすき！
- ☐ クラシック音楽がすき！
- ☐ 自分は努力家だと思う
- ☐ 人前でもあんまりきんちょうしない
- ☐ アピールがとくい！
- ☐ ライバルが多いほうが燃えるほう

演奏家

楽器を自由じざいにあやつり、
すばらしい演奏でみんなの心をつかむよ。

楽器は、いつも持ち歩いているよ

心地よい演奏をとどけるよ！

演奏家は、ピアニストやバイオリニストなど、コンサートでクラシック音楽を演奏する人のこと。オーケストラに所属する人もいれば、1人（ソロ）で活動する人もいるよ。ピアノ、バイオリン、チェロなどの弦楽器や、クラリネット、フルートなどの管楽器、たいこ、ティンパニーなどの打楽器など、さまざまな演奏家がいるけど、ソロで演奏会を開けるのは、うでをみとめられた一部の人だけ。演奏会そのものの回数が少ないの。ふだんはレストランやホテルで演奏したり、先生をしながら、演奏をつづける人も。国際コンクールで優勝すると、注目があつまり、演奏会などのチャンスがめぐってくるよ。

お仕事メモ

勤務形態は？
オーケストラに所属、フリーも多い

勤務時間は？
演奏会のスケジュールによる

勤務地は？
演奏会の会場や練習用のホール

休日は？ 演奏会の日程による。休日でも練習はかかせない

お給料は？ オーケストラによる。月収10万円から数百万円までさまざま

ココが楽しい

演奏のあと、お客さんが感動して、立ち上がってはく手をしてくれたとき、演奏家もとても感動するよ。

ココが大変

演奏だけでは、なかなか生活ができないことも。ほかの仕事とかけもちしていると、十分に練習の時間がとれないの。

演奏家への道

楽器をならう

↓

音楽短大、大学を卒業

↓

オーケストラのオーディションに合格したり、コンクールで入賞する

↓

あこがれの演奏家に！

演奏家をめざす人のなかには、有名な演奏家に個人レッスンを受けて、熱心に練習にはげむ人もいるよ。

演奏家への第1歩

吹奏楽部などに入って楽器を練習しよう。たくさんの芸術品にふれると、感性や表現力がみがかれるよ。

知ってる？ 演奏家あれこれ

練習は毎日かかさない

楽器の練習は1日休むと3日分うでが落ちるといわれるよ。毎日のつみかさねがだいじ。プロでも1日に何時間も練習しているんだよ。

オーケストラに入るのはものすごい競争率

有名なオーケストラに入るには、何百倍もの競争率を突破しないといけないの。優秀な成績で音楽大学を卒業したからといって、かんたんには入れない世界だよ。

かかわりのある仕事

\ ピアノの音色を美しく保つ /

ピアノ調律師

楽器のなかでも、とくにピアノの音は、気温や湿度など、環境によって、くるいやすいの。それを、正しい音程が出せるようにととのえるのがピアノ調律師。1台のピアノにある88のけんばんすべてをひいて、音程と音の質を調節していくんだよ。

お仕事ぴったり度チェック！ check!

- ☐ 楽器を演奏するのがすき
- ☐ 自分は努力家だと思う
- ☐ クラシック音楽がすき
- ☐ ライバルが多いほうが燃えるほう
- ☐ 人前でもあんまりきんちょうしない
- ☐ 絵など芸術品にも興味あり！

ダンサー

ダンスパフォーマンスでステージをもりあげ、
見ている人の心をわくわくさせるよ。

体の動きだけでイメージを表現！

動きやすいけどおしゃれな服そう

体がやわらかいのがじまん！

音楽にこめられたメッセージをダンスで表現するよ。ライブやテレビ番組で、歌手 P130 のうしろでダンスをすることも。ダンスの種類はクラシック系からストリート系まで、かぞえきれないほど。それぞれ自分がとくいな分野をきわめる人が多いよ。基本ステップやポーズを身につけ、毎日練習してさらに実力をアップさせるの。ストリートダンスはチームを組んで活動している人も。長い時間おどりつづけることもあるから、ステージがおわったあとはヘトヘト。まさに体力勝負といえる仕事。1日に何時間もジムで筋力トレーニングをしたり、食べものに気をつけたり、健康にはとても気をくばっているよ。

歌手 P130

お仕事メモ

📖 **勤務形態は？**
芸能事務所に所属。フリーも多い

🕐 **勤務時間は？**
不規則

✈ **勤務地は？**
テレビ局、ライブ会場、スタジオなど

■ **休日は？**
不規則

💰 **お給料は？** 新人時代は安いけど、有名になれば1ステージ数十万にも

ココが楽しい

ステージのあとは、ものすごい達成感があるよ。ポーズやステップがビシッときまったときは、とっても気持ちいい！

ココが大変

長い時間おどっていると、足をいためたり、体にふたんがかかることもあるの。ケガのないように、注意しているわ。

ダンサーへの道

なりたい！

- ダンススクールを卒業
- ダンススタジオや劇団に入る
- オーディションに合格
- あこがれのダンサーに！

ヒップホップやラップという音楽の流行によって、いまストリート系のダンサーが人気。ダンスコンテストもたくさん開かれているよ。

ダンサーへの第1歩

たくさんのライブやミュージカルを見ておこう。まねしておどってみると勉強になるよ。いまからバレエをならうのもいいよ。

ダンサーあれこれ

知ってる？

お仕事はステージだけではない！

はなやかなステージに立つダンサー。でも、ふだんはダンススクールの先生やジムのインストラクターなど、ダンスにかかわるほかの仕事をしていることがほとんどだよ。

有名テーマパークでもダンサーがもりあげる！

テーマパークでもダンサーはなくてはならない存在。パレードやお芝居でダンスをして、会場をもりあげるよ。

失ぱいにトツゲキ☆インタビュー

ゆかり。さん

 ダンスに興味をもったのはいつくらいですか？

小学校5年生のころ。アイドルのダンスをおぼえたり、自分たちでふりつけを考えて休み時間にミニライブを開いたりしていました。

 どうしたらダンスはうまくなりますか？

先生のいっていることをよく聞くことと、先生のおどっている姿をよく見ること‼「先生から盗もう」というくらいの気持ちがたいせつです。

 仕事のやりがいはいつ感じる？

おどっている姿を見て、よろこんでくれる人がいるとうれしいです。ふりつけしたダンスをテレビなどで見るのもよろこびを感じる瞬間です。

お仕事ぴったり度チェック！

check!

- ☐ 音楽をきくと体が動いちゃう！
- ☐ 歌手よりバックのダンサーを見ちゃう
- ☐ 体そうがとくい！
- ☐ 体がやわらかい
- ☐ 体力に自信アリ！
- ☐ 人前に出るのがすきなほう

バレリーナ

クラシックバレエの舞台でかれいにおどり
観客を物語の世界にさそう。

クラシックバレエの舞台に立ち、ゆうがなおどりで観客の心をひきつけるよ。世界的にみとめられて、ヨーロッパのバレエ団に所属する人も。基本の姿勢を身につけたり、ステップをマスターするにも時間がかかるから、若いうちからレッスンをスタートしている人がほとんど。レッスンはとてもきびしいし、プロになっても主役になれるのはほんのひとにぎりという世界。さらに、舞台の上ではおどりで"役を演じる"のだから、セリフがなくても感情をつたえる表現力が必要。舞台で美しく見えるように、キレイな体型でいることもたいせつだよ。また、ケガをしないよう、ふだんからストレッチをしたり気をつけているよ。

指先まで、役になりきっておどるよ

美しいバレエの衣しょう

はきなれたトウシューズがおどりを支える

お仕事メモ

勤務形態は?
バレエ団に所属、まれにフリーも

勤務時間は?
1日5〜8時間くらい練習する

勤務地は?
バレエホール、練習用のバレエスタジオ

休日は?
公演日以外は土日休みの所も

お給料は? ステージ1回で数万円から。
給料制のバレエ団もある

ココが楽しい

舞台でおどりきったあとに、お客さんから大きなはく手をもらえるとき。きびしい練習もわすれるくらいうれしいよ。

ココが大変

レッスン料や舞台衣しょうなど、プロになってからも、けっこうお金がかかるもの。毎月のやりくりはけっこう大変だよ。

なりたい！ バレリーナへの道

- 中学、高校を卒業
  ↓
- バレエ団のオーディションに合格
  ↓
- バレエ団と契約
  ↓
- あこがれのバレリーナに！

体型のキープやハードな練習をつづけ、バレリーナとして生活していくのは、大変なこと。でも「バレエが大すき！」という気持ちで、がんばって練習を続けるよ。

バレリーナへの第1歩

早い時期からバレエ教室にかよい、レッスンをスタートするのがだいじ。クラシック音楽をよくきき、音楽にもくわしくなっておこう。

知ってる？ バレリーナあれこれ

ほとんどはバレエ団のメンバー

バレリーナはベテランの一部が個人で活やくする以外、だいたいはバレエ団に所属しているの。入団オーディションはだれでも受けられるよ。有名バレエ団のオーディションは、全国の教室から優秀なバレリーナがあつまるけど、入団できる人は少ないのよ。

バレエ教室の講師募集がふえた

最近は、バレエが大人のならいごととしてもとっても人気。運動しながら健康的に体型をキープできるからなんだよ。講師の募集もふえていて、バレリーナの活やくの場が広がっているよ。

先ばいにトツゲキ☆インタビュー

スターダンサーズ・バレエ団／渡辺慈子さん

Q いつころからバレリーナをめざしたのですか？

小さいころからの夢でした。具体的になったのはフランスのバレエ学校を卒業するとき、進路を考えるようになってからです。

Q きびしい練習やシェイプアップはつらいですか？

ケガを防ぎ、よりよい表現のためには、体づくりと自分の体を知ることがだいじ。おどりが大すきだし、がんばれば成長できるので、つらくありません。

Q 舞台に立ったときの気持ちは？

きんちょうしますが、お客さまとの一体感が心地よいです。舞台でバレエというすばらしい芸術をつくれるのがうれしい！

お仕事ぴったり度チェック！ check!

- ☐ バレエをならいたい／ならっている
- ☐ クラシック音楽をきくのがすき
- ☐ チュチュなどの衣しょうにあこがれる！
- ☐ 体はやわらかいほう
- ☐ 大変なことほど、やる気になる！
- ☐ 根気があるほうだよ

ふりつけ師

アイドルやミュージシャンの歌や、ミュージカルや
CMでおどるふりつけを考える仕事だよ！

かっこいいふりつけを考えます！

身軽に動けるような服を着ているよ

映画やテレビ、舞台などでひろうされるダンスのふりつけを考え、歌手 P130 やダンサー P146 に指導するよ。元ダンサーや、いまもおどっているダンサーでふりつけをする人も多いよ。見る人をひきつける、個性的なふりつけを考えなくちゃいけないから、さまざまなジャンルのダンスを勉強しているの。それに、ダンスの知識があるだけじゃなく、ステップをわかりやすく説明したり、相手のやる気を引き出したり、指導力やコミュニケーション力がないとつとまらないの。CMや音楽のプロモーション映像でも、個性的なダンスがもとめられていて、ふりつけ師の活やくの場がどんどん広がってきているよ。

お仕事メモ

勤務形態は？ ダンススタジオに所属。フリーも多い

勤務時間は？ 1日8時間くらい

勤務地は？ ダンススタジオなど

休日は？ スタジオの休日

お給料は？ 1回の仕事で数万円から。有名になれば数百万円にも！

ふりつけ師への道

 なりたい！

ダンススクールにかよい、ダンサーに

↓

ダンススタジオに入る

↓

あこがれのふりつけ師に！

資格はいらないけど、ダンスの知識やテクニックがないとふりつけができないよ。一流のふりつけ師はダンサー経験が長い人が多いの。

出版・美術 のお仕事

みんなにいろいろな情報や

感動をとどけてくれる、本や美術品。

表現者のことばや芸術への深いこだわりから

生み出されるんだよ。

本や美術品ができるまでに活やくする人たち！

図書館司書
P168

ライター
P160

小説家
P154

編集者
P162

アニメーター
P178

新聞記者
P164

カメラマン
P170

グラフィック
デザイナー
P172

エッセイスト
P158

画家
P180

翻訳家
P169

絵本作家
P174

書店

学芸員
（キュレーター）
P183

イラスト
レーター
P176

書店員
P166

彫刻家
P182

小説家

ことばやストーリーを工夫して、
みんなが楽しく読める物語をつくるよ。

手書きの人もいるけど、パソコンで書く人がほとんどだよ

つたえたいことを物語にして発表します！

小説はことばだけで登場人物の心や人生をえがいた物語。小説家は恋愛やミステリー、社会問題をあつかったものなど、自分の書きたいジャンルのストーリーを考え小説にするよ。日常で感じたことや、気になるニュースをヒントにして、小説のテーマを考えるの。テーマが決まったら、資料をあつめたり、取材をして、ストーリーをねっていくよ。1冊の本を書くために、取材だけで数年かかることも。小説家になりたい人は多く、その中で本を出版できる人はほんの一部。それでも自分を信じて小説を書きつづけ、コンクールに応募したり、出版社にもちこみをして、チャンスをつかむ努力をすることがたいせつなの。

お仕事メモ

勤務形態は？
フリーが多い。まれに芸能事務所所属の人も

勤務時間は？
不規則

勤務地は？
自宅、事務所など

休日は？
不規則

お給料は？ 本の売り上げによる。
事務所から月給が出る人も

ココが楽しい

自分の書いた小説がたくさんの人に読まれ、おもしろい、感動したといってもらえると、最高にしあわせ！

ココが大変

なかなか納得のいくようなお話が書けないとき。ひとつの物語を完成させるまでに、何年もかかることがあるの。

マンガでわかる 小説家ストーリー

小説のテーマをきめる

よしっ！
きめた！

次の作品の
テーマは
スポーツと恋愛
にするわ！

いいですね！
何のスポーツ
にしますか？

編集者と打ち合わせ

こっちでも
資料をさがして
おきますね

バスケットボールが
かっこよくて
いいかな～と

でも よく
しらなくて…

ほ
～

とにかく
調べることがだいじ！

ふ～ん

取材など

経験者の話を
聞くのもたいせつだよ

へぇ～！

他校のセンシュに
恋するマネージャー!!

カタ カタ

想像をふくらませ
ながら話を
ねっていくよ

小説家への道

小説を書く

⬇

コンクールに応募したり、出版社に原稿をもちこむ

⬇

賞をとったり、出版社にみとめられる

⬇

あこがれの小説家に！

だれでも応募できるコンクールが多く、新人でも賞をもらえるチャンスが！ 昼は会社につとめて、夜や休日に小説を書いてデビューした人もいるよ。

小説家への第1歩

国語の授業は熱心に受けて。小説をたくさん読んで、自分でも書いてみよう。

小説家あれこれ

どんな人が小説家デビューできるの？

小説家は、学歴も年も関係なくデビューできる実力勝負の世界。高校生が携帯電話にアップしたケータイ小説が人気になり、デビューのきっかけになったこともあるよ。あなたもいまから小説を書きはじめてみて！

自分が書いたストーリーが映像に！

あこがれの女優 P80 が自分が書いた小説の登場人物を演じることも夢じゃないの。脚本づくりに参加する小説家もいるよ。

先ぱいにトツゲキ☆インタビュー

あさの あつこさん

Q 小説家をめざしたのはいつですか？

中学生のころです。子どものときから物語が大すきでしたが、自分は本を読むだけでなく、書きたいんだとわかったんです。

Q やりがいを感じるのはいつですか？

作品を書き上げたときは、はればれとしたさわやかな気持ちです。自分の手で世界をつくったような気分になるんです。

Q お仕事でたいせつなものはなんですか？

思うように書けないときも、ねばり強くとり組むこと。作品が人に評価されなかったとしても、「また作品を書こう！」と思える、根性です。

お仕事ぴったり度チェック！ check!

- ☐ 国語はとくい科目
- ☐ 人をびっくりさせるのがすき！
- ☐ ぼーっと空想する時間がすき
- ☐ 失敗してもメゲないほう
- ☐ 夢は何年かかってもかなえたい！
- ☐ 気持ちの切りかえは早い

出版・美術のお仕事

小説家

157

エッセイスト

気持ちを明るくしたり、ちょっぴりなけたり
日常を楽しくするお話をおとどけ。

日々感じていることを
ことばにするよ

するどい観察
力でまわりを
見ているよ

日常で起きたこと、自分が体験したことの感想を、楽しく読める文章にまとめたものがエッセイ。これを書いている人がエッセイストだよ。旅行中に起きたハプニングを書く人もいれば、恋愛の話を書く人もいるし、テーマは人それぞれ。日記みたいで、かんたんに書けるような気がするけれど、読む人を楽しませる工夫が必要だよ。人や物ごとを観察して自分にしかできない見方をすること、それをじょうずに表現することがたいせつ。エッセイの仕事だけではなく、ほかの仕事をしながら書いている人もいるよ。女優 P80 やタレント P84 、小説家 P154 が書いたエッセイが売れることも多いよ。

お仕事メモ

勤務形態は?
フリーが多い。芸能事務所に所属の人も

勤務時間は?
不規則

勤務地は?
事務所や取材先など

休日は?
不規則

お給料は? 本の売り上げによる。事務
所から月給が出る人も

ココが楽しい

書きためたエッセイが本になると感動。さらに、たくさんの人から反響があると、「書いてよかった」と思えるよ。

ココが大変

エッセイの仕事だけで生活するのは大変。ライターなど、ほかの文章を書く仕事もしているエッセイストが多いの。

エッセイを書く

↓

コンクールに応募したり、出版社に原稿をもちこむ

↓

賞をとったり、出版社にみとめられる

↓

あこがれのエッセイストに！

タレントがエッセイを書くことも多いように、ほかの仕事をしている人がエッセイでかがやくことがよくあるの。文章力をみがきながら、自分のとくい分野を見つけてみよう。

エッセイストへの第1歩

いろんな人のエッセイ集を読んでみて。自分でもエッセイを書いて、家族や友だちに感想を聞いてみてね。

知ってる？ エッセイストあれこれ

平安時代にもエッセイがあった！

宮廷の日常生活や四季の変化を、短い文章にまとめた、清少納言の『枕草子』。これこそ現代のエッセイの基本ともいえるよ。ストーリーのおもしろさと観察力のするどさから、平安時代から現代まで読みつがれているんだよ。

はるはあけぼの

イラストもかくエッセイストも

絵がじょうずな人は、エッセイにそえるイラストやかんたんなマンガを自分でかくことも。本をあまり読まない人にも、イラストつきのエッセイなら、手にとってもらいやすいよ。自分が撮影した写真をエッセイにそえる人もいるよ。

お仕事ぴったり度チェック！ check!

☐ 毎日、日記をつけている

☐ 観察力はするどいほう

☐ 出かけることがすき

☐ 記憶力がよいと思う

☐ 自分の本を出版してみたい

☐ 友だちに手紙を書くのがすき

159

ライター

世の中のいろいろな情報を雑誌や本のテーマに合わせて、読みやすく文章にまとめるよ。

すぐメモをとれるように、いつも手帳を持っているよ

わかりやすくつたえるよ

新しい情報をわかりやすくつたえるよ

雑誌や本にのっている文章を書くのがライターのお仕事。編集者 P162 からたのまれたテーマについて書くことが多いよ。資料を読んだり、取材やインタビューをして、あつめた情報をわかりやすい文章にまとめるの。子どもから大人まで、読む人に合わせて、文章を書き分けるんだよ。インタビューや取材では、相手の話をうまく引き出す力が必要よ。聞きじょうずな人にぴったりだよ。それから、原稿のしめきりはかならず守らないといけないから、スケジュール管理もしっかりできなきゃダメ。いろんなテーマについて文章を書くから、何にでも興味をもって行動できる好奇心おうせいな人にむいているよ。

お仕事メモ

勤務形態は？ フリーが多い。編集プロダクションの正社員、契約社員も

勤務時間は？ 不規則。2、3時間から、1日中かかることも

勤務地は？ 事務所、取材先など

休日は？ 不規則。休日出勤も多い

お給料は？ フリーは仕事量による。社員は月収18万円くらいから

ココが楽しい

いろんな情報をイチ早く知ることができたり、話題のスポットに行けたり。わくわくドキドキの毎日なんだよ。

ココが大変

いくつもの文章を同時にたのまれることがあるよ。テーマがバラバラなことが多いから、頭を切りかえるのが大変。

なりたい！ ライターへの道

高校、専門学校、大学を卒業

⬇

出版社や編集プロダクションに入る

⬇

あこがれのライターに！

ライターをやるのに、特別な資格は必要ないよ。でも、正しい文章を書けないとできない仕事なの。ライターに仕事をたのむことが多い編集者を経験してから、ライターになる人も多いよ。

ライターへの第1歩

ブログを書いたり、日記をつけたり、文章を書くことになれよう。作文の宿題をがんばるのも、よい勉強になるよ。

知ってる？ ライターあれこれ

とくい分野をきわめるのも1つの方法

専門知識を身につけている人が少ない医療や政治、経済の文章を書けるライターは、仕事をたくさんたのまれるよ。音楽やゲーム、ファッションなど、どんなテーマでも、興味があるものの情報をたくさん仕入れておくことが、ライターへの近道になるよ。

なるほど！

原稿の種類はさまざま、広がるライターの仕事

雑誌や本のほかに、WEBサイトやフリーペーパーの文章を書く仕事もあるよ。紹介するテーマえらびからたのまれることがあるから、注目のスポットや流行のファッション、コスメやグッズなど、新しいものはイチ早くチェックしているよ。

発売！本日！ 日本初上陸！ 新しい 味 おいし〜

お仕事ぴったり度チェック！ check!

- ☐ 文章を書くのがすき
- ☐ だれとでもすぐ仲よくなれる
- ☐ 行動力バツグン！
- ☐ ものごとの計画をたてるのがじょうず
- ☐ 何ごとにも興味しんしん！
- ☐ 集中力はあるほう

編集者

本や雑誌のアイデアを考えて完成まで責任をもち、かかわるスタッフみんなのまとめ役。

本や雑誌づくりの責任者だよ

1冊の本をつくるのに、たくさんの参考資料を読むよ

編集者の仕事は、みんながどんな本や雑誌を読みたいかを考えることからスタート。内容が決まったら、本や雑誌にのせる文章やイラスト、写真を準備するスタッフを決めるよ。どのくらいの予算と期間がかかるか計画をたてるのも仕事。実際に制作に入ったら、写真の撮影に立ちあったり、文章やイラストがイメージどおりになっているかをこまかくチェック。自分で文章を書いたり、必要な情報をあつめるために取材に行くこともあるよ。取材や撮影のスケジュールによって、食事や寝る時間、休日もバラバラになりがち。体力のある人にむいているよ。仕事は大変だけど、1冊の本が完成すると、大きな達成感を味わえるよ。

お仕事メモ

勤務形態は?
正社員、派遣社員など。フリーも多い

勤務時間は?
1日8時間くらい、残業も多い

勤務地は?
出版社、取材先、撮影スタジオなど

休日は?
土日祝日。休日出勤も多い

お給料は?
月収20万円くらいから

ココが楽しい

自分の企画から生まれた本がヒットするとやりがいを感じるの。つぎの企画のために、いつも情報をあつめているよ。

ココが大変

よい写真が撮れなかったり、取材日がずれたり、計画どおりに進まないことが多いの。どんなときも冷静に対応するよ。

なりたい♪ 編集者への道

高校、専門学校、大学を卒業

↓

出版社、編集プロダクションに入る

↓

あこがれの編集者に！

大きな出版社は４年制大学卒業を入社の条件にしているところもあるけれど、編集プロダクションなど、仕事の経験を重視する会社も多いよ。

編集者への第１歩

たくさん本や雑誌を読んでおこう。自分でもどういう本をつくりたいかを考えたり、記事をつくってみてね。流行は、イチ早くチェックを！

知ってる？ 編集者あれこれ

マンガや小説は、作家のサポートがおもな仕事

マンガや小説の編集者は、担当しているマンガ家や作家が仕事をしやすい環境をつくったり、スケジュール管理がおもな仕事になるよ。マンガ家といっしょにストーリーを考えたり、小説のテーマにアドバイスをすることも。新人の場合は、その長所をのばしたり、短所をなおして、一人前になれるように、先生のような役わりもするんだよ。

学生のときに、アルバイトするのがおすすめ

大きな出版社は、入社を希望する人がいっぱいだけど、経験者を優先して採用する会社も多いの。だから、学生時代からアルバイトとして経験をつんでおくと、就職活動をするときも採用される可能性がアップ！資料の整理やおつかいなどをしながら、編集の仕事をおぼえられるよ。

お仕事ぴったり度チェック！ check!

- ☐ 本や雑誌を読むのがすき！
- ☐ 友だちのなかではしきり役
- ☐ チームで作業することがとくい
- ☐ 流行にびんかんなほう
- ☐ 作文がとくい
- ☐ いやなことがあってもめげない！

新聞記者

日々変わっていく世の中の流れを
毎日追いかけて、みんなに発信するよ。

ニュースの真実を
とことん調べます

パソコンやIC
レコーダーなど、
取材道具がいっ
ぱい

いろいろな人
に取材するか
ら、服そうは
きちんと感が
だいじ

日本や海外の政治や経済、文化について、いろいろな情報をのせている新聞。その情報をあつめて、記事にまとめるのが新聞記者だよ。事件や事故にかかわっている人に取材をしたり、現地に足を運ぶことも。午前中にあつめた情報を記事にして、その日の夕刊にのせたり、夜中に起きた事件を朝までにまとめたり、毎日、時間とのたたかい。すばやい判断ができ、短い時間で記事にする力が必要なの。ねる時間もないほど、いそがしい日がつづくことも。芸能人やスポーツ選手、政治家などに直接取材をすることもあるから、どんな人にもものおじせず、じょうずに話題を引き出すことができる人がむいている仕事だよ。

お仕事メモ

勤務形態は?
新聞社や通信社の正社員、契約社員

勤務時間は?
1日8時間くらい、残業も多い

勤務地は?
新聞社、通信社、国内外の取材場所

休日は?
週休1〜2日

お給料は?
月収25万円くらいから

ココが楽しい

ほかの新聞社が知らない情報を
つかんで、真相を読者にイチ早
くつたえることができたとき、
やりがいを感じるよ。

ココが大変

情報をのせるページが限られて
いるから、せっかくまとめた記
事が急に大きなニュースが入っ
て新聞にのらないことも。

なりたい！ 新聞記者への道

大学を卒業

⬇

新聞社や通信社に入る

⬇

あこがれの新聞記者に！

大学生のときに新聞社でアルバイトをしていたり、政治や経済などで、人一倍くわしい分野があると、就職に有利だよ！

新聞記者への第1歩

学級新聞を書くときは、積極的に参加してね。それから正しい日本語は、新聞記者の基本。新聞を毎日読んだり、ニュースをたくさん勉強しよう。海外で取材することもあるから、英語も勉強しておくといいよ。

知ってる？ 新聞記者あれこれ

入社してすぐは、地方ならではの情報を追いかける！

最初は地方にある支局に勤務。取材や記事の書き方を学びながら、その地方のおすすめスポットやイベントなどの原稿をつくるよ。なれてきたら、大きな事件や事故の取材にも参加。実力がついたら、本社に勤務して、大きな事件を追いかけるよ。

かかわりのある仕事

文章をチェックするエキスパート
校正者（校閲者）

日銀の制作

政策

キュッ

漢字がまちがっていないか、文字がぬけていないかチェックしたり、内容が正しいかを確認するよ。

お仕事ぴったり度チェック！ check!

- ☐ 毎日、新聞を読んでいる
- ☐ テキパキ行動するほう
- ☐ ねばり強さはだれにも負けない！
- ☐ 作文をよくほめられる
- ☐ パソコンをよく使う
- ☐ だれよりも好奇心おうせい

書店員

お客さんが本を買いたくなるように
工夫して、本を売っているよ

大絶賛！ランキング1

本と読者をつなげる
橋渡し的な役割だよ

作業しやすい
服装で、エプ
ロンを着用！

本屋さんで、お客さんに本や雑誌などの出版物を売るよ。レジでの会計や接客、本の仕入れと返品がおもな仕事だよ。お客さんが本を探しやすいように本の並べ方を工夫したり、お客さんに本のみりょくが伝わるように POP（商品の説明を書いたもの）をつくったりすることもたいせつ。大きな書店だと、サイン会、講演会などを企画・計画することもあるよ。本は1年間で約7万点出版されていて、大きな本屋さんでは1日あたり200冊もの新発売の本が入ってくるとか。本を運んだり、並べたりするのは力仕事で、実は大変。たくさんの本が置いてある場所をおぼえるには、記憶力も必要だよ。

お仕事メモ

勤務形態は？
正社員、契約社員、アルバイト

勤務時間は？
8時間くらい。残業することもある

勤務地は？
本屋、古本屋

休日は？
定休日など、週休2日ほど

お給料は？
月収18万円くらいから

ココが楽しい

お客さんに本をおすすめして、後日「おもしろかった」と、声をかけてもらうととってもうれしいよ。

ココが大変

本のほか、CDや文ぼう具などを売ることもあるから、おぼえることがいっぱい。人気の作家の本などは内容もおぼえるよ。

\なりたい！/ 書店員への道

高校、専門学校、大学を卒業

↓

書店で勤務する

↓

あこがれの書店員に！

とくに資格は必要ないけれど、図書館司書 P168 の資格をとる人もいるよ。

書店員への第1歩

本をよく読もう。本屋にはいろいろなジャンルの本があるので、すきなジャンル以外の本も知識も必要だよ。

知ってる？ 書店員あれこれ

POPで売れるように工夫を！

POP には、新刊の案内や本の内容やみりょくを、書店員ならではの目線で書くよ。POP があると、お客さんの目にとまりやすいので、売れ行きが大きく変わることがあるよ。

サイン会などのイベントを開いてお客さんに来てもらう！

大きな書店では、有名な作家や芸能人が来てサイン会をすることがあるよ。本を買った人向けに行うことが多いので、サインがほしくて本を買うから売れ行きがよくなるんだよ。

サイン会

「本屋大賞」って知ってる？

文学賞の「本屋大賞」がはじまったのは、2004 年。一般の文学賞は、作家や文学者が選ぶけど、「本屋大賞」は書店員の投票で決まるんだよ。全国の書店員がえらんだ「いちばん売りたい本」がわかるよ。

お仕事ぴったり度チェック！ check!

- ☐ 本やマンガを読むのが大すき！
- ☐ 本屋さんに行くのがすき！
- ☐ 友だちにおすすめの本をよく貸す
- ☐ 整理整頓がとくい
- ☐ 体力がある
- ☐ 工作でものをつくったり、絵を描くのがすき

お仕事ファイル **080**

図書館司書

図書館の本を整理して、
本の貸し出しをお手伝いするよ

本について答えられるように
勉強しているよ

本の整理がしやすいように動きやすい服装

　図書館で、図書館司書の資格をもって働く人のことだよ。本を借りる人のために貸し出しの手続きをしたり、資料の整理・管理をしているよ。図書館におく本の種類などえらぶのも仕事だから、新しく発売される本についてもつねに情報をあつめているよ。図書館を利用する人に、どんな資料がよいのかアドバイスできるように、本の内容を知っておくこともたいせつ。季節や行事などに合わせて、本の展示のしかたを工夫したり、子ども向けに読み聞かせのイベントなどを開いたりして、利用者に本のみりょくを伝えているよ。学校の図書室を管理する人は、学校司書というよ。

お仕事メモ

勤務形態は？ 公立の施設では
公務員。私立は正社員、契約社員

勤務時間は？
開館時間による

勤務地は？
図書館や学校

休日は？
図書館の休館日

お給料は？
月収18万円から

なりたい！

図書館司書への道

大学の図書館司書課程を卒業し、司書資格を取得する

↓

図書館の採用試験に合格する（公立の図書館で働くには、公務員採用試験に合格することが必要）

↓

あこがれの図書館司書に！

最終学歴が高校の場合も図書館司書になる方法があるよ。図書館で司書補として3年以上働いてから、司書講習を受けると、司書資格が取得できるよ。

翻訳家

海外の文学や読み物を
日本語に訳すお仕事だよ

言葉の意味や表現を調べるのに辞書は欠かせないよ

海外の本を日本語にするよ

外国語の文章を日本語に訳すお仕事。おもに外国の本や雑誌の原稿、新聞やホームページなどの記事を訳すので、英語などの外国語がとくいなだけでなく、海外の歴史や文化、政治、経済などの知識も必要。また、外国語の意味やニュアンスを正しく伝えるには、日本語の能力もたいせつだよ。だから、日本語の言葉や意味もよく勉強しておくこともだいじなの。医療、金融、ＩＴなど、ジャンルによっては専門的な知識もかかせないね。外国語がとくいで、言葉や海外の文化などにきょうみのある人、調べるのがすきな人がむいているよ。映像作品を訳すのは、字幕翻訳家 P108 という専門家がいるんだよ。

お仕事メモ

📺 **勤務形態は？** 正社員、契約社員、アルバイトなど。フリーも多い

🕐 **勤務時間は？** 8時間くらい。

🧍 **勤務地は？** 会社や事務所、自宅など

📕 **休日は？** 会社員は週休2日。フリーだと不規則

💰 **お給料は？** フリーは仕事量による。社員なら月収18万円～

翻訳家への道

なりたい！

専門学校、大学の外国語学部を卒業

↓

翻訳会社などに入社

↓

あこがれの翻訳家に！

とくに資格は必要ないけれど、翻訳家になるには、外国語の勉強がかかせない。英検やTOEICなどの語学検定を受けておくといいよ。

カメラマン

みりょく的な人や風景を撮影して
心を動かすような瞬間を写真に残すよ。

プロだから使いこなせる高性能のカメラ

よい写真を撮るために、いろんな工夫をしてるよ

雑誌や新聞、WEB サイトなどの写真を撮影するのがカメラマン。人や物がキレイに写るための撮影の技術をもち、カメラ自体にもくわしいよ。シャッターチャンスをのがさない判断力と、写真の色や構図を決めるセンスがあるかで、写真の質が変わってくるの。そこはカメラマンのうでの見せどころ！撮影は、出版社や新聞社、広告会社などからたのまれることが多いよ。どんな写真をもとめられているかをきちんと理解し、期待以上の写真が撮れるように工夫することがたいせつ。うでに自信があるカメラマンは、自分のすきな写真をとって、出版社などにもちこみ、写真集を出版することもあるよ。

お仕事メモ

勤務形態は？ フリーがほとんど。撮影スタジオの正社員も

勤務時間は？ 不規則。2、3時間から、1日中かかることも

勤務地は？ 撮影スタジオ、外の撮影場所、事務所

休日は？ 不規則。土日も働くよ

お給料は？ フリーは仕事量による。社員なら月収 18 万円くらいから

ココが楽しい

人がふだん見せない表情や自然のすばらしさなど、とっておきの瞬間を撮影できたときは、すごく楽しいよ。

ココが大変

カメラや三脚、レフ板など、荷物がいっぱい。外で撮影するときは移動だけでヘトヘト。体力勝負の仕事だよ！

なりたい！！ カメラマンへの道

高校、専門学校、大学を卒業
↓
撮影スタジオで働く

フリーカメラマンのアシスタントになる
↓
あこがれのカメラマンに！

アシスタント時代は、カメラマンの機材を運んだり、撮影のおてつだいをするよ。

そのあいまにカメラの技術を勉強しなくちゃいけないから、毎日いそがしいんだ。

カメラマンへの第1歩

お家のカメラを借りて、興味があるものをどんどん撮影してみて。有名なカメラマンの写真集も見て、すきな写真をさがしてみよう。

知ってる？

カメラマンあれこれ

1つのテーマを専門に撮影する人も

戦争が起きている国の現状を撮影する戦場カメラマンや、新聞や雑誌にのせる事件や事故の写真を撮影する報道カメラマン。海にもぐり、めずらしい魚などを撮影する水中カメラマン、結婚式の撮影をするウエディングカメラマンなどがいるよ。

先ぱいにトッゲキ☆インタビュー

依田 佳子さん

Q お仕事のみりょくは何ですか？

いろんな人に出会え、さまざまな場所へ行くことができます。自分の知らないことをたくさん知る機会があるのが楽しいです。

Q カメラマンにとってだいじなことはなんですか？

いろいろなものに興味をもち、「いいなー」と思える心です。また、写真を撮る対象（人、物）への観察力や、人とのコミュニケーション力もだいじです。

Q やっておくとよいことは何ですか？

写真をたくさん撮ることです。技術や本などで学ぶよりも、撮らないとわからないことがあります。また、写真や絵を見ることも役立ちます。

お仕事 ぴったり度チェック！ check!

- ☐ 写真は撮られるより撮るほうがすき
- ☐ 重いものをもつのがとくい
- ☐ 画集や写真集を見るのがすき
- ☐ どんなときもテキパキ動けるよ
- ☐ 根性だけはだれにも負けない！
- ☐ キレイな風景を見たときは感動する

グラフィックデザイナー

みんなの心にのこるような
ポスターやパンフレットをデザインするよ。

いろんな人の目にとまる
デザインをめざすよ！

パソコンを
す速くそう
さできる

ポスターやパンフレット、カタログや雑誌、本など、さまざまな印刷物のデザインを考えるの。どこに写真やイラストを入れるか、色のバランスや、文字の形、大きさはどうしたら読みやすいかを考え、パソコンを使って、実際にカタチにするよ。仕事は、広告会社や出版社などからたのまれることが多いの。リクエストどおりじゃないと、つくり直さなきゃいけないこともあるよ。だから、どんなデザインをのぞまれているかを理解して、いろんなデザインを提案する力がもとめられるよ。会社名、ブランドのマークやキャラクターをつくることもあって、イラスト、デザイン、両方できる人もいるんだ。

お仕事メモ

勤務形態は？
正社員、契約社員など。フリーも多い

勤務時間は？
1日8時間くらい。残業も多い

勤務地は？
デザイン事務所、撮影スタジオなど

休日は？
土日祝日。休日出勤も多い

お給料は？
月収18万円くらいから

ココが楽しい

頭にえがいたデザインが、思いどおりにカタチになって、その商品が売れたり、話題になったりしたときはとてもうれしいよ。

ココが大変

いいと思ったデザインでも、いらい主の注文で、変えなければならないことも。ゼロから考え直すときはちょっとがっかり。

なりたい！ グラフィックデザイナーへの道

デザイン系の高校・専門学校、大学の芸術学部、養成講座を卒業

↓

デザイン事務所、広告代理店、広告・編集プロダクションなどに入る

↓

あこがれのグラフィックデザイナーに！

デザイン事務所で数年仕事をして経験をつんでから、独立してフリーで活動する人が多いよ。

グラフィックデザイナーへの第1歩

いろんな本や雑誌や広告のポスターを見て、センスをみがこう。パソコンが使えることもたいせつだよ。

知ってる？ グラフィックデザイナーあれこれ

よく使われるパソコンソフトがあるよ！

よく使うパソコンソフトはおもに３つ。図形や線を組み合わせて、自由にデザインできる「イラストレーター」、肌をキレイに見せたり、写真の色や質感を変えられる「フォトショップ」、ページ数が多い書籍などのデザインに使う「インデザイン」があるよ。

ひとつの分野のデザインに集中

グラフィックデザインの技術をもとに、１つの分野を専門にデザインする人もいるよ。たとえば本や雑誌のデザインを専門におこなうエディトリアルデザイナーや、化粧品やおかしなどの箱や包装紙をデザインするパッケージデザイナーなど。"書籍の顔"ともいえる表紙をデザインするそうてい家もいるよ。

お仕事ぴったり度チェック！ check!

- ☐ 洋服のセンスがいいとほめられる
- ☐ ねばり強い性格
- ☐ 絵をかくことがとくい！
- ☐ クラスのアイデアマンっていわれる
- ☐ 本の表紙のデザインに注目しちゃう
- ☐ かっこいい文ぼう具にも目がない！

絵本作家

心あたたまる絵や文章で
子どもたちに夢のあるお話をとどけるよ。

子どもたちの想像力を
広げるおてつだい

クレヨンや絵
の具で自由に
絵をかくよ

絵本のお話を考え、絵をかくのが仕事。ひとりで両方かく人、絵だけをかく人、お話だけを考える人とさまざまなタイプの人がいるの。新しいお話を考える場合が多いけれど、もともとあるむかし話や民話に合った絵をつける場合もあるよ。絵本は、子どもたちの想像力をはぐくむもの。子どもたちが絵本の世界に夢中になれるように、絵のふんいきにこだわったり、わかりやすいことばを使うように工夫するよ。それから、ルールを守ることのたいせつさや、命のとうとさを、絵本をとおしておしえる役目もあるの。新人作家はなかなか本が出せないから、自分でお金を出し、絵本をつくっている作家もいるよ。

お仕事メモ

勤務形態は？
ほとんどがフリー

勤務時間は？
不規則

勤務地は？
自宅

休日は？
不規則

お給料は？ 本の売り上げによる。
売れれば数百万円の収入に！

ココが楽しい

子どもたちがよろこんでくれることが一番！日々、子どもが何に興味があるのか情報をあつめているよ。

ココが大変

新しいお話がなかなかうかばないことも…。実際に身近にいる子どもとふれあって、ヒントをもらうことも多いよ。

なりたい! 絵本作家への道

絵本を書く

⬇

コンクールに応募したり、出版社に作品をもちこむ

⬇

賞をとったり、出版社にみとめられる

⬇

あこがれの絵本作家に!

絵本づくりを自分で勉強する人も多いけど、絵本作家の養成学校もあるよ。作品を積極的に出版社にもちこむことが、デビューにつながるよ。

絵本作家への第1歩

自分で絵本のお話を考えてみよう。どんな絵がぴったりかも考えてね。いろんな絵本を読むと、どんなお話と絵がいいのかわかるようになるよ。

知ってる? 絵本作家あれこれ

大人もほっとあたたまる絵本

「読むといやされる」と絵本を読む大人がふえているよ。ページ数が少なく、わかりやすいことばが使われているから、いそがしい日々のあいまに読めると人気なの。絵やストーリーを大人むけにした絵本もあるんだよ。小説を読みやすい絵本にしたものもあるの。

おかあさんとぼく

かかわりのある仕事

童話で子どもをワクワクさせる 童話作家

子どものために考えられたお話が童話。絵本より絵が少なく小説のように長いお話が多いの。出版社へのもちこみやコンクールへの応募が、童話作家デビューへのきっかけになるよ。児童文学や児童心理も勉強しておくと子どもがよろこぶ物語が書けるよ。

お仕事 ぴったり度チェック! check!

☐ 絵本を読むのがすき

☐ 小さな子どもと遊ぶのがすき

☐ 絵をかくのがとくい

☐ 夢は絶対にあきらめない!

☐ 想像力がゆたかなほうだと思う

☐ エッセイよりもファンタジーがすき

イラストレーター

自分にしかかけないイラストをかいて
本や雑誌、広告をみりょく的にするよ。

パソコンや、いろいろな画材を使いこなすよ！

注文を受けてぴったりのイラストをかくよ

本や雑誌、広告などのポスターには、いろんなイラストがのっているよね。このイラストをかくのがイラストレーターの仕事。出版社や広告代理店からいらいをうけて、企画に合ったイラストをかくんだよ。注文の内容をすばやく理解し、それからイメージをふくらませてイラストにしていくんだよ。絵の具やエアーブラシなどの画材を使って、紙や布にかく人もいるけれど、いまはパソコンでの作業がほとんど。じょうずな絵をかくためのセンスや技術は絶対に必要な仕事だよ。さらに、その人にしかない個性があると、仕事がふえやすいよ。人気が出れば、自分の作品集を出版したり、個展を開くこともできるよ。

お仕事メモ

勤務形態は？
フリーが多い。まれに正社員も

勤務時間は？
不規則。2、3時間から、1日中かかることも

勤務地は？
自宅、デザイン事務所など

休日は？
不規則

お給料は？　フリーは仕事量による。
社員は月収18万円くらいから

ココが楽しい

大すきなイラストをかくことが、楽しくてしかたないの。すきなテーマの仕事だったりするとはりきっちゃう！

ココが大変

短い期間で何枚もイラストをかかなければいけなかったり、イメージと合わず、何度もかき直しをすることもあるの。

なりたい！ イラストレーターへの道

高校、専門学校、大学の芸術学部を卒業

↓

デザイン事務所や広告代理店に入る　｜　出版社などにみとめられたり、コンクールで入賞する

↓

あこがれのイラストレーターに！

自分のイラストをできるだけたくさんの人に知ってもらうのがだいじ。ファイルをつくって、出版社にもちこんだり、WEBを立ち上げたり、SNSで発信して、自分のイラストをアップしたり、つねにアピールしているよ！

イラストレーターへの第1歩

身近にある気になる物や風景、家族や友だちの顔をイラストにしてみて。

知ってる？ イラストレーターあれこれ

若手イラストレーターがあつまって展示会を開くことも

展示会は、たくさんの人に自分のイラストを見てもらうチャンス。でも、会場がなかなか見つからなかったり、お金がかかったり1人ではむずかしいの。そこで、何人かで力を合わせて、グループ展をすることがあるよ。

日本のどこにいても仕事できる

いらいの多くは、関東近辺の出版社から。でも、地方に住んで、メールでやりとりしている人もいるよ。

先ぱいにトツゲキ☆インタビュー

カタノ トモコさん

Q 絵がすきなら、この仕事ができますか？

イラストレーターとひとことでいってもいろんな種類があるので、すきなだけではダメ。みんなが「いいな」と思える絵をかくのも、仕事なんですよ。

Q 徹夜で絵をかくこともありますか？

しめきり前のいそがしいときは、徹夜することも。でも、ちゃんと寝ないとつぎの仕事ができないので、わたしはできるだけしないようにしています。

Q 絵がうまくなるには？

観察です。かわいい女の子がかきたかったら、かわいい女の子をたくさん見る。風景なら、景色をたくさん見るといいですよ☆

お仕事ぴったり度チェック！ check

- ☐ 絵をかくことがだいすき！
- ☐ いろんな種類のイラストがかける
- ☐ 理解力があるほうだと思う
- ☐ 図工の授業がすき
- ☐ パソコンをよく使う
- ☐ こまかい作業はきらいじゃない

アニメーター

笑ったり、走ったり、戦ったり…。
アニメのキャラクターにたましいをふきこむよ。

アニメは「セル画」というシートや、パソコンで絵をかくよ

みんなが大すきなアニメをつくっているよ

アニメーションは何枚かの絵を連続で見せることで、平面のイラストに動きを出すもの。この連続した絵をかいているのがアニメーターだよ。監督がつくった絵コンテ（キャラクターの動きを指示したもの）をもとに絵をかくよ。少しずつちがう動きを何枚もかいていくの。さらに、背景をかき、色をつけて、最後にそれらの絵をかさねて撮影。何枚もの絵を連続して撮影すると、キャラクターが動いているように見えるんだ。アニメは1秒間に24枚ものイラストが必要。地道な仕事だから、残業が多くて、休みもあまりとれないけど、「アニメが大すき！」という気持ちでねばり強く仕事をしているんだよ。

お仕事メモ

勤務形態は？ アニメ制作会社と業務契約をむすぶ。正社員や契約社員も

勤務時間は？ 1日8時間くらい。残業も多い

勤務地は？ アニメ制作会社、自宅

休日は？ 土日祝日。休日出勤も多い

お給料は？ 月収10万円くらいから

ココが楽しい

自分のかいたキャラクターが、いきいきと動くのを見るのがすごく楽しいよ。自分の作品を何度も見たりするの。

ココが大変

とにかく仕事の時間が長い！夜おそくや明け方まで仕事をして、ほとんど寝られない日もたくさんあるよ。

お仕事ファイル 086

なりたい！ アニメーターへの道

高校、専門学校、大学、アニメーターの養成学校を卒業

⬇

アニメ制作会社などに入る

⬇

あこがれのアニメーターに！

アニメーターの基本は絵をかく技術。キャラクターのいきいきした表情や動き、リアルな背景をかく力と、ていねいに仕事をするねばり強さがだいじだよ。

アニメーターへの第1歩

パラパラマンガをかいてみよう。じょうずにかけるようになったら、つぎはお話づくりにステップアップしてみて！

知ってる？ アニメーターあれこれ

90％以上の制作現場では パソコンでアニメをつくる

以前は、「セル」というとうめいなシートに絵をかいていたけど、いまはパソコンでかくことが多いよ。現場では、キャラクターをかく人、色をつける人など、それぞれの担当者が決まっているの。1人がすべての工程を担当する場合もあるよ。アニメ映画などでは、セル画の風合いにこだわっている会社もあるんだよ。

びょう
1秒

実力がついたら、もっとアニメにかかわれる

経験をつんでいくと、キャラクターデザインをまかされたり、ゆくゆくはアニメ映画の脚本を手がけたり、監督としてやっていくことも、夢じゃないよ！

お仕事 ぴったり度チェック！ check!

- ☐ アニメを見るのが大すき！
- ☐ お絵かきなら何時間でもやれる
- ☐ がまん強い性格といわれる
- ☐ 集中力があるほうだ
- ☐ こまかい作業がすき
- ☐ 色のセンスがあると言われる

画家

キャンバスに情熱をぶつけて絵をかく！
1枚の絵が人々に感動をあたえるよ。

油絵や水彩画はまかせて！

もちろん、画材は手ばなせない！

絵の具がつくことがあるから、よごれてもいい服でかいているよ

自分が見て感じたことを、絵で表現するのが画家だよ。油絵や水彩画、日本画と表現の方法はさまざま。多くの画家は、自分のとくいな分野の絵を専門にかいているよ。作品は、画廊や美術館に展示したり、コンクールに出品するよ。1枚の絵が何十万、何百万円で売れる画家以外は、絵だけで生活するのはむずかしいの。ふだんは、絵画教室の先生やイラストレーター P176 などで生活の収入をえている人が多いよ。画家はほかの仕事にくらべて、年れいや経験は関係ない世界。実力がみとめられている人はごくわずかだけど、作品がよければ多くの人を感動させることもできる、やりがいのある仕事だよ。

お仕事メモ

勤務形態は？
ほとんどがフリー

勤務時間は？
不規則

勤務地は？
アトリエ。展示会で世界中をまわることも

休日は？
不規則

お給料は？
絵が高く売れれば数百万円入ることも

ココが楽しい

集中して絵をかくときが一番じゅうじつした時間。自分の思いどおりに表現できたら、達成感を味わえるの。

ココが大変

絵が売れてお金が入っても、絵の具やキャンバスなどの画材に、意外とお金がかかってなかなか大変なの。

なりたい！ 画家への道

美術系の専門学校、大学の美術学部を卒業

⬇

公募展やコンクールに応募して、何度も受賞する

⬇

あこがれの画家に！

展示するための絵を無名の画家からも募集するのが、公募展。何度も賞をもらうと、美術団体の会員になれるの。そうすると制作のいらいもふえ、画家としての未来が開けるよ！

画家への第1歩

まずは絵をかく基本の「デッサン力」をつけることが、たいせつ。気に入った人や風景などを、よく観察しながらたくさんかこう。

知ってる？ 画家あれこれ

ちょっと変わった画家さんたち

意外なところで画家の力がもとめられているよ。たとえば、法廷画家。ニュースで裁判のようすをかいた絵を見たことがあるはず。馬だけをかく人、天使だけをかく人など、1つのテーマだけを専門にかく、こだわり派もいるよ。

営業努力をわすれずに

どんなにすばらしい絵をかいても、だれにも見てもらえなかったらさびしいよね。友人の画家同士でグループ展を開いてみたり、絵を売る画商さんに絵を見せに行ったり、自分の作品を見てもらえるチャンスをつくることがたいせつなんだよ。

有名になれば、絵が売れるチャンスもふえる

実力がみとめられると、美術館などで個展をひらいたり、絵をかいてくれとたのまれたり、大いそがし。世界的に名前が知られている日本人画家も多いんだよ。

お仕事ぴったり度チェック！ check!

☐ 絵を見るのが大すき

☐ 絵をかくのがとくい！

☐ きれいな風景を見るのがすき

☐ お金より夢のほうがたいせつ

☐ 自分は才能が絶対にあると思う

☐ しんぼう強さでは負けない！

彫刻家

立体的な作品をつぎつぎと生み出して
鑑賞する人々の感性をしげきする！

石や木に命を
ふきこみます！

作品をつくるときは、よごれてもいい服そう

木や石、鉄などを使って、立体的な芸術品をつくるよ。作品は美術館やコンサートホール、イベント会場や公園などにかざられることもあるよ。彫刻家はまず、自分のイメージを正確にえがくデッサン力をつけるよ。そのために、絵画の勉強をするの。作品をつくるには、広いスペースが必要だし、材料を買うための費用もかかるもの。だから、彫刻家だけで、生活していくのはきびしく、美術の先生をしながら、作品をつくっている人がほとんど。個展を開いたり、コンクールに応募して、チャンスをつくっているよ。1つの作品に何年もかかることも。自分の才能を信じ、つくりつづけることがたいせつだよ。

お仕事メモ

勤務形態は？
ほとんどがフリー

勤務時間は？
不規則

勤務地は？
アトリエ

休日は？
不規則

お給料は？
作品が売れれば数十～数百万円にも

なりたい♪ 彫刻家への道

大学の美術学部を卒業
↓
コンクールなどに応募し、入賞する
↓
あこがれの彫刻家に！

人物像だけじゃなくて、おみこしやインテリア小物、仏像などを彫る彫刻家もいるわ。身近なもののかんしょくや形に興味をもってみよう。

学芸員（キュレーター）

美術館や博物館のイベントを考え、
多くの人にアートのみりょくをつたえるよ。

ときには自分で
作品の説明をす
ることもあるよ

みんなが楽しくなる
展示をいつも考えてるよ

　美術館や博物館の管理をしたり、展示会などのもよおしを考え、実現させるのが仕事。展示する絵画や写真、彫刻などをあつめて、お客さんが作品の理解を深め、楽しんで見られるように解説するよ。だから、作品をきちんと説明できるように研究することがとてもたいせつ。展示のテーマを決めたり、作品の一番いい見せ方を考えるんだよ。ポスターやチラシ、カタログをつくったりして、たくさんのお客さんに見てもらえるよう工夫するのも仕事の１つ。アートの世界ははなやかなように見えるもの。でも、学芸員は、えんの下の力持ちのような仕事なんだよ。努力家で勉強家の人がむいているね。

お仕事メモ

勤務形態は？ 公立の施設では公務員、私立は正社員

勤務時間は？ 開館時間による

勤務地は？ 美術館や博物館

休日は？ 休館日

お給料は？ 月収17万円くらいから

＼なりたい！／ 学芸員（キュレーター）への道

大学の学芸員課程を終了する
↓
美術館や博物館の採用試験に合格
↓
あこがれの学芸員に！

学芸員資格認定に合格する

公立の施設で働くには、公務員採用試験に合格することが必要。私立の施設では、大学での研究がみとめられて採用ということもあるよ。

人気急上昇！
日本伝統のお仕事

古くからの日本独自の"和"のお仕事。陶芸や着物などは、世界でもすぐれた芸術として知られていてとても人気なの。若い女性の間でも、日本の伝統のよさが見直されているんだよ。

日本伝統のお仕事 みりょくのポイント ベスト3

1 伝統工芸品は美術品として世界で人気！

陶芸のうつわ、着物などは、せんさいな色づけや、伝統のデザインが海外で高く評価されているの。日本語そのまま「kimono, utsuwa」と英語になり、人気だよ。

2 伝統から進化する着物やゆかた

むかしから日本女性が着こなしていた着物やゆかた。最近は、流行に合わせたミニたけのゆかたや、現代風の色や柄なども多く売られているよ。

3 将棋がはば広い年代に受けている！

以前はおじさんの趣味とされていた将棋に、若い人が興味をもつようになっているよ。小学生でプロになった人もいて、実力しだいでチャンスが広がる仕事よ。

陶芸家さんに インタビュー

冨川 秋子さん

Q お仕事のみりょくはなんですか？

美しい、すてきだと思える作品を、多くの人に使ってもらえたり、見てもらえたりすることです。何年も前の作品を「いまも使っているよ」といってもらえるとうれしいです。

Q いつからなりたいと思いましたか？

18歳のとき。陶芸家がろくろでつくる様子が魔法のようにおもしろくてめざしました。

Q 大変なことは？

材料のねんどは20kgもあり、重い！　窯も熱くて約1250℃！

メッセージ

陶芸には、感性もだいじ。美術館へ行く、映画を見る、本を読むなど、感性をやしなって！　じょうぶな体をつくることもたいせつです。

陶芸家

お茶わんやお皿など世界に1つだけの けっさくを生み出すまほうの手！

土をこねて形をつくり、食器や花びん、つぼなどの焼きものをつくる芸術家。「ろくろ」とよばれる機械をクルクルまわしたり、手でひねったり、型にはめこんだりして形をととのえ、自分ならではの作品をつくるんだよ。形ができたら「ゆう薬」という薬で表面をコーティングし、1000度以上の高温のかまで焼き上げるの。同じ土や薬を使っても焼き上がりの色が毎回ちがうなんてことも多いから、経験をつんでコツをおぼえることがたいせつ。作品は展示会を開いておひろめしたり、お店に置いてもらって売るんだよ。

お仕事メモ

勤務形態は？ ほとんどがフリー。
まれに正社員やアルバイトも

勤務時間は？
1日8時間くらい

勤務地は？
かま元、陶芸教室など

休日は？
不規則。かま元による

お給料は？
月収16万円くらいから

日本の陶器

日本全国にこんな有名な陶器があるよ！

益子焼
栃木県益子町でつくられている陶器。厚手でどっしりした茶わんやお皿が特ちょう。

美濃焼
岐阜県でつくられている陶器。だいたんで個性的なもようと形が特ちょう。

瀬戸焼
「せともの」とよばれる陶磁器。シンプルな白い陶器が多い。

有田焼
佐賀県有田町でつくられている陶器。はなやかな色と、花や鳥、しかなどのがらが美しい焼きもの。

華道家

花を生けてキレイに見せる芸術家！

　花をそれに合ううつわに生けて、美しさを追求。多くの華道家は、華道教室で生徒に教えるのがおもな仕事。そのほか、ホテルや料亭にかざる花を生けたり、個展をする人もいるよ。人に教える「師範」になるには5〜10年くらいかかるよ。

お仕事メモ

勤務形態は？	フリーが多い。華道教室の講師など
勤務時間は？	不規則。2、3時間から1日中かかることも
勤務地は？	自宅や華道教室、ホテルや料亭など
休日は？	不規則
お給料は？	教室の月謝など、仕事量による

茶道家

おいしいお茶でおもてなしの心をつたえる

　茶道とは、伝統的な儀式でお客さんにお茶を出すこと。お茶のたて方や礼儀作法だけでなく、いっしょに食べるおかしのえらび方で季節を楽しむ心をつたえることもたいせつ。茶道家になるには専門学校に行くか、先生に弟子入りするのが近道。

お仕事メモ

勤務形態は？	フリーが多い。茶道教室の講師など
勤務時間は？	不規則。2、3時間から1日中かかることも
勤務地は？	茶道教室、イベント会場など
休日は？	不規則
お給料は？	教室の月謝など、仕事量による

着物デザイナー

伝統の着物を自分流にデザイン！

　着物デザイナーは、着物のがらを考えたり、帯やぞうりなどの小物のデザインするお仕事。最近は、ざんしんながらや新しい形の着物をつくるデザイナーもいるよ。着物をあつかうには、そめ物や織物の専門知識を学ぶことが必要だよ。

お仕事メモ

勤務形態は？	正社員、契約社員、まれにフリーも
勤務時間は？	1日8時間くらい
勤務地は？	事務所、呉服店、デパートなど
休日は？	お店の定休日、フリーは不規則
お給料は？	月収17万円くらいから

落語家

楽しい落語でお客さんを笑わせるよ！

　お話に出てくる登場人物を全部1人で演じ、おもしろいオチをつけるのが落語だよ。「寄席」といわれる舞台で、落語をじょうずにひろうするのが落語家の仕事。落語家になるには、まずは落語の師匠に弟子入りして修業をしよう。

お仕事メモ

勤務形態は？	芸能事務所に所属。フリーも多い
勤務時間は？	不規則。2、3時間から1日中かかることも
勤務地は？	寄席、落語会の会場など
休日は？	不規則、土日も関係なく働く
お給料は？	人気と出演回数による。1回数千円から数十万円まで

書道家

筆と墨で文字を書き、自分流に表現！

　筆と墨で文字を書くことで芸術的な作品をつくるよ。書道は、海外からも高い評価を受けているの。展覧会で自分の作品を発表したり、書道教室で教えている人も多いよ。本の表紙に書道家の文字が使われるなど、活やくの場が広がっているよ。

お仕事メモ

勤務形態は？	フリーが多い。書道教室の講師なども
勤務時間は？	不規則。2、3時間から1日中かかることも
勤務地は？	学校、書道教室、展覧会など
休日は？	教室の定休日。フリーは不規則
お給料は？	教室の月謝など、仕事量による

お仕事ファイル
096

女流棋士

頭脳フル回転で将棋を勝ちぬく名人

　将棋をきわめるのと、解説が仕事。将棋の試合は「対局」といい、それに勝ちぬいて賞金を手にするよ。将棋に自信のある人は、研修会や奨励会という、女流棋士を育てる所でうでをみがこう。ここで勝ちぬくのがプロへの近道だよ。

お仕事メモ

勤務形態は？	フリーがほとんど。まれに芸能事務所に所属も
勤務時間は？	対局時間による
勤務地は？	対局会場など
休日は？	不規則
お給料は？	賞金は100万円くらい

食 にこだわりがある！

料理・食 のお仕事

生きていくなかでかかせない「食」。

食材、料理づくりから料理を運ぶ人まで

さまざまな職業の人たちが

みんなの「おいしい！」を支えているよ。

楽しい食卓や外食にかかせない人たち

料理研究家
P194

水産技術者
P212

農業家、農業技術者
P210

酪農家、畜産家
P209

栄養士
P198

ソムリエ
P206

パン職人
P200

レストラン
オーナー
P202

ウエイトレス
P204

バリスタ
P208

シェフ
P192

シェフ

レストランでうでをふるう料理人のトップ。
おいしい料理でお客さんをハッピーに！

おいしい料理を
つくって、
ふるまうよ

つめは短く。
食材をあつか
う手はいつも
キレイ！

フレンチやイタリアンなど西洋料理のレストランで、料理をつくるコック（調理師）。同じ店のコックたちをまとめるリーダーをシェフとよぶの。お店で出す料理のレシピを考えて、食材を仕入れ、調理をするよ。できあがった料理を美しくもりつけたり、よいタイミングで料理を出せるように調理したり、こまやかな気くばりが必要なんだ。たくさんのお客さんにきてもらうために新しいメニューを日々研究しているよ。シェフの中には、ホテルのように10人以上のコックが分担して調理する、大きなレストランのリーダーとして働く人もいれば、自分のお店を出してすべての仕事を1人でやる人もいるよ。

お仕事メモ

📖 **勤務形態は？**
正社員、経営者など

🕐 **勤務時間は？**
1日8〜10時間くらい

🏃 **勤務地は？**
レストランやホテルなど

🛏 **休日は？**
お店の定休日、または交代制

🍳 **お給料は？**
月収18万円くらいから

ココが楽しい

やりがいはお客さんに「おいしい！」といってもらえたとき。お店のファンになり、またきてくれると本当にうれしい！

ココが大変

開店前はお店で使う材料の仕入れや仕こみ、閉店後には片づけやつぎの日の準備と、とにかく働く時間が長いんだよ。

シェフへの道

なりたい！

中学、高校を卒業 → 調理師養成学校を卒業 → 国内・海外のレストランで働く → あこがれのシェフに！

シェフになるには調理師免許が必要。免許は厚生労働大臣指定の調理師養成学校でとるか、2年以上現場で働いて試験を受ける方法があるよ。

シェフへの第1歩

家で料理のてつだいをしよう。1人で料理ができるようになったら、家族に食べてもらおう。人に食べてもらうと、料理のうでは上がるよ。

知ってる？ シェフあれこれ

西洋料理を学ぶなら本場で修業を

フレンチやイタリアンの技術をならうために、外国に行って修業する人も。何年もかけていろいろな国や店をまわって勉強する人も多いよ。

いい食材えらびがたいせつ

料理は食材えらびがとっても重要。だから肉や魚、野菜を見て、いい食材がわかる力を身につけないといけないの。朝早くから市場へ出かけて、たくさんの食材のなかからレストランで使うものを自分でえらぶシェフも多いよ。

一流シェフは新しい発想の達人

シェフは自分が考えたレシピの料理をつくり、食べる人がよろこぶことが大すき。頭の中はいつも、「もっとおいしくてよろこばれる料理をつくりたい！」ということばかりかんがえているよ。だから、ほかのレストランの料理を研究したり、新しいレシピをつくるためにいろんな食材の組み合わせをためしているよ。

お仕事ぴったり度チェック！ check!

- [ ] 料理をするのが楽しい
- [ ] 学校ではリーダー的存在
- [ ] 食べることが大すき！
- [ ] 体力には自信がある
- [ ] 手先が器用だ
- [ ] 人をよろこばせることがすき

料理研究家

さまざまな料理を考えて発表したり、
料理を教えて、食の楽しさをつたえるよ。

おいしいレシピを考えるよ！

おしゃれなエプロンはかかせないアイテムだよ

新しい料理を考えて、そのレシピをテレビや雑誌で紹介するよ。CMや広告、映画などに使われる料理をつくって、おいしく見えるようにもりつけたり、料理教室やイベント会場でつくり方、食の楽しみを教えることも料理研究家の仕事。食材や調理器具にもとてもくわしいから、料理教室の指導や企業からたのまれて食品やキッチンアイテムの開発にアドバイスすることも。家庭料理や和食、フレンチやイタリアン、中華など、1つのものを専門的にやる人と、料理全般のレシピを考える人がいるよ。また、食器やテーブルクロスえらび、料理をどう見せるかを考えるスタイリングまでやる人も。いろんな働き方があるんだよ。

お仕事メモ

勤務形態は？
ほとんどがフリー

勤務時間は？
2、3時間から、1日中かかることも

勤務地は？
撮影スタジオや自宅キッチンなど

休日は？
不規則。土日に仕事することも多い

お給料は？
仕事量による。自分の本なら1冊30万円くらいから

ココが楽しい

自分で考えた料理をたくさんの人が参考にしてくれるのはとってもうれしいこと。自分の名前で本を出すこともできるの。

ココが大変

雑誌や本の料理撮影は時間との勝負。す早く調理やもりつけをおわらせて、撮影のタイミングに合わせるよ。

マンガでわかる 料理研究家ストーリー

編集者と打ち合わせ

新しいレシピを考える

食材は身近なもので…
子どもがすきな野菜も使いたいな

5分か10分くらいでつくれるといいよね

だれでもかんたんにつくれる料理を…

はい

うーん、おいしい!

新しいレシピはつくって研究!

何度も打ち合わせ

サーモンレンジグラタンはどう?

かんたんなお魚料理はどうですか?

野菜を切っておいたり…

撮影の下準備

撮影前日の買い出しも

撮影当日

1品目できましたー!

スタイリスト、カメラマン、編集者など、たくさんの人がかかわるよ

下にしく布も準備OKで〜す

撮影はスピードがだいじ!

なりたい！ 料理研究家への道

料理学校を卒業	ブログなどにレシピをアップ
↓	↓
料理教室を開いたり、有名レストランで働く	編集者からスカウトされる
↓	↓
マスコミに売りこむ	
↓	
あこがれの料理研究家に！	

フードコーディネーターや栄養士、調理師などの資格は仕事にいかせることが多いよ。

料理研究家への第1歩

いまのうちにキッチンに立って、料理の基礎を勉強しておこう。1人で料理ができるようになろうね

知ってる？ 料理研究家あれこれ

新しいメニューもどんどん考えるよ

料理研究家は、食材を見ただけで調理法がポンポンうかぶ料理の達人！ みんながおどろくような新しい方法で調理したりもするのよ。雑誌では編集者 P162 が考えた企画に合わせて、料理を考えることも。

写真撮影用の必殺テクニック！

撮影に立ちあうことが多いから、撮影でおいしそうに見せる工夫もたいせつ。ライトをあててもとけない氷を使ったり、わざとゆげを立たせたり、技を知っているよ。

先ぱいにトツゲキ☆インタビュー

松見 早枝子さん

Q いくつくらいから料理研究家をめざしましたか？

小さいころから母の料理が大すきで、興味をもち、高校生でこの仕事をめざしました。フランスで家庭料理を学び、レシピを書き残すようになりました。

Q オリジナルメニューをつくるためには？

自分が表現したい料理や、自分にしかできないオリジナリティをつねにさぐって、それにむかってひたすら試作します。

Q お仕事の知識はふだんも役立ちますか？

食は生活と切りはなせないので、もちろんとても役立ちます。撮影で学べる、協調性や人への気づかいなども身になります。

お仕事ぴったり度チェック！ check!

- ☐ 食べることがすき
- ☐ 料理をするのが楽しい！
- ☐ 料理番組やレシピ本をよく見る
- ☐ 新しいことを考えるのがすき
- ☐ 食器やテーブルクロスにもこだわる！
- ☐ オリジナル料理をつくったことがある

栄養士

毎日の食事をおいしく、楽しく、健康的に。
バランスのとれた献立を考えるよ。

元気になれるメニューを
アドバイス！

調理場に出入り
するため白衣を
着ているの

　かたよった食事で病気にならないよ
うに、バランスのいい食事メニューを
考えるのが栄養士の仕事だよ。食べも
のをつうじて人々の健康を守っている
よ。みんなが食べる学校の給食も、元
気に勉強したり運動できるように栄養
士が考えたものなの。栄養士は、学校
や病院、福祉施設や会社の食堂などさ
まざまな場所で働いているよ。それぞ
れの生活に合わせてカロリーや塩分、
ビタミン、ミネラルなどを計算してメ
ニューを考え、栄養の指導をするの。
栄養についての知識をたくさん勉強し
て資格をとった人だけがなれるよ。い
まは病気になる前に予防しようという
考えから、国も栄養士を重要な仕事と
して国家資格をもうけているんだよ。

お仕事メモ

勤務形態は？
正社員、公務員、パート

勤務時間は？
1日8時間くらい

勤務地は？
学校、病院、福祉施設など

休日は？
学校は土日祝日。病院は交代制

お給料は？
月収は16～18万円くらいから

ココが楽しい

みんなの健康をかげで支えるや
りがいのあるお仕事。お年より
や子どもたちが笑顔でごはんを
食べてくれるのは最高！

ココが大変

栄養バランスを考えながら、お
いしい食事をつくるのは大変な
作業。とくに子どもむけのメ
ニューは頭をなやませるよ。

栄養士への道

栄養士資格が取れる専門学校、短大・大学を卒業

↓

栄養士として学校や病院に入る

↓

あこがれの栄養士に！

栄養士の資格は専門の短大・大学を卒業するともらえるの。「管理栄養士」の資格をとると、活やくの場がもっと広がるよ。約50％が受かるんだよ。

栄養士への第1歩

毎日のごはんの食材について、産地や栄養素を調べてみよう。料理にもチャレンジしてね。家庭科の調理実習が基本になるよ。

知ってる？

栄養士あれこれ

食の知識で、はば広く活やくできる

「食」の知識をいかして、いろいろな仕事ができるよ。

＊料理研究家 P194

栄養の勉強をしていると、料理のうでも上達してくるよ。栄養学の知識をいかしたレシピをつくって、料理研究家になる人もいるの。

＊シェフ P192

栄養士の勉強と合わせて調理師免許がとれる学校もあるよ。健康によくて、おいしい料理を出すお店として人気が出ることも。

＊そのほか

化粧品や医薬品会社で、健康食品やサプリメントを開発する研究者、料理学校の講師、料理本の編集者 P162 など、そのほかいろいろな分野で活やくしているよ。

フリーで働く人もいるよ

どこにも所属せずに栄養士の活動をつづける人をフリー栄養士（在宅栄養士）とよぶよ。料理本の制作にかかわったり、市町村などの健康診断で栄養指導をしているよ。毎日会社にかよわなくてもいいから、自分のペースで仕事ができるよ。

お仕事 ぴったり度チェック！ check!

- [ ] 食べることがすき
- [ ] 料理をするのがとくい！
- [ ] 算数の勉強がすき
- [ ] 献立を考えるのがすき
- [ ] 集中力がある
- [ ] 子どもやお年よりと話すのがすき

パン職人

毎日早起きしておいしいパンをつくる、力もちなのに手先の器用な職人さん。

髪はまとめてぼうしの中へ

おいしいパンを毎日焼いてるよ♪

粉がたくさんつくから、大きなエプロンを身につけるよ

おいしいパンをつくって、お店で売る仕事。朝早くからお店を開けるから、まだ暗いうちから仕事をはじめるよ。お店にたくさんのパンをならべるために、大量の小麦粉をこねて、形をつくり、オーブンで焼き上げるよ。これをずっと立ちっぱなしでおこなうから、とても体力がいるの。パン屋だけでなく、ホテルやレストランの調理場で働くこともあるよ。自分のお店をもつ人も多いの。最近では、ケーキのように見た目にこだわったパン、体にやさしい材料を使ったパンなど、さまざまな種類がふえてきているよ。新しいパンをつくるために材料の組み合わせや生地のつくり方など、日々研究しているんだよ。

お仕事メモ

勤務形態は？
経営者、正社員、契約社員、アルバイト

勤務時間は？
早朝から 8 〜 10 時間くらい

勤務地は？
町のパン屋、ホテルなど

休日は？
お店の定休日。または交代制

お給料は？
月収 16 万円くらいから

ココが楽しい

毎日食べる人も多いパン。「おいしい！」と言ってくれる人の笑顔を見るのが一番うれしいことなんだよ。

ココが大変

大きなオーブンで大量のパンを焼き上げるから、作業場の中はいつも 30 度以上！ その中で1日に何度もパンを焼くよ。

なりたい！ パン職人への道

高校、専門学校、大学を卒業
⬇
パン屋で働く
⬇
あこがれのパン職人に！

専門学校にかよったり、パン屋さんやレストランで働きながら、つくり方をおぼえていくことが多いよ。そのほかにも、パンの本を読んで自分で勉強したりと、いろいろな方法があるから、自分に合うものをさがしてみよう。

パン職人への第1歩

いろんな種類のパンを食べくらべてみて。パンだけじゃなく、さまざまな料理をつくってみると勉強になるよ。

知ってる？ パン職人あれこれ

天気しだいで パンのできばえが変わる

その日の温度や湿度で、できあがりが全然ちがうのもパンづくりのおもしろいところ。その日の気候、湿度に合わせて、粉や水の量を変えたりしながら、毎日同じ味のおいしいパンをつくっているのよ。

自分のパン屋さんをもつ人が多い

パン屋を経営するオーナーにやとわれている人もいるけれど、自分のお店をもつ人も多いよ。お店の経営もしなければならないから、まずはお店を出すための土地をさがしたり、お金やスタッフ、必要な器具をあつめ、どんなパンを売るかを考るんだ。実際にお店を出してからは、お金やスタッフの管理、材料の仕入れなどもあって毎日いそがしいよ。

パン屋の朝はとても早い

お店の大きさや営業時間にもよるけど、たとえば10時開店のパン屋さんの場合、朝4時から生地づくりを開始。パン屋さんの朝は本当に早いんだよ。

お仕事 ぴったり度チェック！ check!

- [ ] ごはんよりパンがすき
- [ ] 早起きはまかせて！
- [ ] 料理がとくい！
- [ ] 手先が器用っていわれる
- [ ] がまん強いほう
- [ ] 世界の料理に興味がある

レストランオーナー

料理のジャンルやインテリア、お店の場所…、
レストランをすてきにプロデュース！

すてきな店やおいしい料理を書きとめたノートをいつも持ち歩いてる

居心地のよいレストランをつくるよ！

お店の雰囲気をじゃましない服そうをしているよ

レストランオーナーとは、自分のやりたい飲食店をつくって経営している人のこと。まず、どんなお店をつくりたいかというしっかりした計画があることがたいせつ。そこからどのくらい予算が必要かを計算するの。ほかにも、どんな料理を出すか、お店のふんいきはどうするか、場所はどこにするかなど、すべてを決めていくよ。店を出したあとも、お金のやりくりや社員の教育、新しいメニューづくりなど、やることがいっぱい！　長くあいされるお店をつくれるかはオーナーのうでにかかっているよ。自分で料理もつくるオーナーもいるけれど、料理はシェフ P192 にまかせている人のほうが多いんだよ。

お仕事メモ

📋 **勤務形態は？**
経営者

🕐 **勤務時間は？**
オーナーによってさまざま

🚶 **勤務地は？**
レストラン、事務所、自宅など

📅 **休日は？**
お店の定休日。不規則な人も多い

💰 **お給料は？**
お店の売り上げによる

ココが楽しい

自分が「すてき！」と思えるお店をつくれることは夢のよう！たくさんの人があつまるお店になるとうれしいよ。

ココが大変

お店の売り上げが思うように上がらないことも。メニューやお店のふんいきを変えたり、いろいろな工夫をするよ。

なりたい! レストランオーナーへの道

高校、大学を卒業

↓

専門スクールで経営に必要なことを学ぶ

↓

レストランで働く

↓

資金をあつめ、店のジャンルや開店する場所を決める

↓

あこがれのレストランオーナーに!

オーナーになる前にレストランで働くと、経営や料理の知識がつくよ。

レストランオーナーへの第1歩

レストランに行ったときにお店のメニューや価格、インテリアなどをチェックしておくと、将来のお店づくりの参考になるよ。

知ってる? レストランオーナーあれこれ

人気のメニューで流行のしかけ人に!

お店のメニューが雑誌やテレビで取り上げられたり、芸能人がブログで紹介してくれると行列ができる人気店になることも。宣伝の方法も考えるよ。

お店を出すには資格やとどけ出が必要

食べ物をあつかうお店を経営する場合「食品衛生責任者」という資格をとらなければならないの。1日講習会を受ければとれるよ。さらに出店するときには保健所へとどけることも必要よ。

かかわりのある仕事

オーナーを全面サポート! レストランコンサルティング

新しくレストランを開店したいオーナーに、経営のアドバイスをする仕事。お店をオープンするための資金のあつめ方や、出店する場所の情報を教えたりと、経営のあらゆる面でオーナーの手だすけをしていくよ。出店してからも、お店がはんじょうするようにアドバイスしながら、オーナーと力を合わせていっしょにお店づくりをするよ。大きなレストランチェーンの会社を相手に、アドバイスすることもあるの。

お仕事ぴったり度チェック! check!

- ☐ 外食に行くとわくわくしちゃう!
- ☐ インテリアにはこだわるほう
- ☐ 人をよろこばせることがすき
- ☐ 流行にびんかんなほう
- ☐ お金の計算がとくい
- ☐ 友だちのなかでのまとめ役

お仕事ファイル 102

ウエイトレス

レストランやカフェで、お客さんに料理やドリンクを運んでおもてなし！

髪はみだれないようにしっかりまとめている
おしゃれな制服を着ていることも！
お客さんをていねいにおもてなし！

お店にきたお客さんを席へ案内したり、できあがった料理を運ぶ人がウエイトレス。たくさんお客さんがきたりしていそがしいときでも、あわてずにテキパキと対応することがだいじだよ。それから、開店前と閉店後には店内をきちんとおそうじするよ。お客さんをむかえるフロアを、いつもきれいにしておくことはたいせつな仕事だよ。ウエイトレスは、直接お客さんと顔を合わせるから、ハキハキと話せて、いつも笑顔、きちんとしたことばづかいや、こまやかな気くばりができる人がむいているの。メニューの材料や調理方法について、質問されることも多いから、料理の知識もつけておかないといけないよ。

お仕事メモ

勤務形態は？
正社員、契約社員、パート、アルバイト

勤務時間は？
お店の営業時間の間で交代制が多い

勤務地は？
飲食店、レストラン、ホテルなど

休日は？
お店の定休日、または交代制

お給料は？ 月収16万円くらいから。
アルバイトは時給800円前後

ココが楽しい

「おいしかったよ」「ごちそうさま」とお客さんの声が聞けるとやる気もアップ！ もっとがんばろうって思えるよ。

ココが大変

ずっと立ちっぱなしで毎日足が棒のように。どんなにつかれても、お客さんの前ではいつも笑顔でないといけないの。

なりたい♪ ウエイトレスへの道

中学、高校、大学を卒業
↓
レストラン、ホテル、カフェなどで働く
↓
あこがれのウエイトレスに！

高校生のうちからでも、飲食店のアルバイトでウエイトレスの仕事ができるよ。

ウエイトレスへの第1歩

レストランに行ったときに、ウエイトレスさんを観察してみよう。テキパキした動きやお客さんへの心くばりなど、見ているだけで学べることがたくさんあるよ。

知ってる？ ウエイトレスあれこれ

おもてなしの訓練を受けたプロがいる

ホテルや高級レストランには、あいさつのしかたやお皿の出し方、ことばづかいなどのきびしい訓練を受けた、サービスのプロがいるの。海外ではそれらが料理と同じくらい重要視されているんだよ。サービスのいいレストランほど人気が高く、サービスのコンクールも開かれているよ。

かかわりのある仕事

カクテルづくりがうでの見せどころ
バーテンダー

大人がお酒をたのしむ、カウンターのある小さなお店をバーというの。カウンター越しで注文に合わせてお酒をつくるのがバーテンダー。うでの見せどころは何といってもカクテル。お酒をシェーカーという容器に入れ、かっこよくふってカクテルが完成！カクテルをつくる技術を競うコンクールもあるよ。

お仕事ぴったり度チェック！ check♪

- ☐ 人と話をするのがすき
- ☐ 体力には自信がある
- ☐ いつも笑顔だねっていわれる
- ☐ 人一倍おしゃべり、声が大きい
- ☐ 明るい性格とよくいわれる
- ☐ 人見知りしないほう

お仕事ファイル
103

ソムリエ

ワインのことなら何でもおまかせ！
世界中のワインを知りつくす専門家。

むねに光る
ぶどうのバッジがソムリエの証

料理に合った
ワインを教えるね

フランス料理やイタリア料理にかかせない飲みものがワイン。ソムリエは何万種類もあるワインの産地や味、料理との相性などの知識をもっているワインの専門家だよ。大きなホテルや高級レストランで、ワインの仕入れや保管についてアドバイスしたり、お客さんの希望や料理にぴったりのワインをえらぶの。新しいワインの開発にかかわることもあるよ。産地やつくり方、ぶどうの種類で変わる、びみょうな味のちがいがわかるようになるには、世界中のワインを飲みくらべたり、ワインの産地に行ったりと、勉強が必要。有名なワインは1本数百万もすることもあって、1人前になるにはたくさん費用がかかることもあるの。

お仕事メモ

勤務形態は？
正社員

勤務時間は？
お店の開店時間の間で交代制が多い

勤務地は？
レストラン、ホテルなど

休日は？
お店の定休日。または交代制

お給料は？
月収20万円くらいから

ココが楽しい

お客さんのこのみや料理に合うワインをえらぶのはわくわくするよ。おいしそうに飲んでもらえるとうれしい！

ココが大変

たくさんあるワインの知識を学ぶのは本当に大変！日本よりも外国のものが多いから、外国語の勉強も必要になるの。

206

ソムリエへの道

なりたい！

高校、大学を卒業

↓

レストラン・ホテルなどで働く

↓

ワインの知識を学ぶ

↓

あこがれのソムリエに！

資格は必要というわけではないけど、ソムリエとして仕事をするならとっておくと信用度が高いよ。

ソムリエへの第1歩

食事のマナーを身につけたり、本などでワインについて勉強しよう。

料理・食のお仕事

ソムリエ

知ってる？

ソムリエあれこれ

ワインの味は飲まなくてもわかる

ワインを飲みくらべて、味やかおりをたしかめる「試飲会」では、100種類ものワインが出されることも。ソムリエでも100ぱいは飲めないから、ワインを飲まずに口にふくんむだけで味をたしかめることもあるよ。

ワインにかかわる3つの資格

＊ソムリエ
お酒をあつかうレストランで5年以上働いた経験がある人むけ。「日本ソムリエ協会」の会員なら3年以上の経験があれば受験できるよ。

＊ワインアドバイザー
お酒をあつかうレストランで3年以上、働いた経験があれば受けられるよ。

＊ワインエキスパート
お酒にかかわる仕事の経験がなくても受けられるのがこの資格。

ワインのプロはチーズ博士でもある

ヨーロッパでは、ワインを飲むときにチーズをいっしょに食べるのが一般的。だからワインを勉強していくと、自然にチーズにもくわしくなるんだよ。ワインのようにチーズもいろんな種類あり、勉強するとなかなか奥深いの。

お仕事 ぴったり度チェック！ check!

- [ ] ワインにあこがれがある
- [ ] 記憶力がいい
- [ ] 食べることがすき
- [ ] 人と話すことがすき
- [ ] 英語を勉強したい
- [ ] ものをていねいにあつかうほう

207

バリスタ

おうちでは飲めないような
究極のコーヒーを入れるよ。

コーヒーのことなら
なんでも聞いて！

白いシャツに
黒いエプロン
をつけている
人が多いの

バリスタとは、カフェやバーでエスプレッソマシンを使っておいしいコーヒーを入れる、コーヒーの達人。機械を使うからだれでも同じように入れられると思ったら大まちがい！ コーヒー豆の種類や分量、ミルクとの合わせ方など、小さなことでも味が大きく変わるから、バリスタはこまかいところまで気をくばらなければならないの。エスプレッソマシンでできる飲みものは、カフェラテやカプチーノなどいろいろ。コーヒーにのったミルクのあわに、ハートや動物などの絵をかいて、お客さんを楽しませる人もいるよ。バリスタには世界大会もあって、日本人もたくさん参加して賞をとっているの。

お仕事メモ

勤務形態は？
正社員、アルバイトなど

勤務時間は？
お店の開店時間の間で交代制が多い

勤務地は？
カフェ、バーなど

休日は？
お店の定休日。または交代制

お給料は？
月収18万円くらいから

なりたい！

バリスタへの道

高校、専門学校、大学を卒業
↓
カフェ、バーなどで働く
↓
あこがれのバリスタに！

バリスタの資格は国内にはなく、海外でとる人も多いよ。資格がなくてもなれるけど、資格があれば就職したり、お店を出しやすくなるよ。

酪農家、畜産家

牛やぶたなどを育てて、お肉を出荷したり、
牛乳やチーズ、バターに加工するよ。

料理・食のお仕事

バリスタ／酪農家、畜産家

元気いっぱいの動物を育てるよ

ジャージなど動きやすい服装

酪農家とは、育てた牛の乳から牛乳やバター、チーズなどの乳製品をつくる人。畜産家とは、牛やぶた、にわとりなどを育てて、そのお肉を出荷する人のこと。おいしい乳製品やお肉をみんなの食卓にとどけるために、小屋のそうじ、えさやり、牛を牧場に放す「放牧」、健康管理など、毎日しっかり世話をするの。朝から晩まで動物たちの健康に気をくばっているよ。生きもの相手の仕事だから休みはとりづらいけれど、なれてくれば作業の順番を工夫するなどして、自分のペースで仕事をすることができるよ。牛の出産に立ちあったり、病気の看病をしたりと、毎日愛情をそそいで、りっぱに育つように見守るよ。

お仕事メモ

🏷️ **勤務形態は？**
正社員、アルバイトなど

🕐 **勤務時間は？** 不規則。朝から
晩まで動物に合わせて働く

🏃 **勤務地は？**
牧場など

🛏️ **休日は？**
週1回くらい

💰 **お給料は？**
月収15万円くらいから

なりたい！

酪農家、畜産家への道

高校や大学の畜産科などを卒業

↓

牧場などで働く

↓

あこがれの酪農家、畜産家に！

自分で経営するなら、広い土地や小屋、チーズやバターをつくる機械などが必要。牧場で働いて、動物の育て方なども身につけるといいよ。

農業家、農業技術者

田畑をたがやし、お米や野菜などをつくるお仕事。
みんなの毎日の食事を支えているよ。

おいしい作物を育てるの！

白焼け止めや虫にさされないように全身をガードする服

田んぼではゴムながぐつがかかせない！

わたしたちが生きていくために、安心して食べられるお米、野菜、くだものはかかせないもの。農業家とは、農作物を育てて収かくし、全国の市場などに出荷する仕事だよ。土づくりから、種まき、水やり、肥料まき、虫の退治など、1つひとつの作業をていねいにおこなうの。農業は天気に左右されるもの。天気の移り変わりを読んで、水やりの量やビニールハウスの温度調節をするのは、ベテランでもむずかしいよ。いまは機械を使っての作業も多いけれど、それでも苗を運んだり、手作業で収かくしたりと力仕事が多いの。最近は化学肥料を使わない「有機栽培」や、新しい品種をつくるのに挑戦する農業家も多いよ。

お仕事メモ

勤務形態は？
農業法人の正社員、または個人経営

勤務時間は？
不規則。季節や天候による

勤務地は？
畑、田んぼなど

休日は？
季節や天候による

お給料は？　月収14万円くらいからその年の収かく量によって、収入は変わる

ココが楽しい

手間と時間をかけて育てた作物は自分の子どものようなもの。おいしい作物ができたときは本当にうれしいよ！

ココが大変

自然が相手だから、予想どおりにいかないことも。台風や冷夏など天候によっていい作物ができない場合もあるの。

農業家、農業技術者への道

農業高校、大学を卒業
↓
農家、農業法人で働く
↓
農地、機材を買う資金をためる
↓
役所、税務署などに開業とどけを出す
↓
あこがれの農業家、農業技術者に！

農業法人とは会社のような組織の農家のこと。まずはここに就職して経験をつもう。

農業家、農業技術者への第1歩

トマトやキュウリなど家でも育てられる野菜はたくさんあるよ。種を買って育ててみると、農業の楽しさや苦労が少しわかるはず。

料理・食のお仕事

農業家、農業技術者

知ってる？
農業家、農業技術者あれこれ

より専門的知識をもつ「農業技術者」

農業家のうち、とくに技術にくわしい人を「農業技術者」とよぶよ。農作物を育てるだけじゃなく、農業の研究をおこなう人のこと。新しい品種や農業の技術を開発したり、害虫や雑草対策を考えるよ。農業大学や高校でとる「日本農業技術検定」は、あると就職に有利になるよ。

先ぱいにトツゲキ☆インタビュー

かみなか農楽舎／簡村 知也さん

Q. 農業に興味を持ったのはいつですか？

高校生のころ、授業で食料自給率について習ったときです。当時39％と低いことにおどろき、「食べ物をつくりたい」と考えるようになりました。

Q. 農業家にたいせつなことは？

1つのことに取り組みつづける根気と観察力。ご近所の田んぼや畑の人とのコミュニケーション。地域で農業をするには人づきあいがとくにだいじです。

Q. たいへんなことはありますか？

つくっていたものが日照りや大雨によってすべてダメになることがあります。本当にがっかりしますが、恵みをもたらしてくれるのも天気です。

お仕事ぴったり度チェック！ check!

- ☐ 植物を育てるのがすき
- ☐ 自然がすき
- ☐ 前むきにものごとを考えるほう
- ☐ マイペースっていわれる
- ☐ 失敗してもなかなかあきらめない
- ☐ 将来は静かなところでくらしたい

水産技術者

魚や貝などの海の生きものの研究をし
育ちやすい環境や養殖の方法を見つけるの。

海と魚専門の
研究者だよ

海に入るとき
は、全身つな
ぎを着用

漁師さんがたくさん魚をとっても、海から魚がいなくなったりしないように、漁にはルールがあるんだよ。そのルールを決めるための研究や、魚の加工や保存の技術の研究をしているのが、水産技術者。魚をとりすぎないように、人間の手で魚を育ててふやす技術"養殖"の、じょうずな方法を考えることもあるよ。研究したことは漁師さんにつたえて、技術を漁の現場で役立ててもらうよ。海の水質が変わったりして、急に魚がとれなくなった、という場合も、水産技術者の研究で改善されることがあるの。国の水産物研究所や、魚のえさをつくっている会社、缶づめ会社など、働き先によっていろいろな研究をしているんだよ。

お仕事メモ

📋 **勤務形態は?**
正社員、公務員など

🕐 **勤務時間は?**
1日8時間くらい

🚶 **勤務地は?** 漁業関連の会社、
国や県の水産物研究所など

📗 **休日は?**
土日祝日。休日出勤も多い

💰 **お給料は?**
月収16万円くらいから

\なりたい!/

水産技術者への道

水産系の高校、大学を卒業

→

漁業関連の
会社で働く

→

あこがれの水産技術者に!

公務員試験
に合格

→

水産物研究
所で働く

資格はとくに必要ないけど、技術士（水産部門）という資格をとっていると、就職先によっては有利になることもあるよ。

旅行・レジャー のお仕事

お出かけ大すき！

家族や友だちとの楽しいお出かけは
いつまでも心に残る思い出。
そこにかかわる人たちの笑顔と
ていねいなサービスがかかせないよ！

楽しいお出かけや旅行にかかせない人たち

キャビンアテンダント
P218

航海士
P226

パイロット
P216

グランドホステス
P222

航空整備士
P224

ツアーコンダクター
P236

電車の運転士 P232

鉄道員、車掌 P234

テーマパークスタッフ P238

イベントコンパニオン P246

グリーンアテンダント P235

バスガイド P228

バスの運転手 P233

芸者 P247

ウエディングプランナー P242

ホテルウーマン P240

NICE FANTASY

215

パイロット

お客さんを目的地まで運ぶ飛行機の操縦士。
お客さんへのサービスにも気をくばるよ。

制服のそでのラインは機長が4本、副操縦士が3本と決まっているの

みんなを快適な空の旅へ！

飛行機を動かすのは機長と副操縦士の２人のパイロット。機長は飛行機のルートを決め、副操縦士は燃料の確認をしたり空港と無線で連絡をとって、安全にお客さんを目的地までとどけるんだよ。フライト前にはルートの天気をかかさずチェック。ほかにも燃料の量、飛行する高さなどの打ち合わせや、航空整備士 P224 といっしょに機体の点検をしてから、コックピットという操縦室に入るの。飛行機はとちゅうから機械の自動運転に切りかわるけど、それでもやることはたくさん。大きな雲が発生すれば進路を変えたり、燃料のへりぐあいを確認したり、休むひまはないよ。最近では女性パイロットも活やくしているよ！

お仕事メモ

勤務形態は？
航空会社の正社員

勤務時間は？
不規則。飛行時間に合わせて交代制

勤務地は？
飛行機、空港

休日は？
平均３日に１回は休日

お給料は？ 月収は 19 万円から 90 万円くらいまであがるよ

ココが楽しい

ぶじに着陸して、お客さんを目的地までとどけた瞬間は何よりうれしいの。お客さんの笑顔がはげみになるよ。

ココが大変

パイロットはお客さんの命をあずかる責任の大きな仕事。安全なフライトをするために体調管理に気をつかうよ。

なりたい！ パイロットへの道

高校、大学を卒業

↓

航空大学校を卒業

↓

航空会社に入る

↓

操縦士の資格を取得

↓

あこがれのパイロットに！

パイロットには操縦士の資格が必要。会社に入ってから訓練を受けて資格を取得するの。機長になるには入社から約15年かかると言われているよ。

パイロットへの第1歩

飛行中の交信は英語でおこなわれることがほとんど。語学の勉強をしておくと仕事のときに役に立つよ。

知ってる？ パイロットあれこれ

女性パイロットも夢じゃない！

1997年に航空会社がパイロットになりたい女性を受け入れるようになってから、女性パイロットが少しずつふえてきているの。でも女性パイロットは、いまでも難関。たとえば、パイロットになるための航空大学校では、入学条件に男性なみのあく力が必要だよ。このような条件をクリアするのに女性たちはたくさん努力をしているんだよ。

安全なフライトのために決められていること

航空機のパイロットは、操縦する時間が月100時間、年間1000時間と決められているよ。これは安全なフライトを約束するため、航空法という法律で制限されているから。飛行機を操縦するには、それだけ集中力が必要ということね。

ヘリコプターや小型機もパイロット！

震災や事故が起きたとき、救助やパトロールのために出動する自衛隊などのヘリコプターや、はなれた島に必要なものを運ぶときに飛ぶ小型機もパイロットの資格を持っている人が動かしているの。パイロットと同じ航空従事者国家試験に合格した人たちだよ。それぞれ仕事によって、ほかに取得する資格は変わってくるよ。

お仕事 ぴったり度チェック！ check!

- [ ] 飛行機に乗るのがすき
- [ ] 健康には自信がある！
- [ ] ものごとをコツコツやるタイプ
- [ ] 冷静な判断ができる
- [ ] あく力に自信がある！
- [ ] 英語を使う仕事がしたい

キャビンアテンダント

飛行機内でお客さんが快適にすごせるよう
こまやかなサービスをするよ。

髪はスッキリまとめて清けつに！

快適な機内をお約束！

制服もオシャレ。スカーフのまき方は会社によってちがうよ！

キャビンアテンダント（客室乗務員）とは、飛行機に乗るお客さんが快適で安全な空の旅を楽しめるように、気をくばってお世話をする人のこと。飛行機が飛ぶ前はお客さんを座席へ案内し、シートベルトや手荷物の安全をチェック。飛んでいるときは客席へ飲み物や食事を運んだり、新聞や雑誌をくばったりするよ。はなやかなイメージがあるけれど、仕事はとても大変。勤務時間は不規則で早朝や深夜に働くし、働いているあいだはずっと立ちっぱなしだよ。それに1日何便も飛行機に乗ることもあるんだよ。それでもお客さんに満足してもらうため、いつも明るい笑顔でいることがたいせつだよ。女性が多いけど、男性もいるよ。

お仕事メモ

勤務形態は？
航空会社の正社員、契約、派遣社員

勤務時間は？
不規則。早朝や深夜の交代制

勤務地は？
飛行機内、空港

休日は？
交代制で、3〜4日働き、1、2日休む

お給料は？
国内航空会社は月収19万円くらいから

ココが楽しい

飛行機をおりるときにお客さんに「ありがとう」といわれるとうれしい。いろいろな国へ行くのも楽しみのひとつだよ。

ココが大変

飛行機は24時間動いているから働く時間は日によってまちまち。日ごろから体調をととのえておくことがだいじなの。

なりたい！ キャビンアテンダントへの道

専門学校、短大、大学を卒業
↓
航空会社に入る
↓
あこがれのキャビンアテンダントに！

資格はとくに必要ないけれど、人気の職業だから採用試験に受かるのがむずかしいの。ほかに、視力のいい人や、160cm以上の身長をもとめられることも多いよ。

キャビンアテンダントへの第1歩
英語は勉強しておこう。外国人の子と友だちになって、英語でやりとりするのもいい勉強よ。

知ってる？ キャビンアテンダントあれこれ

英語などの外国語はおまかせ！
海外との往復をする国際線では、日本語が話せない外国人のお客さんもたくさん。英語はもちろん、飛行機が乗り入れる国のことばも話せる人が多いよ。

お客さんの安全を守る訓練をしているよ！
飛行機内はつねに危険ととなり合わせ。火事や飛行機の故障、テロやハイジャックなど、さまざまことを想定した訓練がおこなわれているよ。いつ何があっても、正しい行動をとれるようにしているんだ。

先ぱいにトツゲキ☆インタビュー

ニュージーランド航空／小松 早笛さん

Q いまの仕事についたきっかけは？

中学生のころから英語がすきで、外国に興味がありました。当社の飛行機に乗ったとき、友人をまねいたようなあたたかいおもてなしに感動しました。

Q いまからできることはなんでしょうか

いろいろな国や年代の人とふれ合ってください。また早朝や夜中のフライトで不規則な生活でも元気でいる体力もたいせつです。

Q 快適な接客をするには？

お客さまのようすからもとめることをすばやく理解し、声をかけています。国の文化のちがいを理解し、尊重することもだいじです。

お仕事ぴったり度チェック！ check!

- ☐ 人をよろこばせることがすき
- ☐ 飛行機に乗るのがすき
- ☐ いろいろな国へ行ってみたい！
- ☐ こまっている人を放っておけない
- ☐ 集団でやる運動がとくい！
- ☐ 健康には自信あり！

グランド ホステス

チケットの確認や飛行機が飛ぶ時間の案内など
空港の手つづきをサポートするよ。

発信機で空港内のスタッフと連絡をとるよ

飛行機に乗る人を空港でご案内！

空港の中で飛行機に乗る前の手つづきや案内、荷物をあずける手配をする人を、グランドホステスとよぶよ。飛行機に乗るためのチケットの発券や、お客さんがスムーズに飛行機までたどり着けるように、空港内の場所や、飛行機が飛ぶ時間をわかりやすくテキパキと説明するの。飛行機にむかうゲートという場所でのゆう導もおこなうよ。飛行機は天候によって飛ぶことができなかったり、出発時間が変わることも。そんなときも、どう対応したらいいのかを的確に考えて、状況をきちんと判断する冷静さがだいじだよ。さまざまな国の便が乗り入れする国際空港は、外国のお客さんも多いから、英語が話せないといけないよ。

お仕事メモ

勤務形態は？
航空会社の正社員、契約・派遣社員など

勤務時間は？
1日8時間くらい。早朝や深夜の交代制

勤務地は？
空港

休日は？
交代制で、4日働いて、2日ほど休む

お給料は？
月収17万円くらいから

ココが楽しい

いそいでいたり、空港でまよっているお客さんが、ぶじに飛行機に乗れたとき。すごく感謝されて、とてもうれしくなるよ。

ココが大変

空港内はトラブルつづき。乗る時間に来ないお客さんをさがしたり、おくれるときの対応など、やることがいっぱい！

なりたい！ グランドホステスへの道

専門学校、短大、大学を卒業

⬇

航空会社などに入る

⬇

あこがれのグランドホステスに！

グランドホステスは、航空会社のほか、航空会社の子会社である交通会社、グランドホステス専門の会社などでも募集されているよ。特定地上職、アシスタントパートナーなど、会社によってちがう名前で募集されているから、チェックしてみよう。

グランドホステスへの第1歩

英語をいまから勉強してみよう。洋楽をきいて、英語になれておくのもいいよ。

知ってる？ グランドホステスあれこれ

みんな英語がとくい！

グランドホステスの仕事はとにかく英語力が必要。みんながいそいでいる空港で、質問に正しくこたえなければならないから、外国人とスムーズに会話できるくらいじゃないといけないよ。

複雑なチケットシステムもマスター

最近は、早めにチケットを予約することで割引になる「早割」や飛行機を利用するたびにポイントがつく「マイレージ」などさまざまな種類のチケットやサービスがあるの。チケットの種類がふえると、その分お客さんへ、いろいろな対応をしていかないといけないから大変。チケットのことを完ぺきにおぼえておかないと仕事がスムーズにできないよ。

飛行機の中のスタッフにうまくバトンタッチ！

座席の調整や機内食の手配などを管理し、ほかのスタッフへ正しくつたえるのも、グランドホステスのだいじな仕事。お客さん1人ひとりの情報をキャビンアテンダントにつたえる役わりもあるよ。

お仕事 ぴったり度チェック！ check

- ☐ 人と話すことがすき
- ☐ 英語をスラスラ話してみたい！
- ☐ 世界中の人とふれあってみたい！
- ☐ 決断力はあるほう
- ☐ 明るい性格だといわれる
- ☐ 人見知りしないほう

航空整備士

安全で快適な空の旅を守るため、
エンジンや翼など飛行機をすみずみまで点検。

飛行機の大きな
エンジン音から
耳を守るヘッド
フォン

飛行機の安全を
かげで支えているの

飛行機をつくる何万もの部品が正しく機能しているかをチェックするお仕事。整備にはいくつか種類があるよ。まずは、1回のフライトごとにおこなう飛行機の点検作業。タイヤのへりぐあいを点検したり、パイロットから聞いた不具合の場所を確認して短い時間で整備をするよ。ほかにも飛行時間300〜500時間ごと、1年ごと、5年ごとにおこなう定期点検があるよ。大きな倉庫に飛行機を入れて、部品やエンジンオイルの点検、交かんなどをおこなうの。小さな傷が大きな事故をまねくこともあるから、見のがしたら大変！ つねに集中力をもってこまかい部分まで、きびしく点検できる技術が必要だよ。

お仕事メモ

勤務形態は？
航空会社の正社員

勤務時間は？
1日8時間くらい。早朝や深夜の交代制

勤務地は？
空港

休日は？
交代制で、週休2日

お給料は？
月収20万円くらいから

ココが楽しい

自分が整備を担当した飛行機が、お客さんを乗せてぶじに飛んでいく姿を見たとき。がんばってよかったと思えるよ。

ココが大変

早朝のフライトにまにあうように深夜に点検をすることも。どんなときでも集中力をもって作業をしなければいけないよ。

なりたい！航空整備士への道

- 高校、専門学校を卒業
- 航空専門学校、大学理工学部を卒業
- 航空会社、整備専門会社に入る
- あこがれの航空整備士に！

整備士の資格は会社に入って整備の基本をしっかり学び、経験をつんだ人が受験できるの。航空専門学校では、会社に入る前に2等航空整備士の資格がとれるよ。

航空整備士への第1歩

航空機のしくみを知っておこう。プラモデルを組み立ててみるのもおすすめだよ。

知ってる？航空整備士あれこれ

飛行機の整備は五感すべてでチェック！

五感とは、目や耳、においなどで感じる人間の感覚のこと。整備はこの五感をフル活用してやるんだよ。目で見て、音で聞いて、においをかいで、ささいなことでもおかしいな？ という部分を見落とさないようにするの。

約4万点もの部品をしっかり管理

飛行機に使われる部品は大きなものから小さなものまで、約4万点もあるんだ！ 飛行機を動かす「油圧系統」部分には、ねじだけでなんと約100種以上。たくさんの部品は、さびたりしないように温度と湿度が一定に保たれた部屋で保管されているの。しかも許可なしではだれも入れないんだよ。小さなミスもゆるされないからこそ、しっかりと管理をしているの。

めざすは1等航空整備士！

航空整備士の資格にはランクがあって、資格ごとにできる整備がきめられているよ。たとえば「2等航空整備士」は小型機の点検しかできないの。整備士はみんなジャンボジェット機の全体をチェックできるようになるために「1等航空整備士」をめざしてがんばっているんだよ。

お仕事ぴったり度チェック！ check!

- ☐ 飛行機を見るのがすき
- ☐ こまかい作業がとくい
- ☐ 集中力は負けない！
- ☐ 自分のまちがいは正直に言うほう
- ☐ 工作には自信がある
- ☐ なんでもまじめに取り組むほう

航海士

人やものを運ぶために、
船を安全に運航するよ。

障害物を目で確認するには、双眼鏡がかかせないよ

船を安全に動かすためにいつも注意しているよ！

航海士は、主に船を操じゅうする人のこと。貨物を運ぶ船もあれば、フェリーなどのようにお客さんを乗せる船もあり、大きさもさまざま。船を操じゅうすることはもちろん、貨物（運んでいる荷物）の管理や積みおろし、お客さんの確認、ほかの船との通信、航海計画を立てるなど、船にまつわるいろいろなことが仕事なの。大切な人やものをあずかるから、責任が重いんだよ。船の行き先は、国内のこともあれば、海外のことも。国内の港から港を行き来することを内航、日本と外国、外国と外国とを行き来することを外航と言うよ。数か月間も海の上にいることもあるから、体力も精神力も必要。ほかの乗組員とのコミュニケーションをとることも大事なんだよ。

お仕事メモ

勤務形態は？
正社員

勤務時間は？ 外航船の場合は、
1日4時間の当直を2回、3交代制など

勤務地は？
船

休日は？
週休1～2日

お給料は？
月収23万円～。免許の取得状況や経験による

ココが楽しい
目的の港に予定どおりぶじに着いて、人やものをとどけられるのが何よりほっとする瞬間だよ。

ココが大変
長いときは4～6か月も船の上にいることも。安全に航海できるように、常に体調にも気をくばっているよ。

なりたい♪ 航海士への道

中学を卒業し、商船高等専門学校に入学

高校を卒業し、商船系大学などに入学

⬇ ⬇

1年の乗船実習を経験し、3級海技士の資格を取得

⬇

海運会社に入る

⬇

あこがれの航海士に!

航海士には海技資格が必要。1級～6級があり、外航船員には3級、内航船員には4級が義務づけられているよ。最近では、一般の大学を卒業後に海運会社に入り、それから2年間かけて3級海技士の資格をとる道もあるよ。

航海士への第1歩
いろいろな知識が必要だから、学校の勉強はオールマイティにがんばろう!

知ってる? 航海士あれこれ

女性にも活やくの場が広がる!

船での長期間の海上生活やちから仕事など女性には大変な場面、仕事も多いの。でも、航海士だけでなく、船長として活やくしている女性もいるよ。

かかわりのある仕事

運航に欠かせない船のエンジニア!
✳ ✳ 機関士 ✳ ✳

船のエンジンなどの運転や整備、燃料の補給などを行う機関士。船が動いているときも、港にとまっているときも、エンジンなどの監視をしているよ。

先ぱいにトツゲキ☆インタビュー

川崎汽船／松野 未沙さん

Q この仕事につこうと思ったきっかけは?
マンガの『ONE PIECE』を読み、パイロットと航海士にあこがれ、高校生のときに「船に乗りたい」と思い、東京海洋大学へ進学を決めました。

Q やりがいを感じるのはどんなときですか?
仕事は船に貨物をつんで安全に目的地まで運ぶことのくりかえし。でも、まったく同じ航海はないので、ひとつの航海がぶじに終わるたびにほっとします。

Q 今からやっておくことは?
航海士は船の操じゅうをするだけではありません。何ごとにも興味をもって取りくむ姿勢がたいせつ。英語は、身につけておくといいですね。

お仕事ぴったり度チェック! check!

☐ 船がすき! 乗ってみたい

☐ いろいろなところに行ってみたい!

☐ 体力、健康に自信あり!

☐ 冷静な判断ができる

☐ 集中力があると言われる

☐ コツコツとまじめに取り組む

バスガイド

観光バスの中で観光地をご案内。
楽しい話や歌でみんなをもりあげるよ！

観光名所を楽しくガイド！

ツアーのお客さんがすぐに見つけられる制服

修学旅行や観光旅行などのバスツアーにはかかせない旅のガイドさん。バスの中では楽しく観光名所を紹介したり、お客さんとお話をしながら、旅をもりあげていくよ。走行中にお客さんがたいくつしないように、ゲームやクイズをしたり、歌を歌うこともあるの。バスに乗ったお客さんの顔はおぼえておいて、まいごになったりしないように気をくばることもたいせつ。仕事前には旅先の情報をしっかり予習。そのため、観光名所の歴史や名物などをまとめたノートをつくって、持ち歩いているよ。バスが停車するときには降りてバスをゆう導したり、車内のそうじをするのもだいじな仕事なんだよ。

お仕事メモ

勤務形態は？
バス会社の正社員、派遣社員

勤務時間は？
ツアーの日程による

勤務地は？
ツアーによりさまざま

休日は？
平日に週休1〜2日

お給料は？
月収16万円くらいから

ココが楽しい

自分が話したことで、みんながもりあがってくれたとき。お客さんが楽しそうにしているのを見るとうれしいよ。

ココが大変

予習した観光の情報は、暗記してから、お客さんにひろうするの。情報が多いから、おぼえておくのは大変！

なりたい！ バスガイドへの道

高校、専門学校、大学を卒業

↓

観光バス会社に入る

↓

あこがれのバスガイドに！

特別な資格は必要ないよ。観光バス会社に就職してから、おぼえることが多いの。入社したころは朝早い仕事が多いから、寮に入って会社の人たちといっしょに生活する会社が多いよ。

バスガイドへの第1歩

まずは自分の住む町の観光名所や歴史を調べて家族や友だちに紹介してみて。みんなにわかりやすく話すのは結構むずかしいんだ。

知ってる？ バスガイドあれこれ

観光地をおぼえるきびし〜い研修

会社に入社して、一人前のバスガイドとしてバスに乗る前に、観光地の情報を暗記したり、マナーを身につける研修があるよ。観光地の名前はたくさんあるから、ぶあつい教科書のような本を見ながら一生懸命おぼえるよ。

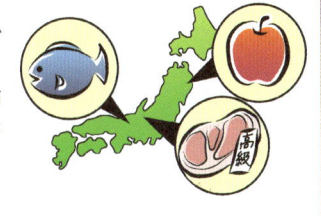

全国各地の都市伝説も知ってるよ

全国の観光情報はとにかくくわしくないとダメ。その土地にまつわる、こわ〜い話や都市伝説、有名人の話、ご当地グルメにもくわしいんだ。

歌がヘタでもバスガイドになれる！

バスガイドといえば、車内で歌をひろうするイメージをもっている人も多いはず。でも歌に自信がなくてもだいじょうぶ。歌じゃなくてももりあげる方法はたくさんあるよ！

お仕事 ぴったり度チェック！ check!

- ☐ 旅行に行くのがすき
- ☐ 人前できんちょうしないほう
- ☐ 暗記がとくい！
- ☐ 人を楽しませるのがすき
- ☐ 日本の地名にくわしい
- ☐ 聞きやすい声っていわれる

231

電車の運転士

時間をきっちり守って電車を運転し
みんなの移動を便利にする！

運転士といえば、かっこいいぼうし

今日もきっちり
安全運転でゴー！

ハンドルをにぎる手には白い手ぶくろ

　運転士は、電車や新幹線を運転し、乗った人や荷物を正確な時間に目的地まで運ぶ仕事。日本の電車の正確さは世界一といわれているよ。運転士がきちんと時間を読み、正確に運転することでそれを可能にしているんだよ。その日の天気や乗る人の数によって、動く速さやブレーキのきき方がちがうから、状況に合わせた運転を心がけているよ。いまは新幹線のようにコンピューターによって自動運転される電車もあるの。最高速度はコンピュータによって制限されているけど、みんなの乗り心地がいいように走るために速度を少しずつコントロールするのが運転士の役目。最近では女性運転士も活やくしているよ。

お仕事メモ

勤務形態は？
鉄道会社の正社員

勤務時間は？
1日8時間くらい。早朝や深夜の交代制

勤務地は？
駅、電車内

休日は？
交代制で、週休2日

お給料は？
月収17万円くらいから

ココが楽しい

時刻表どおりに運転できたとき、達成感でいっぱいになるよ。季節で変わる町の景色をながめるのも楽しいよ。

ココが大変

小さなミスが大きな事故につながることも。運転に集中できるよう日ごろの体調管理には人一倍気をつけているの。

電車の運転士への道

<なりたい!>

高校、専門学校、大学を卒業
↓
鉄道会社に入る
↓
運転士に必要な資格を取得
↓
あこがれの運転士に!

鉄道会社に入社してまずは駅員や車掌を経験するよ。それから運転士になる研修をして「動力車操縦者」という国家資格をとった人が運転士になれるよ。

電車の運転士への第1歩

時刻表やのりもの図鑑などで電車について調べてみよう。運転士の体験ができる機械を置いている施設もあるから出かけてみて!

かかわりのある仕事

\ 目的地まで車でご案内! /

タクシー＆ハイヤーの運転手

町の中でお客さんを車に乗せて、目的の場所まで送りとどけるのがタクシー運転手の役目。ハイヤー運転手はお客さんのいる場所まで車でむかえに行って目的地までとどけるお仕事。会社と契約をして、社長やだいじなお客さまのおむかえに使われることが多いよ。どちらも普通車を3年運転した人がとれる「普通自動車第2種免許」が必要。

\ お客さんと近い距離でふれ合う /

バスの運転手

バスの運転手には、町を走る路線バスと観光バスなどの貸し切りバスを運転する人がいるよ。路線バスは電車と同じく時間の正確さがたいせつ。足の悪いお年よりの乗りおりをてつだったりもするよ。貸し切りバスは長い距離を運転することが多いから集中力がだいじ。それに大型第2種自動車運転免許が必要になるよ。

お仕事 ぴったり度チェック! check!

- [ ] 乗りものに乗るのがすき
- [ ] 約束の時間はきちんと守る
- [ ] 集中力がある
- [ ] 体力には自信がある!
- [ ] 気がきくってよくいわれる
- [ ] 冷静にものごとを判断できるほう

鉄道員、車掌

みんなが安心して電車に乗れるように
駅や電車の中でサポートするお仕事。

いつも見守ってるよ！

電車の安全を

ドアにはさまれてもすぐにぬけるように、いつも白い手ぶくろをしているの

鉄道ファンあこがれの制服

　鉄道員とは鉄道会社に入って、運転以外のあらゆる電車の仕事をする人のこと。乗車券の販売やホームの安全確認、改札口の出入りチェックなど、駅で働くのが駅員さん。お客さんがスムーズに電車を利用できるように手だすけする仕事だよ。そのほかに電車が走るレールを点検したり、線路の修理をおこなう技術者も鉄道員の一員だよ。車掌は電車のうしろに乗って、つぎの停車駅の案内やドアの開け閉め、ホームの安全確認など、運転士 P232 に見えない部分をサポートするの。問題が発生すればきん急ブレーキをかけたり、車内トラブル時にかけつけたり、いつも電車が安全に走行できるように気をくばっているんだよ。

お仕事メモ

勤務形態は？
鉄道会社の正社員

勤務時間は？ 1日8時間くらい。早朝や深夜の交代制

勤務地は？
駅、電車

休日は？
交代制で、週休2日

お給料は？
月収16万円くらいから

\なりたい！/

鉄道員、車掌への道

高校、専門学校、大学を卒業

↓

鉄道会社に入る

↓

あこがれの車掌に！

駅員になるには鉄道会社に就職。車掌は駅員を数年経験したあとに、試験を受けられるの。電車で駅員さんたちのようすをよく見てみてね。

グリーンアテンダント

電車や特急列車のグリーン車の中で
車内の案内をしたり軽食を販売するよ。

お弁当やジュースの売り子だよ

車内サービスに必要なものが入った大きなカートやバッグを持参

普通車よりも座席が広く快適にすごせるワンランク上のグリーン車。その中でお客さんへのサービスを担当するのがグリーンアテンダントだよ。始発駅でお客さんといっしょに電車に乗りこんだら、まずはグリーン車のお客さんに乗車券の確認や発売をするの。停車駅やとう着時刻をおぼえておいて、お客さんの質問にこたえられるようにしておくのもだいじ。メインの仕事は車内販売。サンドイッチやおかしや飲み物を持って、1つひとつ客席をまわっていくよ。お客さんがくつろげるように、いつも笑顔で対応することがたいせつ。予定の駅に着いたら交代する人に引きついでその日のお仕事は終りょうだよ。

お仕事メモ

勤務形態は?
鉄道関連会社の正社員、契約社員

勤務時間は?
お店の開店時間の間で交代制が多い

勤務地は?
会社、電車

休日は?
平日に週休1〜2日

お給料は?
月収は16万円くらいから

なりたい♪ グリーンアテンダントへの道

高校、専門学校、大学を卒業
　↓
鉄道関連会社に入る
　↓
あこがれのグリーンアテンダントに!

特別な資格はいらないけど、いつも笑顔で、気くばりのある人がむいているよ。おつりの計算が早い人も、この仕事に合っているよ。

ツアーコンダクター

旅行会社が企画するツアー旅行につきそい、観光名所にみんなを案内するよ！

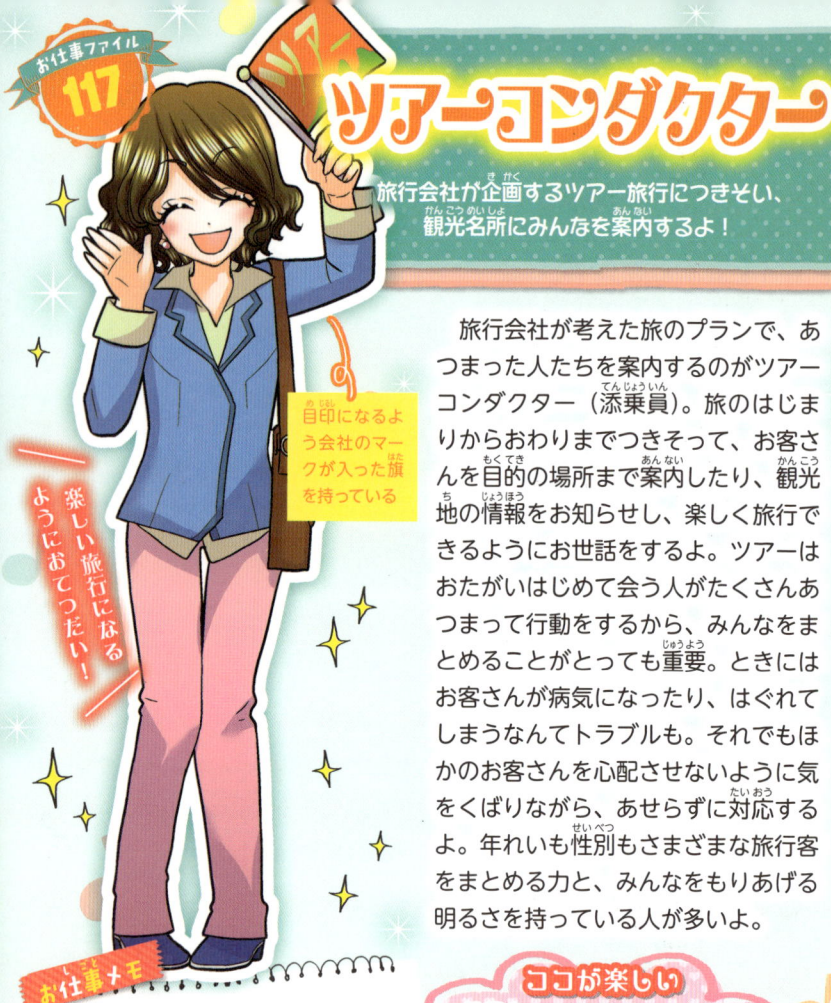

目印になるよう会社のマークが入った旗を持っている

楽しい旅行になるようにおてつだい！

旅行会社が考えた旅のプランで、あつまった人たちを案内するのがツアーコンダクター（添乗員）。旅のはじまりからおわりまでつきそって、お客さんを目的の場所まで案内したり、観光地の情報をお知らせし、楽しく旅行できるようにお世話をするよ。ツアーはおたがいはじめて会う人がたくさんあつまって行動をするから、みんなをまとめることがとっても重要。ときにはお客さんが病気になったり、はぐれてしまうなんてトラブルも。それでもほかのお客さんを心配させないように気をくばりながら、あせらずに対応するよ。年れいも性別もさまざまな旅行客をまとめる力と、みんなをもりあげる明るさを持っている人が多いよ。

お仕事メモ

勤務形態は？
旅行会社の正社員、派遣社員など

勤務時間は？
不規則。ツアーの日程による

勤務地は？
国内外の旅行地

休日は？
ツアーの日程による

お給料は？
月収18万円くらいから

ココが楽しい
観光地で旅行客が感動したり、笑顔でいるのを見るとうれしい。いろいろなところへ行けるのもみりょくだよ。

ココが大変
団体客をまとめるのは大変。興味をもつところも体力も人それぞれだからスケジュールどおりにいかないこともあるの。

なりたい！ ツアーコンダクターへの道

- 高校、短大、大学を卒業
- 旅行会社へ入る
- 資格を取得
- あこがれのツアーコンダクターに！

ツアーコンダクターの資格は国内旅行と海外旅行によってちがうの。それぞれ数日間の研修とテスト、仕事の経験があればだれでもとれるよ。

ツアーコンダクターへの第1歩

図書館などで日本や海外の旅情報を調べて、行きたい場所を考えておくといいよ。海外旅行担当が希望なら、語学力を身につけるのもたいせつね。

知ってる？ ツアーコンダクターあれこれ

地図が読めて、方向感覚バツグン！

お客さんに場所を聞かれたときに、地図で説明することもだいじな仕事よ。はじめての土地でも、いまいる場所や目的地を、きちんとわかっていないとダメ。旅行先で一番気をつけることは、お客さんの健康と安全。病院の場所はかならず確認しているよ。

世界一周も夢じゃない！

旅につきそうのが仕事だから、世界中、日本中を旅できるわ。旅行ずきにはぴったりのお仕事ね！

先ぱいにトツゲキ☆インタビュー

近畿日本ツーリスト／小畑 淳子さん

Q なぜ添乗員になろうと思ったのですか？

中学生のとき、歴史の資料集を見て、世界にはたくさんすてきな場所があると知りました。学びながら現地へ行ける添乗員に興味をもちました。

Q 添乗員になるために、どんなことが大切ですか？

お客さまの旅のお手伝いをするためには、いろんなことに興味を持つ好奇心と、人がすきであることが大切です。

Q 英語ができないとダメですか？

英語ができなくても大丈夫です、日本国内で活躍する添乗員はたくさんいます。ただ、海外で添乗をするのには英語は必要です。

お仕事ぴったり度チェック！ check!

- ☐ 旅行をするのが大すき！
- ☐ 外国のいろいろなところに行きたい
- ☐ クラスではリーダー的存在
- ☐ 地図を見るのがすき
- ☐ 大きな声でハキハキ話せる！
- ☐ 英語の勉強がすき

テーマパークスタッフ

遊園地やレジャー施設などのテーマパークで
お客さんを楽しく案内するよ。

みんなを夢の世界に連れていくよ！

テーマパークのイメージにあった制服

テーマパークとは、映画やキャラクターなどをテーマにした観光施設のこと。テーマパークでは、いろいろなスタッフが働いているよ。ショーやイベントを考える人、乗り物（アトラクション）の案内やそうじをする人、受付でのチケット発券やパーク内のそうじ、食事の販売をする人など。どの持ち場でもたいせつなのは、テーマパークのイメージをこわさないようにお客さんと接するということ。服そうや話し方を工夫して、テーマパークの世界へとみんなをひきこんでいくの。お客さんを楽しませる仕事だから、気くばりもたいせつ。スタッフ全員が楽しく仕事することで、お客さんをよろこばせているよ。

お仕事メモ

勤務形態は？ テーマパークの正社員、契約社員、アルバイトなど

勤務時間は？
1日8時間くらい。アルバイトは交代制

勤務地は？
テーマパーク施設、事務所

休日は？
交代制で週休2日くらい

お給料は？
月収17万円くらいから

ココが楽しい

子どもはもちろん、大人も笑顔になって楽しんでくれるとき。もっと楽しませたい！という気持ちになるよ。

ココが大変

1日中、外で動きまわっていることも多いよ。真夏の暑い日や冬の寒い日でも笑顔でいないといけないんだよ。

なりたい！ テーマパークスタッフへの道

高校、短大、大学などを卒業
↓
テーマパークで働く
↓
あこがれのテーマパークスタッフに！

人気のテーマパークの場合、就職希望者が多くて、入るのがなかなか大変。チケット販売や飲食店のスタッフなどは、学生アルバイトもあるよ。アルバイトから正社員になれるテーマパークもあるよ。

テーマパークスタッフへの第1歩

自分の働きたいテーマパークに何度もつれて行ってもらい、くわしくなってみよう。ショーをやりたい人は、ダンスや歌の練習をはじめよう。

知ってる？ テーマパークスタッフあれこれ

着ぐるみの中はなかなか大変！

スタッフの中では、キャラクターの着ぐるみを着て仕事をする人もいるよ。あくしゅをしたり、写真撮影をしたり、みんなの人気ものだけど、入っている人はとても大変なの。冬でも暑くて、着ぐるみをぬぐと洋服がしぼれるくらいあせをかくんだよ！ 子どもにキックされたりすることもあるけど、みんながよろこぶ顔を見るとやっぱりうれしいよ。

楽しいアイデアを考える達人！

テーマパークはお客さんによろこんでもらう場所だから、スタッフはいつもみんなを楽しませるためのイベントを考えているの。ハロウィンにおかしをくばったり、キャラクターのショーをしたり、季節やその年によっていろいろなイベントを生み出しているよ。

みんなの安全をしっかり守る！

楽しいアトラクションで事故が起こっては大変。アトラクションをそうさするスタッフはお客さんに安全に乗りものに乗ってもらうために、きびしい訓練をうけて機械の点検や調整をしているんだよ。

お仕事 ぴったり度チェック！ check

- [ ] にぎやかな場所がすき！
- [ ] 性格は明るいほう
- [ ] 小さい子どもと遊ぶのがすき
- [ ] テーマパークへ行くのが楽しい
- [ ] 体力には自信がある
- [ ] 人をよろこばせるのがとくい！

ホテルウーマン

とう着から出発までホテルの宿泊客に
極上のサービスでおもてなしをするよ。

最高のサービスが
じまんです！

ビシッと制服
に身をつつん
で、しっかり
した印象！

　ホテルは、宿泊するお客さんにゆっ
たりくつろいでもらう場所。ホテルで
はたくさんのスタッフが働いていて、
お客さんに最高のサービスができるよ
うに、分担して仕事をしているんだよ。
荷物を運んで部屋まで案内するベル
ガールや、宿泊の受けつけをするフロ
ント係、レストランで食事をサービス
する人、えん会やウエディングパー
ティーなどのイベントを担当する人な
どいろいろ。さまざまな経験をしたあ
とに配属されるのが「コンシェル
ジュ」。ホテルの仕事全体に目をむけ、
お客さんのリクエストになんでもこた
えるサービスのスペシャリストよ。海
外のお客さんもいるから、英語力も必
要だよ。

お仕事メモ

勤務形態は？
ホテルの正社員

勤務時間は？
1日8時間くらい。早朝や深夜の交代制

勤務地は？
ホテル

休日は？
週休2日くらい

お給料は？
月収17万円くらいから

ココが楽しい

心をこめたサービスを気に入っ
てもらい、お客さんがまたホテ
ルに来てくれたときは、本当に
うれしいよ。

ココが大変

お客さんからすぐにこたえられ
ない質問やリクエストがくるこ
とも。それでも「できない」と
言わず対応策を考えるよ。

なりたい！ ホテルウーマンへの道

- 高校、専門学校、大学を卒業
- ホテルで働く
- 3カ月〜半年間の研修
- あこがれのホテルウーマンに！

現場で経験しながら、サービスのプロへとステップアップ！

ホテルウーマンへの第1歩

ホテルにとまったりレストランに行くことがあったら、ホテルの雰囲気やスタッフの人たちのサービスをまじかで見てみてね。

ホテルへ就職したら、まずは数か月の研修でサービスの基本をマスター。あとは

知ってる？ ホテルウーマンあれこれ

あらゆるジャンルのプロ集団！

左のページで紹介した人以外に、レストランで働くシェフ P192 やソムリエ P206 、バーでお酒をつくるバーテンダー P205 、ホテルの宣伝活動をするマーケティングや広報担当のスタッフなど、さまざまな人が働いているの。

ホテルといっても種類はいろいろ

パーティーや結婚式ができるホテル、仕事をする人が出張先で使うビジネスホテル、プールなどがあるリゾートホテルなど、日本にはたくさんのホテルがあるよ。

かかわりのある仕事

旅館の客室でていねいにおもてなし 仲居

仲居さんは、旅館にきたお客さんのお世話をする人。お客さんが旅館に着いたら、まずはお部屋の説明や観光名所を案内するの。夜は部屋へ食事を運び、ねる前はふとんをしいて、朝になったら朝食の準備…、とお客さんの行動に合わせて働くよ。旅館にくつろぎにやってきた人のつかれをいやして、ゆったりした時間を楽しんでもらうのが仲居さんの仕事。着物を着て働くから女性らしいふるまいもだいじだよ。

お仕事ぴったり度チェック！ check!

- ☐ 姿勢がいいといわれる
- ☐ 自分は明るい性格だと思う
- ☐ 失敗してもあわてないタイプ
- ☐ 人と話すのがすき
- ☐ ものごとを冷静に判断できる
- ☐ 正しいことばで話せる

ウエディングプランナー

新郎新婦のためにすてきな結婚式を
演出するよ！

計画をかんがえるよ！

結婚式の
計画をかんがえるよ！

おしゃれで
動きやすい
服装で

結婚式をするカップルが、理想の結婚式があげられるようにお手伝いするお仕事だよ。結婚式は、会場や衣装、招待する人数、料理、写真撮影、案内状の送付など…、きめることがたくさん！　ふたりのリクエストを聞いて、希望する予算でおさまるように、知恵をしぼりながらプランを考えるよ。ふたりだけでなく、招待客のサポートもたいせつ。交通手段や宿泊場所なども手配するよ。結婚式には、美容師 P64 、カメラマン P170 、シェフ P192 、フラワーデザイナー P280 などのたくさんのスタッフがかかわるよ。たくさんのスタッフをまとめる役割も、ウエディングプランナーのお仕事だよ。

お仕事 データ

勤務形態は？
正社員や契約社員など、フリーも多い

勤務時間は？
8時間くらい。忙しいときは残業も

勤務地は？
結婚式場やホテル、レストランなど

休日は？
土日、祝日は休めないことが多い

お給料は？
月収18万円～

ココが楽しい

結婚式をしたふたりやその家族、ゲストの笑顔が見れたとき。よろこんでくれるのがなによりうれしいよ。

ココが大変

決めることがたくさん！　カップルの意見がくいちがってしまうことも。ふたりの意見をまとめるのは大変。

マンガでわかる ウエディングプランナーストーリー

このたびは
おめでとうございます！

結婚式を予定しているカップルと
約1年前から打ち合わせをはじめます

よろしく
お願いします

教会で…
友人をよんで

まずは要望を
聞くよ

何人くらい
お呼びしますか？

春の海で出会ったので
5月に…

どんな
衣装？

予算は？

ぼくはこんなふうに
したい！

え〜わたしは
こういうのが
いいな！

ふたりの意見がなかなか
合わないことも…

243

なりたい！ ウエディングプランナーへの道

高校、専門学校（ブライダル系）、大学を卒業

↓

ホテル、結婚式場などに就職

↓

あこがれのウエディングプランナーに！

ブライダルプランナー検定など、ブライダル関連の団体がおこなっている認定資格をとると、就職に有利なことがあるよ。

ウエディングプランナーへの第1歩

学校の行事やイベントで、みんなの意見をまとめ、企画を立てよう。

知ってる？ ウエディングプランナーあれこれ

さまざまな結婚式のスタイルとプラン

女の子があこがれるウエディングドレスや和装の花嫁衣しょう。ホテルや結婚式場、食事のおいしいレストランでのレストランウエディング、広いお庭のある場所で行うガーデンウエディングなど…。ふたりの希望に合わせたスタイル、プランで行うことがふえているよ。

先ぱいにトツゲキ☆インタビュー

湘南ブライダル協会／村﨑 牧子さん

Q ウエディングプランナーになったきっかけは？

子どものころから人を幸せにする仕事をしたいと思っていました。結婚式にかかわれる、まさに"幸せのお手伝い"と思い、はじめました。

Q どのような気持ちでウエディングプランを組んでいる？

100人いれば、100通りの結婚式があります。決まったプランの式ではなく、ふたりのセンスと希望にあったプランニングを心がけています。

Q 今からやっておくとよいことは？

遊びからプランが出てくることがあるので、興味があることはどんどんチャレンジを！ いろいろな経験が役立ちます。

お仕事ぴったり度チェック！ check!

☐ 人をよろこばせるのがすき！

☐ 結婚式にあこがれている！

☐ 行動力がある

☐ 人に頼られることが多い

☐ アイディアを考えるのがすき

☐ 目立つのがあまりとくいではない

イベント・コンパニオン

はなやかな衣しょうで展示会やイベント会場を
いろどり、商品の案内や宣伝をするよ。

展示物を笑顔で
紹介するよ！

企業イメージに
合った目立つコ
スチューム

新しい商品の発表会や展示会などで、商品のイメージに合った衣しょうを着て宣伝をする女性がイベントコンパニオン。展示物の説明をしたり、資料をくばったり、はなやかな衣しょうとキュートな笑顔でイベントをもりあげるよ。イベントの前には、宣伝する商品のことを勉強しておくよ。見た目のきれいさだけじゃなく、見る人をなごませるような元気いっぱいの笑顔でいることもたいせつ。おおぜいの人の前に立つのはきんちょうするから、人と接することがすきな人にむいているお仕事だよ。イベントコンパニオンを派遣する会社に登録することが、最初の一歩。ここから女優 P80 やタレント P84 になった人もいるんだよ。

お仕事メモ

勤務形態は？
モデル事務所に
所属、派遣社員、アルバイト

勤務時間は？ 2、3時間から、
1日中かかることも

勤務地は？
イベント会場

休日は？
交代制。自由がききやすい

お給料は？
時給 1000 円以上

イベント・コンパニオンへの道

なりたい！

中学、高校、大学を卒業

↓

派遣・アルバイト会社に登録する
か、モデル事務所に所属

↓

あこがれのイベントコンパニオ
ンに！

派遣社員やアルバイトとして、時間があるときだけ働くこともできるわ。プロのモデルが、コンパニオンをやることもあるよ。

芸者

唄やおどりをひろうしたり、お客さんとお話をして、お酒の席をもりあげるわ。

お仕事ファイル **122**

楽しい宴会にはなをそえるよ！

かつらをかぶり季節のかんざしをそえる

「すそ引き」とよばれるわざと引きずった着物

芸者さんは、料亭などで食事をするお客さんの前で、唄や三味線、日本舞踊などの芸をひろうする仕事。キレイな着物やお化粧が特ちょうだよ。芸の世界はとてもきびしいよ。10代の若いうちから毎日おけいこにかよって、何年も唄とおどりの修業をしてようやく一人前の芸者とみとめられるの。着物を1人で着て、キレイに動けるようになることもだいじ。京都や大阪では芸者のことを「芸妓」、見ならいを「舞妓」と呼ぶの。人気の芸者になるには、お客さんを楽しませるような気のきいたおしゃべりができないといけないよ。そのためには、芸者としての経験がとてもだいじなんだよ。

お仕事メモ

勤務形態は？
置屋に所属

勤務時間は？
不規則。夜に働くのがほとんど

勤務地は？
料亭など

休日は？
お仕事によりさまざま

お給料は？
時給2500円以上

なりたい♪ **芸者への道**

中学、高校を卒業
↓
置屋に所属
↓
きびしいおけいこ
↓
あこがれの芸者に！

芸者たちが所属しているお店（置屋）や、芸者がよくくるお座敷（お茶屋）に入って、見ならいからはじめよう。住みこみの人も多いよ。

グローバルに働く！海外とかかわるお仕事

日本にいるだけでは経験できないことが、海外にかかわる仕事では味わえるよ。世界中のさまざまな価値観をもった人たちと接することで、世界の広さを感じることができるの。

海外とかかわるお仕事 みりょくのポイント ベスト3

1 いろいろな文化にふれることができる！

たくさんの外国人と接することで、いろいろな文化を体験ができるよ。ことばや考え方のちがいで大変なことはあるけれど、それがおもしろさでもあるの。

2 海外での経験をつんでから日本で活やくする人も！

海外勤務をとおして、日本にはない技術やシステムを学ぶことができるよ。日本の大きな企業で指導者となる人は海外勤務を経験していることが多いんだよ。

3 海外旅行が身近になり現地ガイドの働く国が広がる！

いろいろな国へ旅をする人がふえているよ。旅行先として人気でも、話せる人が少ないことばを使う国のガイドができると、多くの仕事をすることができるよ。

外交官さんにインタビュー

中橋 裕美さん

Q 外交官にむいている性格はありますか？

「日本、そして世界の平和と安定」がこの仕事の一番の目的。人の役に立ちたい気持ちがあること、いろいろなことに関心を持てる人がむいていると思います。

Q やりがいを感じるのは？

外国の人に日本の支援を感謝されたり、日本と外国の友好が深まっていくときです。

Q 大変なのは？

世界で事件や災害がおこると、休みも関係なく対応します。

メッセージ

男女の区別なく働けます。日本だけでなく、世界のニュースで取り上げられるようなできごとにかかわることもあり、達成感がありますよ。

外交官

国を代表して外国と交渉！
時代のカギをにぎる重要な任務だよ

　日本が外国と条約をむすぶときに、情報をあつめて分せきをしたり、海外で事件や事故がおきたときに日本人の安全を守るお仕事。また、日本の文化を広めたり、外国といい関係をきずく役わりもあるよ。世界の政治や経済、文化に興味があって、コミュニケーション力の高い人がむいているよ。外交官になるには、大学を卒業して国家公務員試験に合格したあと、外務省に就職するよ。多くの外交官は国内の外務省と、海外の大使館を交代で働いているんだよ。

お仕事メモ

■勤務形態は？
公務員

🕐勤務時間は？
1日8時間くらい

✖勤務地は？
外務省、海外にある日本大使館など

📙休日は？
土日祝日

💰お給料は？
月収20万円くらいから

知っておきたい！
ミニ知識
ニュースでよく聞くおもな会議

世界の会議では、外交官が活やくしているよ！

G7
日本、アメリカ、イギリス、フランス、ドイツ、イタリア、カナダ、欧州連合（EU）の首脳たちがあつまる国際会議。

G20
G7のほか、ブラジル、ロシア、インド、中国、南アフリカなどの新興国をふくめた13か国が参加する国際会議。

WTO閣僚会議
WTOは世界貿易機関。自由な貿易をするための組織だよ。会議では、貿易の問題などを話し合うよ。

COP
気候変動枠組条約締約国会議。世界で解決していかなければいけない地球温暖化問題のことを話し合うよ。

大使館スタッフ

大使館や領事館で働くスタッフ

　外交官が働く大使館では、さまざまなスタッフが働いているよ。その仕事は、役わりによりいろいろ。事務職、大使館秘書、窓口業務、その国の広報活動、翻訳など。英語はもちろん、その国のことばを話す語学力が必要だよ。

お仕事メモ

勤務形態は?	公務員、正社員、契約社員など
勤務時間は?	1日8時間くらい
勤務地は?	国内外の大使館
休日は?	土日祝日
お給料は?	仕事内容によって変わる

国連スタッフ

世界のこまった人を手だすけするよ

　国連は国際連合の略で、世界平和を守るための組織。スタッフは国際公務員とも言われ、貧困や戦争などでこまっている人の手だすけをするよ。英語とフランス語ができること、医療など専門的な知識をもっていると採用に有利だよ。

お仕事メモ

勤務形態は?	国際公務員
勤務時間は?	1日8時間くらい。残業も多い
勤務地は?	国連事務所など
休日は?	不規則。休日出勤も多い
お給料は?	月収25万円くらいから

通訳

ことばがちがう外国人との会話を手だすけ

さまざまな国のちがうことばを話す人たちの中で、ことばを訳して会話を成り立たせるお仕事。外国人との商談や海外スターのインタビュー、外国人観光客のガイドなどがおもな活やくの場！通訳学校で勉強する人が多いよ。

お仕事メモ

🏢 勤務形態は？	正社員、派遣社員、フリーも多い	
🕐 勤務時間は？	仕事により変わる	
🏃 勤務地は？	通訳会社、ホテル、観光地など	
📖 休日は？	土日祝日。フリーは不規則	
👛 お給料は？	1時間1万5千円くらい。仕事にもよる	

駐在員

海外支社で働くビジネスウーマン

日本の企業から海外の支社に転勤し、現地に住んで仕事をするよ。現地の人と仕事をするとき、ことばや文化はもちろん仕事のしかたも日本とちがい大変だけど、やりがいも人一倍。現在100万人以上の日本人が海外で活やくしているよ！

お仕事メモ

🏢 勤務形態は？	正社員	
🕐 勤務時間は？	1日8時間くらい	
🏃 勤務地は？	日本企業の海外オフィスや工場など	
📖 休日は？	土日祝日	
👛 お給料は？	月収20万円くらいから	

現地ガイド

ホテルから観光案内まで旅行者をサポート！

　海外になれない日本人旅行者のために、現地でホテルの手配やレストランの予約、観光ガイドをする人。旅行プランのアドバイスをしたり、観光客の買いものにつきそうことも。現地に何年か住んでいてその土地にくわしい人がなれるよ。

お仕事メモ

勤務形態は？	旅行会社の正社員、契約社員、フリーも多い
勤務時間は？	不規則。2、3時間から1日中かかることも
勤務地は？	旅行先、旅行会社など
休日は？	週休1〜2日
お給料は？	月収20万円くらいから

貿易商

貿易の契約や手つづき、調査はおまかせ

　車や木材、宝石など、さまざまな製品を輸入・輸出するときに、海外企業との手つづきを担当する人のこと。調査もおこなうから、金融のニュースは毎日チェック！　貿易に関する法律などの専門知識が必要だよ。英語も話せないといけないよ。

お仕事メモ

勤務形態は？	正社員
勤務時間は？	1日8時間。残業も多い
勤務地は？	貿易商社、取引先企業など
休日は？	土日祝日。休日出勤も多い
お給料は？	月収25万円くらいから

教育のお仕事

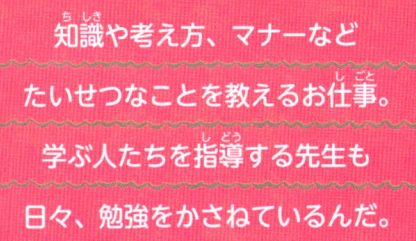

知識や考え方、マナーなど
たいせつなことを教えるお仕事。
学ぶ人たちを指導する先生も
日々、勉強をかさねているんだ。

人々の成長にかかわり 見守る先生たち

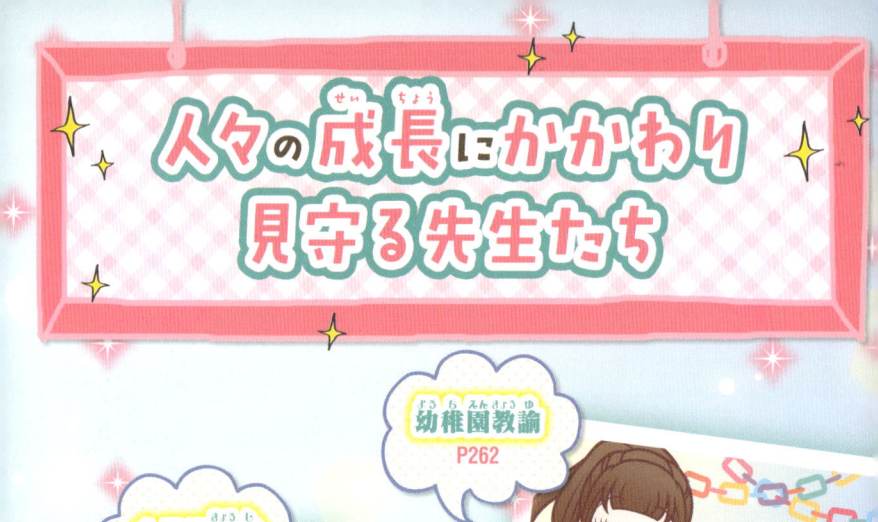

幼稚園教諭
P262

小学校教師
P256

スクール カウンセラー
P270

養護教諭
P266

254

学童保育指導員
P267

予備校講師
P268

学習塾講師
P274

日本語教師
P272

大学教授
P260

特別支援学校
教師
P264

小学校教師

勉強、運動、集団生活のマナーなど、小学生がこれから成長するのに必要なことを教えるよ。

オリジナルの教材をつくることも！

みんなの成長を見守ります

勉強を教え、みんなの成長を見守ります

動きやすいけど、きちんとした服そう

大人になったら社会生活がきちんとできるように、勉強や生活のマナーを小学生に教えるのが教師の仕事だよ。子どもたちがくる前に学校へ行き、朝の登校の安全を見守るの。授業ではすべての教科の勉強を教えるよ。体育や音楽などを教えることもあるけど、最近は、専門の教師が受けもつことも多くなったよ。それぞれの生徒に合わせて勉強を教えなければならないし、勉強以外でも元気に生活しているか、なやみごとはないかなど気をくばることがたいせつ。給食の時間も仲よくきちんと食事できるように指導していくよ。放課後は、職員会議や授業の準備、テストの採点など、おそくまで先生の仕事はつづくよ。

お仕事メモ

勤務形態は？
公立学校なら公務員、私立なら正社員

勤務時間は？
1日9時間くらい。放課後は残業も多い

勤務地は？
全国の小学校

休日は？
土日祝日。春・夏・冬休みもある

お給料は？
月収21万円くらいから

ココが楽しい

毎日かわいい子どもたちとふれあえること！勉強や運動ができたときの子どもの笑顔は、本当にうれしいよ。

ココが大変

集団生活になじめない子がいたら、やさしく、ときにはきびしく話をして、みんなと仲よくすることを教えるよ。

マンガでわかる 小学校教師ストーリー

1時間目　国語
教科書読んでくれる人は？

2時間目　体育
ファイトーっ
もうすぐ運動会よー。かんばってー

3時間目　理科
ほら！ついた！
すごーい！
ほんとだ〜

休み時間
小学校教師はすべての教科を1人で教えるよ
えーっと、つぎは算数と

$$\frac{1}{2} + \frac{1}{2}$$

この問題、やってみて

わかりやすくなる方法はあるかな
うーん
そうだなぁ…
あ、ケーキを使ったらどうだろう

わかりやすくする努力

1/2と1/2を合わせると…

1だ！
よくできました

257

\なりたい！/ 小学校教師への道

大学の教育学部などを卒業

中学・高校教師は教育学部ではなくても、大学で教職課程の授業をとれば、免許状がとれるよ。

↓ ↓

<公立>
都道府県の教員採用試験に合格

<私立>
各校の独自の採用方法を突破

小学校教師への第1歩

いろいろな授業の勉強をがんばることや元気な子どもにもまけない体力をつけることがだいじ。そして、人にやさしくする気もちが必要。

↓ ↓

あこがれの小学校教師に！

かかわりのある仕事

\より専門的な勉強を教える！/
中学校、高校教師

中学・高校の教師は小学校とちがい、国語や数学など、1つの教科だけを教えるんだよ。授業以外にも、小学校よりさらに専門的になる部活動の指導も。クラス行事などをとおして人を思いやる社会のルールを教えるのも仕事の1つだよ。また、受験をひかえている中高生は、進路でなやむことも。そんなとき、子どもの相談にのりアドバイスをするのも教師の役目だよ。

先ぱいにトッゲキ☆インタビュー

横浜市立恩田小学校／守山 翠さん

Q 授業でこころがけていることは？

1つの教え方だけじゃなく、いろいろな方法でつたえます。生徒が少しでも前進したときは、とてもやりがいを感じます。

Q 勉強以外に教えることはありますか？

休み時間や給食の時間をいっしょにすごして、友だちとなかよくする方法や礼儀などをつたえます。子どもたちから教えてもらうこともありますよ。

Q 先生にむいている性格ってありますか？

子どもがすきなことはだいじ。それから、子どもは大人をマネをするので、いつもニコニコしている元気な人がいいですね。

お仕事 ぴったり度チェック！ check!

- [ ] 友だちに勉強を教えるのがとくい
- [ ] 本を読むのが大すき
- [ ] 小さな子どもと遊ぶのがすき
- [ ] 友だちのなやみ相談はまかせて！
- [ ] 人前であがらないほう！
- [ ] 絵をかいたり楽器をひくのがすき

大学教授

大学生に勉強を教えながら、
自分も専門分野の研究をつづけるよ。

教育のことでいっぱい!
頭の中は研究と

会議にでることも多いからきちんとした服そう

大学とは、高校卒業後により高いレベルの勉強や研究をするための学校。そこで大学生に勉強を教えながら、自分でも専門の研究をつづけているのが大学教授だよ。大学では1日数時間、専門分野の授業やゼミで教えるよ。ゼミは授業とは別にさらにくわしい勉強をするところ。そのほか講演会や研究のための実験、調査をしたり、ほかの教授たちとの会合などいそがしい毎日。新しい研究の成果を発表する「論文」を書くため、夜おそくまで勉強しているよ。研究成果によっては、テレビ出演や本を書く仕事がくることも。また、大学以外の場所で成功した人が、知識を必要とされて教授として大学にまねかれることもあるんだよ。

お仕事メモ

勤務形態は?
大学に所属

勤務時間は?
1日8時間くらい。残業も多い

勤務地は?
大学の研究室。会議で外国に行くことも

休日は?
土日祝日。授業以外は研究にあてている

お給料は?
月収60万円くらいから

ココが楽しい

自分の興味があるテーマの研究ができることや、授業で学生たちがそのテーマに関心をもってくれることがうれしいよ。

ココが大変

さまざまな専門の研究には時間がかかるの。学生に授業を教えながら、こつこつと研究する、がまん強さがだいじだよ。

なりたい！ 大学教授への道

大学を卒業

↓

大学院で博士号をとる

↓

大学で助手や助教、講師になる

↓

研究をつづけ准教授に

↓

あこがれの大学教授に！

教授になる平均年齢は40歳。何年も勉強や研究をつづけるうちに、教授としてみとめられるよ。

大学教授への第1歩

いろんなことに疑問をもって、どうやったら解決できるかを考えてみよう。1つのことにねばり強くとりくんでね。たくさんの本を読むこともだいじだよ。

知ってる？ 大学教授あれこれ

政治家や企業家にアドバイス！

研究によって新しいことがわかったり、できるようになったりすると、人々の生活に役立つの。だから大学教授は企業と協力して研究したり、より専門的なことを聞くために政治家 P276 から会議にまねかれて、相談されることもあるよ。

教授への道はきびしい道のり

大学を卒業後、さらにむずかしい研究をおこなうために行く大学院という学校があるの。教授になりたい人はここに進学するんだけど、何年も勉強をかさねて、すぐれた研究をした人だけが教授になれるんだよ。

会議や研究で世界中をとびまわる

多くの教授は日本のさまざまな地域や海外へもでかけて、その研究を発表したり、会議に出席するの。実験や調査のために長いあいだ外国へ行くこともあるよ。

お仕事ぴったり度チェック！ check!

- ☐ 勉強することが楽しい
- ☐ 疑問は解決しないと気がすまない
- ☐ よく本を読む
- ☐ まちがえてもへこたれない！
- ☐ 話がわかりやすいといわれる
- ☐ 人をびっくりさせるのがすき

幼稚園教諭

小学校に入る前の子どもたちに
みんなと生活するためのルールを教えるよ。

子どもといっしょに、
笑って、遊んで！

歌やおどりは
大とくいなの！

動きやすくてよ
ごれてもいい服
そうに！

幼稚園は、3歳から小学校に入学するまでの子どもたちに、遊びをとおして集団で生きていくための生活のルールを教えるところ。幼稚園の先生は、子どもたちといっしょに遊ぶだけじゃなく、歌を歌うときにピアノをひいたり、教室をおりがみなどでかざったり、お誕生日のカードをつくったりと、みんなが楽しくすごせるようにいろいろな仕事をするんだよ。子どもたちは、歌や遊びをとおして、生活のルールや友だちと仲よくすることを学んで、小学校に行く準備をするよ。また、幼稚園でのようすを保護者にきちんとつたえるのもたいせつな仕事のひとつ。子どもの成長をおおらかに見守る気持ちがだいじだよ。

お仕事メモ

勤務形態は？
公立なら公務員、私立なら正社員

勤務時間は？
1日8時間くらい。行事の前は残業も

勤務地は？
幼稚園

休日は？
公立は土日祝日。私立は土曜に働くことも

お給料は？
月収20万円くらいから

ココが楽しい

子どもが成長し、できることがふえていくのを見るのがうれしいよ。子どもの笑顔がつらいこともふきとばしてくれるの！

ココが大変

元気に遊んでいると思えば、ぐあいが悪くなったり子どもの体調は変わりやすいの。いつも注意して見てないといけないよ。

なりたい♪ 幼稚園教諭への道

幼稚園教員養成課程のある、専門学校、短大、大学を卒業

↓

<公立>
都道府県の教員採用試験に合格

<私立>
各校の独自の採用方法を突破

↓

あこがれの幼稚園教諭に！

幼稚園教諭免許は、大学などの学校を卒業すると、とることができるよ。就職したら1年目は副担任に、つぎの年から正式に担任をもつことが多いよ。

幼稚園教諭への第1歩

オルガンやピアノの練習をしておこう。歌もじょうずだとなおいいよ。

知ってる？ 幼稚園教諭あれこれ

結婚してももどりたい！と思わせる職場

幼稚園教諭は、結婚や出産をするときにやめたとしても、また、幼稚園の先生としてもどってくる人が多いの。出産後、子育てが落ちついたらパートとして働いている人も。会社にある保育室や、児童館、学童保育など、幼稚園以外にも働く場所は多いよ。

歌に演奏にダンスにお絵かき…さまざまな勉強が必要

幼稚園では、運動、お絵かき、歌、ダンスなどいろいろなことを教えなければいけないの。子どもの成長や育てかたの知識も必要だよ。はば広い勉強をしないといけないんだよ。

保育園と幼稚園のちがい

両方とも小さな子どもをあずかる場所だけど、その役わりはちがうんだよ。幼稚園は3歳〜小学校入学前の幼児を教育する、学校のようなところ。保育園は赤ちゃんや幼児を守りながら育てるところなの。やることはにているけれど、目的がちがうのよ。

お仕事 ぴったり度チェック！ check!

- ☐ 子どもと遊ぶのが大すき！
- ☐ おりがみのいろんなおり方を知ってる
- ☐ 友だちがこまってたら、すぐにたすける！
- ☐ ピアノやオルガンがとくい
- ☐ 体力には自信あり！
- ☐ 人にやさしいといわれる

ぴょん ぴょん

特別支援学校教師

障がいをもつ子どもたちに
勉強と生活ルールを教えるよ。

障がいとともに楽しく
生きていけるように育てます

目や耳、手足が不自由だったり、知的障がいがあったりなど、いろいろなハンディキャップをもった子どもたちに生活ルールや勉強を教える学校が特別支援学校。成長のスピードに合わせて、幼稚園、小・中・高校があるよ。その学校の先生は勉強だけでなく、トイレや食事、着がえなどの生活習慣も教えるの。障がいが大きい子どもには、つきっきりで指導することもあって、根気が必要。また、体が弱く体調をくずしやすい子も多いから、1人ひとりのようすをよく観察していることもだいじだよ。子どもたちができるだけ1人で日常生活がおくれるように、また将来働いていけるように指導していくんだよ。

子どもと走りまわるから、動きやすい服そうがいいの

お仕事メモ

勤務形態は?
公立学校なら公務員、私立なら正社員

勤務時間は?
1日8〜10時間。残業も多い

勤務地は?
特別支援学校

休日は?
土日祝日

お給料は?
月収20万円くらいから

ココが楽しい

よろこびをすなおにあらわしてくれる子どもが多いから、いっしょにいるとこっちも思わずうれしくなっちゃうよ!

ココが大変

子どもたちに何度も同じことを教えるときもあるよ。イライラしたりせず、根気よくつたえていかなければならないよ。

なりたい！ 特別支援学校教師への道

大学の教育学部で幼稚園、小・中・高校のいずれかの教諭の普通免許と、特別支援学校の教員免許を取得

↓

<公立>
都道府県の教員採用試験に合格

<私立>
各校の独自の採用方法を突破

↓

あこがれの特別支援学校教師に！

学校の数は決して多くないので、一度入った学校には長くいることが多いよ。

特別支援学校教師への第１歩

学校がどんなところか知るには、地元の特別支援学校のバザーなどの機会があれば、積極的に行ってみるといいよ。

知ってる？ 特別支援学校教師あれこれ

子どもの健康はしっかり守る！

通常の学校にくらべて、ひんぱんにおこなわれている健康しんだん。これも子どもの体調をきちんと知るために必要なこと。看護の先生と毎日話しあいながら、子どもたちの健康を守っているよ。

障がいによって授業内容が変わる

目の不自由な子の学校は、点字や盲導犬の勉強があるよ。耳が不自由な子には、手の動きでことばをあらわす手話の勉強。起きることができないくらいの重度の障がいをかかえる子には、病院や家庭に先生が行く訪問授業があるの。障がいに合わせた授業のために、先生も日々勉強をしているよ。

登下校を見守る役目も！

先生がいつもたすけたら、その子の成長がおそくなっちゃう。だから、なるべく１人でチャレンジさせてみるんだよ。はじめて１人で帰る日には、保護者とれんらくをとりながら、先生がこっそり子どものあとをついていくこともあるの。

てくてく。

お仕事 ぴったり度チェック！ check!

☐ こまっている人には手をかすよ

☐ 小さい子どもの笑顔が大すき

☐ がまん強さでは負けない！

☐ ポジティブだってよくいわれる

☐ 思いやりがあるほうだ

☐ クラスのまとめ役

養護教諭

生徒の病気やケガの手あてをして、
すこやかな学校生活を守る仕事。

くあいの悪い人の
手あてをし見守るよ

いつも白衣を
着ているよ

みんなが学校でケガをしたり、ぐあいが悪くなったときに行くのが保健室。いつも保健室にいて、適切な処置をするのが養護教諭だよ。保健の先生とよばれる人だね。生徒のぐあいが悪いとき、病院にすぐにつれていかなければならないのか、少し休ませればよくなるのか、その見きわめはとてもだいじ。適切な判断がもとめられるよ。ふだんは授業をしないけれど、健康にかんするお話をしたり、性教育の指導をすることも。最近は保健室になやみ相談に来る生徒も多いの。なやみのせいで体調が悪くなる生徒もいるから、生徒の気持ちを理解できるよう、じっくり話を聞いて、担任の先生にできないところをサポートするんだ。

お仕事メモ

勤務形態は？ 公立学校なら
公務員、私立なら正社員

勤務時間は？
1日8時間くらい

勤務地は？
小・中・高校

休日は？
土日祝日

お給料は？
月収21万円くらいから

なりたい！ 養護教諭への道

大学の教育学部、看護学校で
養護教諭1種免許をとる

↓

＜公立＞
都道府県の
教員採用試
験に合格

＜私立＞
各校の独自
の採用方法
を突破

↓

あこがれの養護教諭に！

「保健師（地域看護の専門家）」の資格があれば、養護教諭免許をとることができるよ。そのほかにも免許がとれる学校がふえているの。

学童保育指導員

日中に親が家にいない小学生のために
放課後の指導をするよ。

放課後の小学生の
親代わり！

よごれてもいい、動きやすい服そう

仕事などで家に親がいない家庭の小学生が、平日の放課後をすごす場所を「放課後児童クラブ」とよぶよ。そこで働いて、小学生を指導しているのが学童保育指導員。学童保育指導員は子どもたちが学校に行っている午前中から、施設のそうじ、おやつの用意、保護者にわたす学童保育通信をつくったりしているよ。子どもがきたらおやつを食べさせたり、いっしょに遊んだりしながら夕方まですごすの。ときには宿題や勉強をみてあげることもあるよ。夏休みなどで学校がないときは、朝から子どもたちをあずかるよ。宿題や勉強をさせたり、学校のプール教室に送り出したり、休み中の生活の指導をするんだよ。

お仕事メモ

📖 **勤務形態は？** 公務員、正社員、契約社員、アルバイトなど

🕐 **勤務時間は？**
1日8時間くらい

🏃 **勤務地は？**
放課後児童クラブ

📅 **休日は？**
土日祝日

💰 **お給料は？**
月収16万円くらいから

\なりたい！/

学童保育指導員への道

高校、大学を卒業

〈公立〉
公務員試験に合格

〈私立〉
民間の施設に入る

あこがれの学童保育指導員に！

保育士や教員免許をもとめられる施設もあるけど、基本は資格のいらない仕事。さまざまな勤務形態があって、働き方もいろいろだよ。

予備校講師

高校・大学受験に合格するための
効果的な勉強法を教えるよ。

大学合格へと導くよ！
みんなを高校・

授業のテキストは自分でつくる講師もいるよ！

予備校とは、希望している高校や大学の試験に合格するために勉強を教えるところ。生徒が合格できるようにビシバシ勉強を教えるのが講師の仕事だよ。講師には国語、数学というようにそれぞれ専門科目があるの。受験にくわしいことはもちろん、長年受験問題を研究しているから、傾向や対策を学校では教えられない独自の方法で生徒に指導している人も多いの。わかりやすく教えるのはもちろん、効果的な勉強法を身につけさせたり、生徒の勉強する気持ちを引き出すテクニックもだいじ。生徒とのコミュニケーションのために、読書や映画鑑賞などを通じてアンテナを高く持ちつづけることもたいせつだよ。

お仕事メモ

勤務形態は？
契約社員、正社員。副業をもちフリーの人も

勤務時間は？
1日8時間くらい

勤務地は？
予備校。有名になればテレビに出ることも

休日は？
日祝日

お給料は？ 月収25万円くらいから。
有名講師なら月収数百万円も！

ココが楽しい

生徒の成績があがったときや、志望していた高校や大学に合格したときは、とてもうれしいよ。

ココが大変

一生懸命に指導しても、生徒の成績があがらないことも。その生徒に足りないものは何か教えるよ。

大学、大学院を卒業

↓

予備校の採用試験に合格

↓

あこがれの予備校講師に！

大学を卒業しなくても、難関大学の受験に合格できるだけの学力が必要だよ。

予備校講師への第1歩

大学生のうちから講師のアルバイトをすることができるよ。なかには、そのまま就職することも。いまから勉強をがんばっておこう。生徒がやる気を出せるようにするためのコミュニケーション能力もたいせつ。

教育のお仕事

予備校講師

知ってる？ **予備校講師あれこれ**

資格や免許はいらないよ

小学校、中学校、高校の教師とは違い、教員免許がなくてもなれるよ。ただし、生徒が志望校に合格できための学力、テクニックを身につけさせるだけの指導力が必要だよ。

売れっ子の予備校講師はテレビ出演も！

テレビや雑誌で話題になるくらいおもしろい授業をしたり、合格人数をすごくふやした人もいて、「カリスマ講師」とよばれることも。テレビ局からのいらいで、受験についての話をしたり、クイズ番組に出演したりすることも。

お仕事 ぴったり度チェック！ check♪

- ☐ 友だちに勉強を教えるのがとくい
- ☐ 勉強するのが楽しい
- ☐ 人前であまり緊張しない
- ☐ 人前で話すのがとくい
- ☐ 根気があるといわれる
- ☐ 体力がある

スクールカウンセラー

子どもたちの心の不安をやわらげるため
なやみを聞いて解決法をアドバイス。

なんでも話せる関係をきずくよ

カウンセリングに心理テストを使うことも。その道具をもち歩いているよ

強いストレスを感じたり、なやみをかかえる子どもたちがふえてきたので、それを解決しようと国が学校になやみ相談の専門家を置くことにしたの。その専門家がスクールカウンセラーだよ。カウンセラーの仕事は、生徒のさまざまななやみを聞いてあげること。ほかにも、教師の教育のなやみや、保護者の子育てのなやみも聞いてアドバイスすることがあるよ。毎日同じ学校にいて相談にのる人もいるけど、いくつかの学校を曜日ごとにまわって、なやみの相談をうけている人も多いよ。今後全国の小・中・高校で、相談室を置くところがふえていくから、もっとたくさんのカウンセラーが必要とされているよ。

お仕事メモ

勤務形態は？
非常勤や契約社員が多い

勤務時間は？ 1校で平均週1回、
4～8時間くらい。数校かけもちが多い

勤務地は？
小・中・高校、病院など

休日は？
土日祝日

お給料は？
月収13万円くらいから

ココが楽しい

子どもたちが頼って相談してきてくれると、うれしいよ。そして、元気になると、本当によかったと思うよ。

ココが大変

人間関係などになやんでいる子どもが多いけど、子どもたちと心を通わせるのはかんたんなことではないよ。

270

専門学校、大学、大学院を卒業
↓
実務経験をつむ
↓
あこがれのスクールカウンセラーに！

心理カウンセラー P343 や臨床心理士 P342 の資格が必要なこともあるので、勉強しておこう。

スクールカウンセラーへの第1歩

友だちがこまっていたら、話を聞いてみよう。解決方法をいっしょに考えてあげるといいよ。人のなやみを聞くには、人の意見に流されすぎてはダメ。自分がどう思うかしっかり考えるようにしよう。

知ってる？ スクールカウンセラーあれこれ

実際の経験がたいせつだよ

勉強することもたいせつだけれど、スクールカウンセラーは相手（人）があっての仕事。だから、実際の経験がとても重要だよ。相手の性格や行動をどう理解するとよいのか、どんなタイプの人がいるのかなど、日ごろから観察したり、経験でつちかったりすることがだいじ。

相談者は、子どもたちだけではないよ

保護者に対するカウンセリングもふえているよ。最近では、１人で子どもを育てている家庭も多く、子育てのなやみがあっても相談する人が少ないということも。保護者が１人で子育てのなやみをかかえてしまわないように、相談にのりましょう。子育て経験など人生経験が豊富だと相手が安心するかも。

お仕事 ぴったり度チェック！ check!

- ☐ 友だちの相談にのることが多い
- ☐ こまっている人をほっとけない
- ☐ 人の役に立ちたいと思う
- ☐ 人の話を聞くのがとくい
- ☐ 読書や勉強がすき
- ☐ 子どもがすき

日本語教師

外国人に正しい日本語が
話せるようになるまで教えるよ。

美しい日本語を
教えるよ

日本の文化も
正しくつたえ
るよ！

日本語教師は、日本に働きにきた外国人や、海外で日本語を学びたい人にむけて日本語を教える仕事。日本語は、ひらがな、カタカナ、漢字を使い分ける複雑な言語。外国の人が学ぶのはとても大変なのよ。だから、生徒がまちがえやすいポイントを理解して、わかりやすく正しい日本語を教える能力が必要だよ。英語や中国語など、生徒の国のことばが話せると授業を進めやすいの。日本語教師は大学で教える場合は教員免許がいるけど、日本語学校などでは資格がなくてもだいじょうぶ。日本文化や風習を知ることも外国人には勉強になるから、日本語教師は日本の歴史や文化を勉強しないといけないんだよ。

お仕事メモ

勤務形態は？
契約社員やアルバイトなどが多い

勤務時間は？
社員は1日8時間くらい。残業も多い

勤務地は？
国内外の日本語学校など

休日は？
土日祝日

お給料は？ 国内は月収18万円くらいから。海外はさまざま

ココが楽しい

生徒が日本語や日本文化に関心をもってくれるとうれしい。もっともっといろいろなことを教えたい！と思うよ。

ココが大変

日本語学校の生徒には、いろいろな国の人がいるの。それぞれ使うことばがちがうから、コミュニケーションがむずかしい！

なりたい！ 日本語教師への道

大学の教育学部、大学院を卒業

⬇

日本語学校で働く

⬇

あこがれの日本語教師に！

大学を出ていなくてもなれる場合があるよ。かならず必要ではないけど、「日本語教育能力検定」をとっておくと就職に有利なことも。この資格は合格率が20％と、むずかしい試験なの。受験するなら、かなりの勉強が必要だよ。

日本語教師への第1歩

日本文化を外国人につたえる仕事もあるから、社会や歴史をしっかり勉強しよう。

知ってる？ 日本語教師あれこれ

いろんな場所で必要とされる日本語教師

仕事場所は国内、海外の日本語学校。でもそのほかにも、企業の外国人研修センターや、日本赤十字社や青年海外協力隊などの団体がやっている日本語教室などでも活やくできるよ。大学で日本語を教える人もいるけど、そういう場合は、教員免許が必要だよ。

日本語教師養成学校で学ぶ手もある！

日本語教師には、さまざまな経歴をもった人が多いの。いろいろななり方があるけど、日本語教師養成学校に入って学ぶ、という方法も。養成学校によっては、日本語学校を経営しているところもあって、卒業後に就職できることもあるよ。

海外で活やくしている日本語教師たち

海外で日本語教師をやりながら生活している人たちもいっぱい！ 現地での募集を見てそこに就職していたり、日本の日本語学校から派遣されたりしてる人が多いの。養成学校から派遣されて、学生が講師のかわりに教える「ティーチング・アシスタント」として経験をつんでいる人もいるよ。

お仕事ぴったり度チェック！ check!

- ☐ 国語がいちばんとくい！
- ☐ 字がきれいといわれる
- ☐ 人見知りしないほう
- ☐ 外国の人とふれあいたい
- ☐ 英語の勉強をはじめている
- ☐ 習字などの日本伝統のならいごとをしている

学習塾講師

学校の勉強のおさらいや
小学・中学受験のための勉強を教えるよ。

学力アップのために
いっしょにがんばるよ

清潔感のある
服そうで好感
度アップ！

学習塾は、勉強をより深く理解したいという子どもたちが行く場所。受験や学力アップといったきちんとした目的をもって、学習塾にかよっている子も多いね。学習塾の講師は、生徒や保護者の要望をきちんと理解し、子どもに合った学習法で勉強をさせて、しっかり成績をアップさせることが仕事。受験対策で評判の塾なら、毎年の受験問題を分析して、出題傾向をまとめることも。勉強に集中してもらうために、子どもたちのさまざまななやみ相談にこたえることもあるんだよ。学校とは指導方法がちがうけど、同じように子どもとかかわる仕事。だから子どもや保護者とうまくコミュニケーションをとれる人がむいているわ。

お仕事メモ

勤務形態は？ 正社員、契約・派遣社員、アルバイトなど

勤務時間は？ 1日8時間くらい。残業も多い

勤務地は？ 学習塾

休日は？ 日祝日。交代制のところが多い

お給料は？ 月収20万円くらいから

学習塾講師への道

なりたい！

大学の教育学部などを卒業
↓
学習塾の採用試験に合格
↓
あこがれの学習塾講師に！

大学生のうちから講師のアルバイトをすることができるよ。そのまま就職することもあるの。いまから勉強をがんばっておこうね。

花と動物にいやされる！

植物・動物

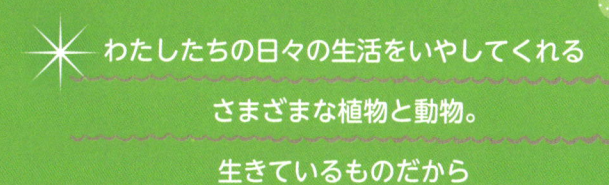

にかかわるお仕事

わたしたちの日々の生活をいやしてくれる

さまざまな植物と動物。

生きているものだから

そこにかかわる人たちの愛情がたいせつ！

お花やペットを　とどけてくれる人たち

花屋
P278

フラワー
デザイナー
P280

Flower Shop

フラワー
アレンジ

競馬調教師
P299

動物園の飼育員
P286

植物園スタッフ
P284

ガーデンデザイナー
P285

ペットショップスタッフ
P290

造園師
P285

トリマー
P292

ドッグトレーナー
P296

獣医
P294

ブリーダー
P298

花屋

おいわいやイベントのお花えらびをおてつだい。
育て方などもアドバイスするよ。

毎日、お花にかこまれて
しあわせな気分♪

水仕事が多いから、エプロンは
かならずつけているよ

キレイな花をお客さんに売るのが仕事。何の花がいま一番キレイに咲くか、どんな花がよろこばれるかなどを考えて市場から仕入れ、お店にならべるよ。花は野菜といっしょで、新鮮なことがたいせつ。きれいに咲かせておくために毎日水をとりかえたり、花に合うようお店の温度を調節するの。花たばや花かざりをつくることもだいじな仕事。お客さんの注文にこたえるために、いろいろな花の名前や育て方、キレイなかざり方などを知っておく必要があるよ。寒い冬でもつめたい水を使ったり、花のとげなどがささるので手があれてしまうこともあって大変だけど、花が大すきな人なら楽しい仕事よ。

お仕事メモ

勤務形態は?
正社員、パート、アルバイト

勤務時間は? 朝早くから1日8時間くらい。交代制のお店も

勤務地は?
花屋、結婚式場、イベント会場など

休日は?
平日に週1〜2日

お給料は?
月収15万円くらいから

ココが楽しい

お花がいきいきしていられるよう、世話やアレンジをするの。お客さんに「キレイ!」といってもらえるとうれしいよ。

ココが大変

朝早くからたくさんの花を仕入れて、お店の準備をしたり、鉢植えを運んだり、とても力のいる仕事なんだよ。

なりたい！ 花屋への道

高校、専門学校、大学を卒業

↓

花屋で働く

↓

あこがれの花屋さんに！

花屋の面接に受かれば、すぐになれる仕事。フラワーデザインや生け花など、ならいごとの経験があると、仕事で役に立つよ。

花屋への第1歩

学校やおうちの花だんを、すすんでお世話しよう。育てた花の観察日記をつけたり、成長に合わせて写真をとったりしても、勉強になるよ。ずかんなどを見て、花の種類を調べてみてね。

知ってる？ 花屋あれこれ

店をもつためには、経営も勉強しよう

自分のお店を開きたいなら、花の知識があるだけではダメ。お店をやっていくためのお金のやりくりや、花をつくっている農家、どこにお店を出すかなど、経営者としても優秀でなくてはならないの。同じ花でも季節や人気によって価格が変わるもの。それを先読みしながら仕入れていかなきゃいけないよ。

生け花などもならっておくと役に立つ！

ならっておくと役立つのが、生け花やフラワーアレンジメント。季節ごとの花の種類や、かざりかたのマナーを勉強できるよ。花たばやフラワーアレンジは、お客さんの注文や予算に合わせながら、自分のセンスをいかしてつくるものなの。いろいろな花の種類や、すてきに見せるための技術を知っているととても役立つよ。

お仕事 ぴったり度チェック！ check!

- [ ] お花の世話をするのがすき
- [ ] 植物ずかんを見るのがすき
- [ ] もののあつかいがていねい
- [ ] きちんと早起きできる
- [ ] こまかなところまで気くばりできる
- [ ] スキンケアはまめにするほう

フラワーデザイナー

色とりどりの花をキレイにアレンジ！
とびっきりかわいい花たばをつくっちゃうよ。

花たばやコサージュをつくったり、プレゼント用に、うつわやかごにキレイに花をかざるの。花屋で働いたり、カルチャースクールで教えているよ。人気が出ると、本を出したり、個展を開いたりする人も。イベントや結婚式などの会場をかざりつけたり、テレビ番組やCM用に花をアレンジしたりと、いろいろな場所で活やくしているんだ。お客さんの希望や、目的、場所にふさわしい花をえらび、一番美しく見えるようにアレンジする技術が必要。だから、花の特ちょうや育て方、保存方法をしっかりおぼえておかなきゃいけないのよ。農家や市場にもくわしくて、めずらしい花がどこにあるかも知っているよ。

お客さんの希望に合った、花たばをつくるよ

洋服からセンスが読みとれるもの。ファッションにも気をくばっているよ

お仕事メモ

勤務形態は？
正社員、契約・派遣社員、アルバイトなど。フリーも多い

勤務時間は？
1日8時間くらい。フリーは不規則

勤務地は？
花屋、結婚式場、イベント会場など

休日は？
平日に週休1〜2日。土日は出勤が多い

お給料は？
月収15万円くらいから

ココが楽しい

ブーケや花かごを見せたときに、「こんなのほしかったの！」と、お客さんの顔が明るくなるのが、うれしい瞬間。

ココが大変

花はとってもデリケート。すぐに元気がなくなるから、こまめに観察して、お世話が必要。ずっと気がぬけないよ。

打ち合わせ

予算と希望に合わせて
どんなお花を使うか考えます

結婚式でかざる
お花の打ち合わせ

白いバラが
大すきで…
とにかくかわいく
したいです!

ステキですね!

全体のイメージや
すきなお花は
ありますか?

発注

○日に
とどけて
ください!

よろしく
おねがいします!

イメージ通りバラいっぱいの
スイートなデザインに

結婚式当日

ドレスやパーティーの
雰囲気を考えて
会場とブーケをデザインします

うわぁ…!
イメージ通り!

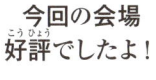
今回の会場
好評でしたよ!

ホッ

よかった
です…

お客さまによろこんで
もらえるのがいちばんうれしい!

なりたい！ フラワーデザイナーへの道

高校、専門学校、大学を卒業

↓

花屋で働く　　　フラワーデザイン
　　　　　　　　の学校などを卒業

↓

あこがれのフラワーデザイナーに！

決まった道はないけど、専門の学校にかよい、花屋で働いて、花の特ちょうや育て方をおぼえるのが近道。NFD（日本フラワーデザイナー協会）の認定資格をとると、就職に有利だよ。

フラワーデザイナーへの第1歩

花をセンスよく組み合わせてかざる練習をしよう。庭や公園にさいている花の特ちょうも調べてみてね。

知ってる？ フラワーデザイナーあれこれ

およめさんのリクエストを聞いて、ブーケを手づくり

結婚式の式場を花でかざったり、およめさんのブーケをつくるのも仕事。ブーケはおよめさんの身長やふんいき、ドレスに合わせてつくるよ。天気をチェックしてお湯をあげたり、暖房の近くにおいて、つぼみの開きぐあいをコントロールしたり、当日にキレイに花をさかせるための気くばりがかかせないよ。

先ぱいにトッゲキ☆インタビュー

スタジオフラワーズプレス／伊藤かおるさん

Q フラワーデザイナーになったきっかけは？

子どものころから植物が大すきで、森や山に行くことが楽しみでした。植物やお花は人をいやす力があると思い、仕事にしました。

Q どんな気持ちでデザインしていますか？

お客さまの希望に近づけられるようにつくっています。色や形など、毎回ひとつも同じものはないので、楽しくデザインしています。

Q いまからやれることはなんでしょう？

色あわせや想像力が必要。感性をみがくために、絵を描いたり、ショーウィンドウを見たり、自然にふれたり…、すべての経験が役に立ちます。

お仕事ぴったり度チェック！ check!

- [ ] お部屋に花をかざるのがすき
- [ ] センスには自信がある
- [ ] 植物ずかんを見るのがすき
- [ ] こまやかな気くばりができるほう
- [ ] 家で植物を育てている
- [ ] ラッピングがとくい

植物園スタッフ

花や植物のことはまかせて！
植物のことを何でも教えてくれる博士！

花のお世話をするよ

植物園の管理や

よごれてもいい作業着を着ていることが多いよ

植物園の花や植物を栽培したり土や肥料、水質のチェックや種の管理をする仕事。お客さんに楽しんでもらうために、植物の植え方や見せ方を工夫し、植物園で育てている植物の解説をすることも。さまざまな植物を展示しているところが多いけれど、バラやサボテン、ハーブなど、専門の植物を育てている園もあるの。熱帯や湿地など、生息する地域に限定したり、昆虫や生きものの生きるようすを見ることができる園もあって、そこで働くには、それぞれの植物や地域について専門家なみの知識がもとめられるよ。公立の植物園で働く場合は、公務員試験に合格しないといけないよ。

お仕事メモ

勤務形態は？
正社員、契約社員、アルバイト

勤務時間は？
植物園の開園時間による

勤務地は？
植物園

休日は？
植物園の休園日

お給料は？
月収 18 万円くらいから

なりたい！
植物園スタッフへの道

大学、植物系の専門学校を卒業

〈公立〉
公務員試験に合格する

〈私立〉
各園の採用方法を突破

あこがれの植物園スタッフに！

資格はとくにいらないけど、学芸員資格をとっておくと、植物園などの専門職と見られ、就職に有利。面接や専門知識の試験があるよ。

お仕事ファイル 143

造園師

庭のあるおうちや公園、遊園地などの庭づくりにかかわる仕事。庭をつくるための造園工事や植木のお手入れをするよ。大きな植物や重い道具を運ぶので力がいるし、庭を設計するセンスも必要なんだ。資格がなくてもなれるけれど、造園の専門家として国からみとめられる造園技能士などの資格があると、採用されやすいよ。

\なりたい♪/ **造園師への道**

農業・土木系の専門学校、大学を卒業 → 造園会社や建設会社に入る → あこがれの造園師に！

植物・動物にかかわるお仕事

植物園スタッフ／造園師／ガーデンデザイナー

お仕事ファイル 144

ガーデンデザイナー

庭やベランダを、花や植物でかざる園芸の専門家。庭づくりを楽しみたい人たちの相談にのって、どのように植えたらいいか、また、植物の育て方もアドバイス。いそがしいお客さんにかわって、まかされたスペースを美しい庭に変身させることも。公園やテーマパークなど、洋風の大きな庭のデザインを担当することもあるよ。

\なりたい♪/ **ガーデンデザイナーへの道**

造園・園芸系の高校、専門学校、大学を卒業 → 花屋、ガーデニング専門店、造園会社などに入り経験をつむ → あこがれのガーデンデザイナーに！

285

動物園、水族館の飼育員

いつも生きもののそばにいて、
お母さんみたいにお世話をするよ。

動物に家族のように接しているよ

動物の体や、オリの中をそうじすることが多いから作業着を着ているよ

動物園や水族館などで、生きもののお世話をする係だよ。えさをあげたり、小屋や水そうのそうじ、健康チェックをするよ。元気な動物や魚の姿を見られるのは、この人たちのおかげ。病気をしたり、出産日が近いときは、夜中までつきっきりでお世話することもあるよ。産まれたばかりの赤ちゃんを育てたり、子どもを産むおてつだいをして、つねに成長を見守っているの。動物や魚に愛情がないとつづけられない仕事だよ。飼育員として、2年以上の経験があると受けられるのが飼育技師の試験。動物飼育技師と水族飼育技師の2つがあって、合格すると飼育のプロとしてみとめられ就職しやすくなるんだよ。

お仕事メモ

勤務形態は？
正社員、契約社員、アルバイト

勤務時間は？
園の開園時間による

勤務地は？
動物園、水族館、サファリパークなど

休日は？
閉園日。動物たちの体調で休日出勤も

お給料は？
月収は18万円くらいから

ココが楽しい

何年もかけて、信頼関係をきずいていく仕事。動物たちと心がかよい合った瞬間は、「やっててよかった」と思うの。

ココが大変

動物たちが急にぐあいが悪くなったら、夜中でもかけつけてずっとつきっきりで世話をすることもあるよ。

動物園、水族館の飼育員ストーリー

動物の体調チェック

エサ チェック！

いつもより おおくのこってるな〜

おなかはどうかな？

おはよ〜 みんな元気かな？

←フン チェック！

エサやり

動物に合わせて用意します

おもっ！！

ほしくさ

とっても力がいる！

20〜60kg！

エサのとり合いでケンカしないよう小さく切ります

反応や天気などを見てエサの量をきめます

どうかな？

そうじ

いごこちがいい空間をつくります

動物たちとコミュニケーション

仲間とするようにたくさん話しかけたり羽をさわってあげるとよろこびます

ナデナデ

今日は暑いね

いい色だね

おいしい？

なりたい！ 飼育員への道

水産・畜産系の高校、専門学校、大学を卒業

↓

〈公立〉公務員試験に合格する

〈私立〉各園の独自の採用方法を突破

↓

あこがれの飼育員に！

水産・畜産系の学校を卒業したり、畜産や飼育・繁殖の知識があると就職に有利。獣医の資格があると、さらにいいよ。

飼育員への第1歩

動物や魚と接する機会をつくろう！飼育係を引きうけたり、飼育のための本を読んでみよう。

知ってる？ 飼育員あれこれ

くりかえし教えた芸で、人気者に！

ショーを開さいしている動物園や水族館では、来場してくれたお客さんを楽しませるために、動物たちに芸を教えることも仕事。ジャンプやダンス、輪くぐりなどを身につけさせるよ。ことばがつうじないからむずかしいけど、根気強く何度も教えているよ。

先ぱいにトツゲキ☆インタビュー

よこはま動物園ズーラシア／深田 梨恵さん

Q この仕事をめざしたのはいつですか？

ずっと動物や昆虫がすきで、小学校の飼育委員でお世話をしているうち、仕事に興味をもち、中学生のころにはもう決めていました。

Q 感動するのはどんなとき？

動物が出産や病気を克服してくれたときは、本当にうれしくなります。寝言を言ったり、兄弟ゲンカをしたり、人間のような面を見られるのもおもしろい。

Q 動物のぐあいはどうやってわかりますか？

動物のささいな行動の変化や表情を注意して見ています。野生動物は痛みをかくすことが多いので、遠くからそっと観察することも。

お仕事ぴったり度チェック！ check!

☐ 動物や魚がすき

☐ 動物や魚のずかんをよく見る

☐ 早起きはきちんとできる

☐ 世話ずきといわれる

☐ 体力はあるほうだと思う

☐ ペットを飼っている、もしくは飼いたい

289

ペットショップスタッフ

ペットと飼い主をむすびつけるキューピット。
お世話のしかたもアドバイスするよ。

かわいいペットとの
出会いをおてつだい！

動物の毛がついたり、そうじをすることが多いから、エプロンをつけているよ

ペットを飼いたい人に、ぴったりの動物を販売するのが仕事。お客さんに、ペットの正しい飼い方を教えたり、このみや育てる環境を聞いてどんなペットがいいかをアドバイスするよ。お客さんのなかには、ペットを飼うのになれていない人もたくさんいるから、「トイレはどうしたらいいの？」といった相談にもこたえるの。とくに、生まれたばかりの赤ちゃんを飼う人には、その動物の特ちょうや育て方を、こまかく説明。最近は、犬や小鳥、熱帯魚や昆虫といった、1種類の動物を専門にあつかうショップもふえているの。だから、その動物のことなら何を聞かれてもこたえられるくらい、知識がなきゃいけないよ。

お仕事メモ

勤務形態は？
正社員、契約社員、アルバイト

勤務時間は？
1日8時間くらい。交代制の場合も

勤務地は？
ペットショップ

休日は？
週休1～2日くらい

お給料は？
月収15万円くらいから

ココが楽しい

動物がやさしそうな人に買ってもらえると、ほっとひと安心。動物と飼い主がゆるくしてくれたらうれしいよ。

ココが大変

生まれたばかりの動物たちはとってもかよわいの。病気にならないか、いつも気をくばらなきゃいけないよ。

なりたい！ ペットショップスタッフへの道

高校、専門学校、大学を卒業
↓
ペットショップで働く
↓
あこがれのペットショップスタッフに！

とくに必要な資格はないけど、「愛玩動物飼養管理士」やペットの美容師である「トリマー」の資格があると就職しやすいよ。お店を開くなら「動物取扱責任者」の資格があるといいね。

ペットショップスタッフへの第1歩

家で飼っているペットや、学校にいる生きものなどをよく観察して、動物にくわしい人になろう。

知ってる？ ペットショップスタッフあれこれ

カフェやグッズショップ、ペットホテルつきのお店も

ドッグカフェや、散歩を体験できるショップなど、動物をあつかうお店はふえているよ。その分、動物とふれあえる仕事につくチャンスも多いの。ワンちゃんの洋服など、グッズだけをあつかうショップもあるよ。

動物取扱責任者の資格が必要

ペットショップには、「動物取扱責任者」という人がいないといけないの。将来自分のお店を開くなら、資格をとるか資格をもっている人をやとう必要があるよ。住んでいる場所によって資格をとる方法も変わるよ。動物取扱責任者になるには、ペットショップで働いた経験などが必要。

かかわりのある仕事

\ 飼い主のかわりにペットのお世話を /

ペットシッター

飼い主が急な外出や出張、旅行などでペットの世話ができないときに依頼されるよ。飼い主のかわりに散歩させたり、エサをあげるの。ペットは、いつもの環境（住みなれた家）で世話してもらえるから、ストレスを感じづらいとよろこばれるよ。

お仕事ぴったり度チェック！ check!

- ☐ 毎日、動物といっしょにいたい！
- ☐ 虫も、は虫類も平気
- ☐ ペットショップに行くのが楽しい
- ☐ めんどうみがいいといわれる
- ☐ 人にアドバイスするのがとくい
- ☐ だれとでもすぐ仲よくなれる

トリマー

ペットのおしゃれをおてつだい☆
ワンちゃんをかわいくすてきに変身させるよ！

私の手にかかれば、みんなかわいくなっちゃう♪

動物の毛がついてもいいようにエプロンを着用しているよ

動物のお手入れや健康をチェックするのがトリマーの仕事。トリミングとよばれるシャンプーや毛のカットなどをして、ペットをイメージチェンジ！犬のお手入れがメインだけれど、大型犬から小型犬まで、種類はさまざま。毛の長さもちがうから、飼い主のリクエストにこたえながら、その犬にぴったりのスタイルにカットするんだよ。プードルだけでもカットの仕方は20種類以上あるの。それから、毛なみを整えながら、皮ふの状態を見たりして、健康をチェックするよ。これをグルーミングというの。それぞれの動物の特ちょうやあつかい方を、きちんとわかっていないとできない仕事だよ。

お仕事メモ

🔲 **勤務形態は？**
正社員、契約社員、アルバイト

⏰ **勤務時間は？**
1日8時間くらい

🚶 **勤務地は？**
ペットサロン、ペットショップ

🔲 **休日は？**
週休1〜2日くらい

🍎 **お給料は？**
月収15万円くらいから

ココが楽しい

毛がボサボサだったペットが、見ちがえるほどかわいくなって、飼い主さんもよろこんでくれるのを見るとうれしい。

ココが大変

体格や性質、そのときの体調はみんなちがうから、気をつかうよ。ペットに合わせたお手入れをするのが大変。

トリマーへの道

なりたい！

- 高校、大学を卒業
- ↓
- トリマー養成学校などを卒業
- ↓
- ペットショップやペットサロンで働く
- ↓
- あこがれのトリマーに！

ペットサロンなどに見ならいで入り、技術を身につける方法と、養成学校で勉強して就職する方法があるよ。

トリマーへの第1歩

身近なペットがいれば、毛なみをブラッシングしてあげたり、体を洗ってあげるなど、お世話をしてみてね。

知ってる？

トリマーあれこれ

レベルアップのためにとっておきたい資格

資格がなくても技術を身につけていればOK。でも、どの職場でも通用するのが「トリマー認定資格」。とる資格のレベルによって、トリマーの先生になったり、ショーに出場するペットを手がけられるようになるよ。ジャパンケネルクラブ（JKC）公認のトリマー養成スクールだと短い期間で資格をとれるよ。

先ぱいにトッゲキ☆インタビュー

ペットサロン シャルム／木山幸子さん

Q 気を付けていることはありますか？

いろんな性格のワンちゃんがいるので、なるべくストレスのないように、体調にも気をつけてます。とくに老犬は、気を使います。

Q この仕事のやりがいはなんですか？

毛質や体型を考えながら、そのワンちゃんに合わせてカットをし、それをお客さまがよろこんでくれるとやりがいを感じます。

Q いいトリマーになるには？

生き物が大すきなこと。おとなしいワンちゃんばかりではなく、かみついたり、暴れたりすることもあるので、大すきでないとつづきません。

お仕事 ぴったり度チェック！ check!

- □ 犬が大すき
- □ 手先が器用なほうだと思う
- □ センスがいいといわれる
- □ そうじはこまめにするほう
- □ きびしい修業にもたえられる
- □ こまかいことにも気がつく

293

獣医

動物のたいせつな命をあずかるお仕事。
毎日、動物の健康を見守っているよ。

動物の健康のことならおまかせ！

動きやすく、清けつな白衣を着ているよ

獣医は動物のお医者さん。ペットから野生の動物まで、さまざまな動物の病気やケガの治療をするよ。予防注射をしたり、飼い主に健康のことやてあての仕方、正しい飼い方についてもアドバイス。動物は、人間のように「ここが痛い！」とは言ってくれないので、症状やなき声、しぐさなどを観察して、病気について判断する力が必要。獣医は動物病院のお医者さんだけじゃなく、国や都道府県が管理する機関の職員になったり、農業関係の家畜診療所、保健所で働いているの。家畜の検査や病気の予防、海外の食肉の安全チェックなどをしているよ。大学の医学部で、研究に必要な動物のお世話をするのも獣医の仕事だよ。

お仕事メモ

勤務形態は？
勤務医、開業医

勤務時間は？
1日8時間くらい、救急の対応も

勤務地は？
動物病院、家畜診療所、保健所など

休日は？
日曜と平日に1日くらい

お給料は？
月収20万円くらいから

ココが楽しい

弱っていた動物が、治療で回復して、元気になっていくのを見るとき、やっていてよかったと思うよ。

ココが大変

治療をしている動物のぐあいが悪くなると、夜中でもかけつけるよ。だから、24時間ずっと、気がぬけないの。

獣医への道

\なりたい！/

大学の獣医学部を卒業

↓

獣医師国家試験に合格

↓

大学病院や開業医のもとで研修医として働く

↓

あこがれの獣医に！

ペットの専門医と家畜の専門医は、登録するところが分かれるよ。登録する機関によって、勤務先が変わるよ。

獣医への第1歩

人間の医師と同じように、獣医の大学に行くには、算数や理科の勉強をがんばろう。

知ってる？ 獣医あれこれ

家畜の健康チェックはだいじな仕事

わたしたちが、食べているお肉のもととなる動物が、狂牛病や鳥インフルエンザなど、健康被害を受けていると大変なことに。獣医は、それをふせぐため、家畜の検査や研究にも力をかしているんだよ。

かかわりのある仕事

\獣医をサポートして、動物のお世話をする/

動物看護師

獣医の診察や治療、検査のサポートをするよ。入院している動物のお世話や、飼い主へ家でのてあてのアドバイスもするよ。動物看護師、動物衛生看護士に合格し、認定をうければ、この仕事につくことができるの。

お仕事ぴったり度チェック！ check!

☐ 動物をお世話するのがすき

☐ 責任の大きい仕事がしたい

☐ 観察力はするどいほうだよ

☐ 理科や算数がとくい科目！

☐ めんどうみがいいほう

☐ トカゲなど、は虫類もこわくない

ドッグトレーナー

ワンちゃんと時間をかけて、きずなを深め、
りっぱな犬になるお手つだいをするよ。

めざすのは、ワンちゃんのベストパートナー

外で走りまわったり、そうじや水仕事も多いから、動きやすい服装がポイント

犬を飼うには、ちゃんとしつけを教えることが必要だよ。そこで、飼い主のいうことをきいたり、ルールを守れるように、しつけをするのがドッグトレーナー。犬が理解できるまで根気強く教えていくよ。ペットだけでなく、犯罪の捜査に協力する警察犬や、災がい現場で活やくする救助犬、体の不自由な人をサポートする介助犬などの訓練をする人もいるの。1頭に1人のトレーナーがつき、りっぱに人だすけができるようになるまで訓練。ドッグトレーナーは、飼い主から訓練するペットの育ち方を聞いたり、性格を知って、ペットとじょうずにコミュニケーションをとることがたいせつなんだよ。

お仕事メモ

勤務形態は？
正社員、フリーも多い

勤務時間は？
社員は1日8時間くらい、フリーは不規則

勤務地は？
訓練所、ペットショップ、動物病院など

休日は？
週休1～2日、フリーは不規則

お給料は？
月収15万円くらいから

ココが楽しい

犬が訓練していたことが、できるようになったとき。成長をしみじみ実感し、根気強く訓練してよかったと思うよ。

ココが大変

訓練をうける犬がいやがったり、なかなかうまくいかないことも。あきらめずに、毎日、全力で教えているよ。

ドッグトレーナーへの道

- 高校、大学を卒業
- 犬の訓練所で見ならいとして指導をうける
- 訓練に関係のある団体の資格試験に合格
- あこがれのドッグトレーナーに！

警察犬の訓練士には、民間の施設で訓練する「嘱託警察犬訓練士」と、警察官になって訓練する「直轄警察犬訓練士」があるよ。

ドッグトレーナーへの第1歩

犬を飼って、自分でお世話をすることが一番勉強になるよ。近所の知り合いのペットのさんぽをひきうけてみても◎。

知ってる？ ドッグトレーナーあれこれ

一人前になるまでに、見ならいとして修業の日々

盲導犬の訓練士以外は、特別な学校や養成所がないの。だから、この仕事につくには、犬の訓練所で生活をして働きながら、指導をうけるよ。3～4年ほど、先ぱいをサポートしながら、仕事をおぼえていくんだよ。

かかわりのある仕事

りっぱな盲導犬を育てる 盲導犬訓練士

目が不自由な人のサポートをする盲導犬を育てるよ。人間の合図を理解し、危険をさっちする訓練をおこなうの。盲導犬協会の施設で研修生として3年研修を受け、認定されると訓練士に。さらに勉強し、電車やバスの乗りおりや交差点の通行などを訓練する盲導犬歩行指導員へとステップアップできるよ。

お仕事ぴったり度チェック！ check!

- ☐ 犬は友だちみたいな存在
- ☐ 年下の子のめんどうをみることが多い
- ☐ できないことは何度でも挑戦する
- ☐ こまっている人の役に立ちたい！
- ☐ そうじや水仕事が多くても平気
- ☐ 力が強く、体力はあるほう

ブリーダー

動物の赤ちゃんが生まれるのをサポート。
りっぱに育つよう、お世話もするよ。

かわいい赤ちゃんとの
出会いがまっています

エプロンや作業
着を着ていること
が多いよ

犬やねこ、小鳥の赤ちゃんなどの動物の誕生をたすけるのが、ブリーダー。どの動物も種類がたくさんあり、育て方や毛並の特ちょうもさまざま。それを理解して、健康でかわいい赤ちゃんが産まれるようにおてつだいをするよ。かわいい赤ちゃんを産むためには、そのパパやママもりっぱに育てないといけないの。そのうえで、相性がいい動物同士をむすびつけるんだよ。赤ちゃんが産まれたら、ブリーダーは親代わりになって、毎日ミルクやえさをあげたり、健康に育つようにていねいにお世話をするよ。ブリーダーがお世話して生まれた赤ちゃんは、ペットショップや、個人の動物ずきな人などが買いにくるんだよ。

お仕事メモ

勤務形態は？
ほとんどがフリー。まれに正社員も

勤務時間は？
不規則

勤務地は？
ペットショップ、自宅など

休日は？
不規則

お給料は？ 正社員は月収15万円くらいから。開業の場合は売り上げしだい

\なりたい！/
ブリーダーへの道

動物系の高校、専門学校、大学を卒業
↓
ブリーダーのもとで修業する
→
血統書つきの犬を育てて、コンクールで優勝
↓
あこがれのブリーダーに！

資格がなくてもよいので、資金と場所があれば、はじめられるよ。優秀なブリーダーをえらぶコンクールで優勝すると、仕事もふえるよ。

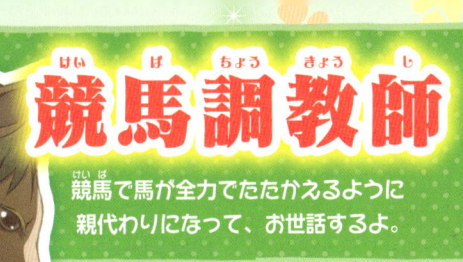

競馬調教師

競馬で馬が全力でたたかえるように
親代わりになって、お世話するよ。

植物・動物にかかわるお仕事

ブリーダー／競馬調教師

　馬主という馬の持ち主から馬をあずかって世話をし、レースのためのトレーニングをするのが競馬調教師。馬は個性が強いので、それぞれの性格に合った育てかたを考えるよ。厩務員（調教師の指示で馬の飼育をする人）や、馬といっしょにレースをたたかうジョッキー P363 をやとうのも仕事なの。レースへの参加の手つづきをしたり、ジョッキーと相談しながら、たたかい方も考えるよ。すべては、馬が最高の状態でレースをたたかえるようにするため！ 馬主のためによい馬を見つける仕事もするよ。国内だけでなく、海外の牧場までさがしに行くこともあるの。自分が育てた馬がレースで勝つことがなによりのよろこびなの。

サラブレッドを育てるよ

足の速い

お仕事メモ

勤務形態は？ JRA（日本中央競馬会）か地方競馬に所属

勤務時間は？ レースや馬の状況によって変わる

勤務地は？ 厩舎、レース場など

休日は？ 不規則

お給料は？ 競走馬の成績による。月収100万円くらいの人も

なりたい！ 競馬調教師への道

JRA（日本中央競馬会）の競馬学校厩務員課程を修了	JRA競馬学校か地方競馬教養センターに入所し、厩務員課程を学ぶ
↓	↓
日本調教師会の調教師試験に合格	地方競馬全国協会の調教師試験に合格

あこがれの競馬調教師に！

成果に期待！
未知へ挑戦するお仕事

きびしい訓練や勉強をへて、つけるお仕事。大変な努力をした人だけができるから、たどりつくまでには長い道のり。でも、やりがいや仕事が成功したときの達成感は、バツグンだよ！

未知へ挑戦するお仕事 みりょくのポイント ベスト3

1 女性宇宙飛行士もぞくぞく宇宙へ！

日本で宇宙に行った女性は2人。1994年日本初の女性宇宙飛行士として、向井千秋さんが飛び立ったよ。2010年には山崎直子さんが2人目の女性として宇宙へ。

2 ノーベル賞を日本人がつぎつぎ受賞！

研究結果が人類の発展に役立つ、と評価されると受賞できる「ノーベル賞」。化学、物理学賞では日本人受賞者が多いよ。日本女性の受賞者はまだいないの！

3 危険をおそれず挑戦する姿に感動！

女性冒険家では、和泉雅子さんが有名。北極点に到達した日本人初の女性だよ。何度も失敗しながら、北極点に到達したときは、日本中に感動をあたえたよ。

宇宙飛行士さんにインタビュー

山崎直子さん

Q いつころから宇宙に興味があったのですか？

小学生のとき。宇宙のアニメを見てわくわくしました。中学3年のとき、テレビでスペースシャトルの打ち上げを見て、宇宙飛行士になりたいと思いました。

Q やりがいを感じるのは？

きびしい訓練をおえて宇宙に行き、自分の目で、青くかがやく地球を見たとき。

Q 気をつけていることは？

体調と心の状態に気をくばって、コントロールすること。

メッセージ

宇宙でいろいろな実験や研究、技術開発をするので、何か自分のとくいなことを見つけて、それをのばしていけるといいですね。

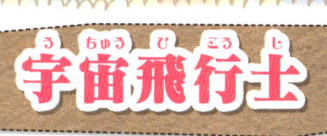

宇宙飛行士

スペースシャトルで地球を飛び出し、大きな宇宙空間で実験＆研究！

宇宙飛行士は、人類の未来のために宇宙でさまざまな実験や研究をおこなう仕事だよ。2011年7月に宇宙の中に実験や研究をする施設が完成したことで、やれることがグーンと広がったよ。世界各国の仲間と力を合わせて調査をするから、英語力とチームワークはかかせないの。ふだんは地上でたくさん訓練をつんで、宇宙へ飛び立つ日にそなえているよ。宇宙飛行士への道はとてもせまき門。宇宙航空研究開発機構のむずかしい試験に合格しないとなれないの。いつか民間の宇宙飛行士がうまれるかもしれないよ。

知っておきたい！ミニ知識 宇宙での生活
宇宙環境ではおどろきの事実がいっぱい！

食事は地上と同じもの
いまはみそ汁やアイスクリームなど約150種の宇宙食があるよ。お湯でもどしたり、レンジであたためて食べるんだよ。

寝るときは体をしばる
ねている間にフワフワ飛んでいってしまうから、寝袋や小さくてせまい寝室に入ってかるく体をしばって寝るよ。

宇宙服は特別なときに
スペースシャトル内は地上と同じ気圧になっているから、打ち上げと帰るとき、宇宙空間での作業以外はふつうの服だよ。

そうじ機みたいなトイレ
体がうかないように固定して、排泄物をそうじ機みたいな機械ですいこませるんだ。宇宙飛行士はトイレの訓練もするよ。

お仕事メモ

勤務形態は？
宇宙航空研究開発機構に所属

勤務時間は？
1日8時間くらい（訓練中）

勤務地は？ 宇宙航空研究開発機構（JAXA）など

休日は？
週休2日

お給料は？
月収40万円くらいから

科学者

生物や天文、物理学などの専門分野で世の中に役立つ研究をする学者

体のしくみ（生物学）、星や宇宙（天文学）、分子の構造（化学）、光や音・原子力（物理学）など、自然科学の研究や実験をするよ。大学や企業の研究室で、自分の専門分野の調査をするんだよ。新しい発見をしたら、論文にまとめて学会で発表。論文は英語で書くことも多いよ。世界的にすばらしい成果を残した人には「ノーベル賞」がおくられることも。医薬品や新製品の開発など、科学者が生み出した技術はいろいろなところで役立っているの。大学を出て大学院に進み、博士号をとることが必要だよ。

お仕事メモ

勤務形態は？
大学に所属

勤務時間は？ 1日8時間くらい
だが、休みなく研究する人も多い

勤務地は？
大学や企業の研究室など

休日は？
土日祝日

お給料は？
月収35万円くらいから

世界を変えた発明&発見

知っておきたい！ミニ知識

歴代女性科学者のいだいな功績だよ！

キュリー夫人
女性ではじめてノーベル賞を受賞した人。放射性物質を発見したよ。

ロザリンド・フランクリン
人間の遺伝子（DNA）研究をなしとげたイギリス人。当時はむずかしかったDNAの構造を解明したんだよ。

ジョスリン・ベル・バーネル
イギリスの天文学者。アントニー・ヒューイッシュという学者とともに、宇宙からの電波信号を発見したよ。

アマーリエ・エミー・ネーター
ドイツの数学者。数学の発展に大きくこうけんしたよ。アインシュタインにもみとめられたほどの実力。

お仕事ファイル 154

冒険家

山の頂上や大陸の探検など、だれも行ったことがない場所へ！

きけんをおそれず、人類がかんたんに行けない場所を探検するのが冒険家。まだ世界地図が完成していなかった時代には、探検や航海で新しい土地や大陸を見つける冒険家がたくさんいたんだ。現代も世界中の高い山にのぼったり、自転車やヨットで世界を一周したりとさまざまなタイプの冒険家がいるよ。ほかの人がやらないようなきけんなことだから、絶対にやりとげるぞ！という強い心がたいせつ。企業やマスコミが、冒険家の成果に期待してお金を出してくれることも。帰ってきて冒険日記を出版する人も多いよ。

お仕事メモ

勤務形態は？
ほとんどがフリー

勤務時間は？
不規則

勤務地は？
冒険によってさまざま

休日は？
不規則

お給料は？ 企業からの支援料、本の売り上げによる

知っておきたい！ミニ知識

世界の女性冒険家
ゆうかんな旅に挑戦する女性を紹介！

續 素美代
日本人女性ではじめてスキーでの南極点に到達した人。エベレスト登頂にも成功しているの。

ガートルード・ベル
旅と山のぼり、砂漠をあいしたイギリスの冒険家。「砂漠の女王」とよばれているよ。

和泉雅子
人気女優から冒険家になった人。日本人女性としてはじめて北極点にたどりついたんだよ。

アメリア・イアハート
文明が未発達のとき、飛行機で大西洋を横断した飛行士。彼女の人生は映画にもなっているよ。

お仕事ファイル 155 探偵

たのまれたことをじっくり調べるよ

　会社の情報やうわさ、ゆくえ不明者についてなど、自分では調べられないことの相談をお客さんから受け、それを調査するのが探偵の仕事。人のあとをつけてようすをさぐる尾行をしたり、家の前ではりこみをしたり、根気のいる仕事だよ。

　お仕事メモ

勤務形態は？	正社員、契約社員など
勤務時間は？	1日8時間くらい。残業も多い
勤務地は？	探偵事務所などさまざま
休日は？	週休1～2日、休日出勤も多い
お給料は？	月収20万円くらいから

お仕事ファイル 156 うらない師

うらないの結果をもとにアドバイスするよ

　まよいやなやみをかかえている人に、未来を予言してアドバイスする仕事。タロットや姓名判断など方法はさまざま。特殊能力が必要な場合もあるけど、勉強すればできる学問に近いうらないもあるので自分のやりたい種類をよく勉強しよう。

お仕事メモ

勤務形態は？	フリーがほとんど。まれにデパートなどの正社員も
勤務時間は？	不規則。2、3時間から1日中かかることも
勤務地は？	うらないコーナーや事務所など
休日は？	不規則
お給料は？	うらない1回につき3千～1万円くらい

住みやすい国にしたい！

政治・法律・金融 のお仕事

わたしたちの社会をつくっている
政治や法律、お金にかかわるお仕事。

みんなが住みやすい社会にするため
高い理想と目標をもって働いているよ！

住みやすい社会をつくるために活やくする人たち

弁護士

むずかしいトラブルでこまっている人を
法律で解決にみちびき、社会の自由と平等を守る。

こまった人の相談にのり、いっしょに解決するよ

正義と自由をあらわすひまわりに、平等のしるし・てんびんがかいてあるバッジをつけるの

ビシッとしたスーツで法廷へ

弁護士の仕事は、個人や会社からさまざまなトラブルの相談を受けて、解決していくこと。ときには裁判所で決めてもらうよ。裁判所は法律にもとづいて問題を解決する場所で、大きくわけて「刑事事件」と「民事事件」をあつかっているの。刑事事件では、人を傷つけたり、物をぬすんだりなど犯罪をおかした人の罰を決めるよ。弁護士は、刑事被告人（犯罪をおかしたとうたがわれている人）の弁護ならその刑が少しでも軽くなるように努力します。民事事件は、犯罪ではない、人と人のあいだで起こるトラブル。たとえば貸したお金を取り返したい、不良品の代金を返してほしいなど、いろいろな相談が弁護士にくるのよ。

お仕事メモ

勤務形態は?
正社員

勤務時間は?
1日10時間くらい。残業も多い

勤務地は?
弁護士事務所、裁判所など

休日は?
土日祝日

お給料は?
月収49万円くらいから

ココが楽しい

裁判に勝ったときや、判決に相談者が納得してくれたとき。弁護をがんばってきてよかったと思えるよ。

ココが大変

相談者が相談ごとをくわしく話してくれないと弁護もしづらいよ。相談者の信頼をえて、しっかりと話をきくのがだいじ。

マンガでわかる 弁護士ストーリー

法律事務所

どうされましたか?

まずどんなことでこまっているか話を聞くよ

わたしのつくった「ニャニャピー」というキャラクターにそっくりの人形が出まわっているんです

ニャニャピー

にせもの

本当にそっくりですね!

相談者(原告):
イラストレーター

これはりっぱな著作権侵害!

裁判をしてにせものの販売をやめさせましょう!

ぜひお願いします!

訴状作成

どんな訴えをおこすか書面にまとめるよ

訴状

内容はまちがいないですか?

あのキャラクターについてお聞きしたいのですが…

裁判までに相手(被告)についていろいろと調べておくんだよ

1カ月後

郵便でーす

裁判の日程が決まったみたい。ここからが本番よ

※ 裁判期日とは、裁判を行う日のこと

裁判所：とある裁判期日

それでは原告側から
じんもんをお願いします

裁判官

相手（被告）

原告は自分でこのイラスト
を考えてつくり、だれかの
まねをしていませんね？

弁護士

相談者（原告）

はい、
もちろんです！

このにせものはニャニャピーに
そっくり！ 著作権侵害です！

被告
どうですか？

わたしはそんなキャラクター知りま
せん！ 自分で考えたオリジナルです

この期日はこれにて終了！ 問題が解決するまで何度も裁判期日が入ることもあるの

キャラ設定まで
よく似ています

手ごたえありそうですね！
でも、次の裁判期日までさらに
ほり下げましょう！

はい！

判決の日

きんちょう
しますね

ドキドキ

いよいよね

原告が主張する著作権の
侵害をみとめます。被告
に今後にせものの販売の
中止を言いわたします

被告は自分の
オリジナルのものを
つくるようにしてください

やりましたね

勝訴

ありがとう
ございました！

なりたい！ 弁護士への道

- 大学の法学部を卒業
  ↓
- 法科大学院（ロースクール）で学ぶ
  ↓
- 新司法試験に合格
  ↓
- 司法研修所で1年間研修
  ↓
- あこがれの弁護士に！

新司法試験は法科大学院修了5年以内なら、落ちても3回受験できるの。2016年の合格率は平均23%。司法試験に合格したら司法修習生になって、1年間学校で実際の仕事を学ぶよ。

弁護士への第1歩

いま話題になっている裁判で、弁護士がどんなふうに事件を担当しているか、新聞やWEBで調べてみよう。

知ってる？ 弁護士あれこれ

さまざまな状況に合わせた弁護

弁護士の仕事は、こまっている人や弱い立場の人をたすけること。ときには犯罪をおかした人の弁護もするよ。また大きな事件では何人かの弁護士が協力して弁護するときもあるの。ほかにも顧問弁護士といって、企業とけいやくしてトラブルなどが出たときにすぐに相談にのれるようにしている場合があるよ。

先ぱいにトッゲキ☆インタビュー

城山タワー法律事務所／石渡 真維さん

Q 弁護士になりたいと思ったのはいつ？

大学進学のとき、法学部に興味をもちました。勉強するうちに、女性でも結婚や出産に関係なくつづけられ、社会に貢献できると思い、めざしました。

Q 相談者の話をきくときにだいじなことは？

相談者が話すことを基本的にさえぎらずに聞きます。どこにたいせつな事実が隠れているかわからないので、できる限り自由に話してもらいます。

Q 今からやっておくとよいことは？

先入観を持たずに、相手の立場に立って考えるクセをつけること。ことばをそのまま受け止めるのではなく、相手の本当の気持ちを想像します。

お仕事 ぴったり度チェック！ check!

- ☐ 正義感が強いほう
- ☐ 勉強がすき
- ☐ 冷静にものごとを判断できる
- ☐ 聞きじょうずなほう
- ☐ こまった人はほうっておけない
- ☐ 図書館で調べるのがとくい

政治家

みんながくらしやすいように法律を決めて
しあわせな社会をつくる仕事。

日本を象徴する
菊のバッジをつ
けているの

日本をいい国にする
ように、
がんばります！

日本に住む人たちのリーダーとして、安全でくらしやすい国にするために、ルール（法律）をつくる仕事だよ。くらしやすい世の中にするためには、古い道路をなおしたり、新しい学校をつくったり、とてもお金がかかるの。お金は、国民が納める「税金」が使われるよ。税金の使い道を決めるのも、政治家の仕事。国のために働く国会議員は東京の国会議事堂で、県や市などの地域のために働く地方議会議員は地方議会で、税金の使い方や、いろんな問題を話しあっているよ。政治家は、選挙に立候補したくさん票を入れてもらわないとなれないよ。日本をよくしたいという強い思いがなければできない仕事だよ。

お仕事メモ

勤務形態は？
国会、地方議会に所属

勤務時間は？
不規則

勤務地は？ 国会議事堂、地方議会、選
挙区の事務所など

休日は？
不規則。ほぼないとも言っていい

お給料は？ 国会議員は月収約130万
円。地方議員は地域による

ココが楽しい

自分がうったえてきた案が決まって、それが市民の生活にもいかされたとき。みんながしあわせになることが目標だよ。

ココが大変

平日は東京の国会などで仕事をして、週末はふるさとに帰って活動するの。休みがあまりとれないくらいいそがしいよ。

マンガでわかる 政治家（せいじか）ストーリー

先生そろそろ
お時間です

ありがとう
次は委員会（いいんかい）だったわね

わたしは政治家をめざし、
まずその仕事をよく知るために、
政治家秘書（せいじかひしょ）になったの。

必要な資料（しりょう）をまとめて
おきました

少子化対策
委員会

※政治家秘書（せいじかひしょ）とは、議員（ぎいん）のスケジュール管理や資料収集（しりょうしゅう）などをして政治家をお手伝いする人だよ

少子化（しょうしか）がどんどん深刻化している…
もっと安心して子どもを産み、
育てられる国にしないと

子化対策
員会

よーし！
わたしが国を
もっとよく
しよう！

選挙街頭演説（せんきょがいとうえんぜつ）

駅前など人の多い場所で
行われることが多いよ

西東社党

明るい未来

投票箱

選挙当日（せんきょ）

有権者（ゆうけんしゃ）の投票で
議員（ぎいん）が決まるよ！

当選!!

バンザーイ!!
バンザーイ!!

ご投票
ありがとうございました！
これからがんばります

なりたい！ 政治家への道

国会議員は衆議院（25歳から）・参議院（30歳から）選挙のいずれかに立候補、地方議会議員は地方選挙（25歳から）に立候補

↓

選挙に当選！

↓

あこがれの政治家に！

「こんな国にしたい」「この問題を解決したい」という強い思いがある人が、その気持ちをみんなにうまくつたえて、選挙に勝てれば政治家になれるんだよ。でも、選挙に勝つには、たくさんの人の協力が必要になるよ。

政治家への第1歩

たとえば学校をもっとよくするために、できることを見つけよう。クラスのみんなにも協力してもらうといいよ。

かかわりのある仕事

国民の生活や財産を守る国の最高指導者
内閣総理大臣

日本で一番決定権のある政治家のこと。国民の選挙でえらばれた政党のトップが内閣総理大臣になるよ。えらばれたあとにさまざまな大臣を決めて内閣というチームをつくり、日本をよりよい国にするためにいろいろなことを決めていくのよ。

～内閣総理大臣のおもな仕事～
* 法律や予算の案を出す。
* 大臣たちを監督する。
* 国際会議で外国の首相などと話し合う。

先ぱいにトツゲキ☆インタビュー

参議院議員／蓮舫さん

Q 印象に残る仕事はなんですか？

議員になって初めて取り組んだ法律改正の児童虐待防止法改正案の成立です。かわいそうな子どもたちを一人でも多く救いたいと願い、つくりました。

Q やりがいを感じるのはどんなときですか？

法律案が可決して法律が施行される（運用がはじまる）ときです。法律でこまっている人の声にこたえていけることはやりがいです。

Q いまからやっておくことは？

インターネット、テレビ、新聞などのいろいろな情報を知り、日本や海外での政治やできごとに興味をもつこと。自分の考えをしっかりともつことです。

お仕事 ぴったり度チェック！ check!

- [ ] 日本を変えたいと思っている
- [ ] 学校ではリーダー的存在
- [ ] いじめはぜったいにゆるせない！
- [ ] 人前で話すことがとくい
- [ ] 責任感が強いといわれる
- [ ] ニュースを見るのがすき

裁判官

裁判であらそわれたことについて
法律にもとづき、公平な判断をするよ。

いつでも冷静に
事件の真実を見きわめるよ

女性裁判官は
スカーフをま
くことも

黒い法服を着用。
黒はほかの色に
そまらない、つ
まり裁判所の独
立を表す色なん
だよ

裁判所にきたいろいろな事件やあらそいごとを、正しく判断するのが裁判官の仕事。判断する場所を「法廷」、決めることを「判決」というよ。刑事事件では、警察につかまった人を被告人とよんで、弁護士 P308 や検察官 P318 などの話や被告人の言い分も聞いて、被告人は有罪か無罪か、またどのくらいの刑が必要かの正しい判断をしなければならないの。裁判は1回で終わることは少なくて、何年もかかる場合があるよ。1人の裁判官の担当は200～300件とも。とてもだいじなことを決める仕事だから、さまざまな知識や判断力が必要。そして一番だいじなのは悪いことを正す強い気持ちで仕事をすることなんだよ。

お仕事メモ

勤務形態は?
公務員

勤務時間は?
朝9時から夜おそくまで。夜間、休日当番も

勤務地は?
裁判所

休日は?
土日祝日。当番で休日出勤もある

お給料は?
月収31万円くらいから

ココが楽しい

判決をくだしたあと、裁判を起こした人とうったえられた人が両方納得して解決したときは、ほっとするよ。

ココが大変

裁判官がくだす判決の意味はとても大きいの。判決は被告人の人生を左右するから、どんな裁判でも責任は重大だよ。

なりたい！ 裁判官への道

- 大学の法学部を卒業
  ↓
- 法科大学院（ロースクール）で学ぶ
  ↓
- 新司法試験を受験し、合格する
  ↓
- 司法研習所で1年間研修
  ↓
- あこがれの裁判官に！

司法研習所では、成績ももちろん優秀でなければならないけど、人がらがむいているかのきびしいチェックもあって、それに合格した人だけが裁判官になれるよ。

裁判官への第1歩

意見がわかれた友だちどうしの話をじっくり聞いて、どうしたらいいか考えるのも勉強になるよ。

知ってる？ 裁判官あれこれ

裁判はいろいろな人に支えられている

裁判は、裁判官と検察官と弁護士のみでおこなうものではないよ。内容を記録する調書をつくる書記官、発言を記録する速記官、少年事件を担当する家裁調査官など、そのほかにも多くの人が裁判を支えているの。

ほかの公務員にくらべて転勤が多い

日本全国に裁判所があるよ。同じ場所で長く働くと、裁判所で働く人やその土地の人たちと仲よくなって、きびしくチェックし合うことができなくなることも。それが原因でまちがいが起こるのを防ぐため、2〜3年ごとに転勤しているんだよ。

仕事以外の時間も正しく、健やかに！

裁判官は国民からの信頼がだいじ。「品位保持義務」といって、私生活もまじめにすごし正義感ある行動をとらなければならないの。自由にお酒も飲めるし、とどけを出せば海外へも行けるけど、ふだんから、勉強をしたりしてまじめにすごす人が多いよ。

お仕事 ぴったり度チェック！ check!

- ☐ 本を読むのがすき
- ☐ 人の話をよく聞くほう
- ☐ クラスのリーダー的存在
- ☐ 人を説得するのがとくい
- ☐ 友だちになやみ相談をよくされる
- ☐ 冷静にものごとを判断できるほう

317

検察官

警察がつかまえた人を取り調べて罪を裁判所にうったえる仕事。

社会の"正義"はわたしが守ります！

かっちりスーツで裁判にのぞみます

検察官庁から支給されるふろしきを持って裁判所にむかう

検察官の仕事は、法律にいはんした人を調べ、罪になると思ったら裁判所にうったえて裁判官 P316 に判断してもらうことだよ。まず犯人を警察官 P354 がつかまえたら、その事件の犯人が本当にその人かどうかじっくり調べて、証拠がそろったら裁判所で罪があることや、その罪がどのくらいの罰かを決めてもらうの。裁判所に犯人だとうったえることを「起訴」というよ。検察官は、起訴した被告人がどのようなことをして、その犯罪がどんな法律にいはんするかを法廷で説明するの。弁護士 P308 とは反対の仕事だね。でも罰をあたえなくてもよいと思ったときは、起訴をしないこともあるんだよ。

お仕事メモ

勤務形態は？
公務員

勤務時間は？
1日8時間くらい。残業も多い

勤務地は？
検察官庁など

休日は？
土日祝日。休日出勤も多い

お給料は？
月収23万円くらいから

ココが楽しい

犯罪者の罰が決まって被害者がほっとしてくれたとき。犯人が心から反省してくれたらもっとうれしいわ。

ココが大変

しんちょうに判断しないと無実の人を有罪にしてしまうおそれがあるよ。とても責任が大きい仕事だよ。

なりたい！ 検察官への道

大学を卒業
↓
法科大学院（ロースクール）で学ぶ
↓
新司法試験に合格
↓
司法研修所で1年間研修
↓
あこがれの検察官に！

検察官になるためには司法修習所で研修をうけるよ。そのあとに法務省の試験と面接にとおったら、検察官になれるよ。知識、能力、人がらがチェックされるよ。

検察官への第1歩

日本にどんな法律があるかを調べて、その法律がなぜあるか、どんなふうに国民を守っているかを考えてみよう。

知ってる？ 検察官あれこれ

裁判がおわってからの検察官の仕事

刑事事件で罪が決まったあと、被告人を刑務所に送ったり罰金をはらわせたりするよ。また借りた証拠品を持ち主に返したり、いらないものを処分したり、裁判で使った書類などをきちんと保管するのもだいじな仕事だよ。

警察をとおさずにそうさできる機関・特別捜査部（特捜部）

検察官のいる検察庁には、警察をとおさずに事件のそうさができる特別捜査部という組織があるよ。この組織があるのは、東京・大阪・名古屋の3カ所。犯罪があったとき逮捕するのは、ふつうは警察の仕事だけど、はっきりした被害者がいないと警察はそうさしづらいの。すぐには犯罪だとわからないけど、あやしいと思ったときなどに、特捜部が出動するのよ。たとえば脱税や汚職事件など、大きな会社や政治家の犯罪をそうさすることもあるわ。マスコミなどに知られないようにこっそり調べながら、たしかなしょうこを見つけ出すのに、とっても気をつかうよ。

お仕事 ぴったり度チェック！ check!

□ いじめは絶対にゆるせない！

□ 悪い人はきちんと罰を受けるべきだ

□ 本を読むのがすき

□ 人の話をよく聞くほう

□ ニュースをよく見る

□ 人にはやさしくするべきだ

政治・法律・金融のお仕事

検察官

お仕事ファイル 161

公認会計士

企業の売り上げや使ったお金をチェックし
書類の正しさを保証するプロ！

会計をきびしく
チェックするよ

会計士は信用
が一番！ きっ
ちりスーツが
基本

公認会計士は、会社の売り上げや仕事のやり方をチェックして、それが正しいかどうかたしかめる仕事をしているよ。これを監査といって、公認会計士にしかできない仕事なの。監査によって、公認会計士から「この会社はきちんと仕事をしています」とみとめてもらえれば、その会社は社会から信用されたということになるの。社会の信用は、会社を経営するのにとってもたいせつなんだよ。公認会計士はほかにも、企業の経営についての相談にのって、経営者にアドバイスをすることもあるの。会社のお金の流れをきちんと理解していないとできない仕事で、資格をとるのはとてもむずかしいよ。

お仕事メモ

■ 勤務形態は？
監査法人や企業の正社員、フリーも多い

◇ 勤務時間は？
1日8時間くらい。残業も多い

★ 勤務地は？
監査法人、取引先や所属する会社など

■ 休日は？
土日祝日。休日出勤も多い

■ お給料は？ 月収40万円くらいから。
フリーなら数百万円にも！

ココが楽しい

監査をした会社が自分のアドバイスによって売り上げをのばしたとき。会社のトップの人と話ができるのも勉強になるよ。

ココが大変

監査をした会社について役所に報告書を出すよ。ミスはゆるされないからなんどもチェック。とても気をつかうよ。

なりたい♪ 公認会計士への道

高校、大学、専門学校を卒業
↓
会計大学院
↓
公認会計士試験に合格
↓
監査法人などで実際に2年以上働く
↓
あこがれの公認会計士に！

公認会計士試験は合格率10％とむずかしいよ。試験に合格するために、会計大学院で専門の勉強をする人もいるよ。

公認会計士への第1歩

家計簿を見せてもらったり、自分でもおこづかい帳をつけてみよう。計算も速くできるようになるといいね。

知ってる？ 公認会計士あれこれ

いそがしい時期は毎日終電で帰宅！

会社が1年ごとの会計報告をしなければならない時期に監査の仕事が集中するよ。朝から深夜までの仕事が何日もつづくから大変！

国の施設でも活やくする公認会計士

私立の学校や幼稚園、地方公共団体なども監査があるんだよ。これらは国から補助金というお金をもらっているの。正しく使われているかどうかを公認会計士が監査して、正しくないときは補助金がなくなることもあるよ。

先ぱいにトツゲキ☆インタビュー

秦 美佐子さん

Q 仕事のおもしろさはなんですか？

会社がどんなふうに経営されているのかがわかるところ。会社の成長を手だすけできたときは、とてもうれしいです。

Q 計算がとくいならなれますか？

会計のまちがいを正したり、経営をたすけたりするには、計算だけではダメ。しんちょうにものごとを進める気持ちと、会社で起こっていることに興味をもつことが必要です。

Q 働く時間は長いのですか？

いそがしい時期は夜おそくまで。仕事以外にも、勉強でおそくなることも。じつは体力のいる仕事です。

お仕事ぴったり度チェック！ check!

- [ ] 算数がとくい
- [ ] かんがするどいほう
- [ ] 自分の意見ははっきりいう
- [ ] 説明がわかりやすいといわれる
- [ ] まがったことがきらい
- [ ] ねばり強い性格だ

税理士

税金のしくみのことをくわしく知っていて
書類づくりや計算をサポートするよ。

税金のことならなんでも聞いてね！

お金を管理していたむかしの省庁「大蔵省」のシンボル、桜のもようのバッチをつけているの

ビシッとスーツを着ているよ

お店や会社、ときには個人からたのまれて税金をおさめるための書類をつくるのが税理士だよ。すべての働く人は税金をはらわなければならないけど、お店や会社などはその税金の計算がとってもふくざつでわかりづらいの。そこで税理士がかわりに、売り上げや支はらいの計算をして書類をつくるんだ。この書類を決まった時期に役所に出すこを「確定申告」というの。また「帳簿」といって売り上げや支はらいを記録したものをつくったり、税金でわからないことの相談にものるよ。会社の経営のことでアドバイスすることもあるの。税理士は税金のことをよく知っていないとできない仕事だよ。

お仕事メモ

勤務形態は？
会計事務所の正社員。フリーも多い

勤務時間は？
1日8時間くらい。残業も多い

勤務地は？ 税理士・会計事務所、クライアントの会社、税務署など

休日は？
土日祝日

お給料は？ 月収20万円くらいから。フリーなら数百万円にも！

ココが楽しい

相談にのっていると、お客さんと仲よくなれるの。だからお客さんを手だすけできたときは本当にうれしいよ。

ココが大変

会計のくぎりの時期にはたくさんの企業の書類をつくらなくちゃいけないの！毎日おそくまで働くことが多いよ。

なりたい！ 税理士への道

専門学校、大学を卒業
⬇
税理士試験に合格
⬇
税理士事務所などで実際に2年以上働く
⬇
あこがれの税理士に！

税理士試験は、11科目中5科目をとれば合格。1科目ずつ何年もかけて受験する人も多いよ。受験に年れい制限がないから、勉強さえがんばれば、いくつになってもチャレンジできるよ。

税理士への第1歩

いま、自分の家がどんな税金をいくらぐらいはらっているか、お父さんやお母さんに聞いてみよう。

知ってる？ 税理士あれこれ

毎年のように変わる税金のしくみ

人々のくらしをよくするために、国会や地方議会では税金をどうするか日々、議論されているよ。そのため、税金のしくみもすぐに変わってしまうことが多いの。税理士は勉強をかかさず、決められた税金のしくみに対応していかないといけないよ。仕事はいそがしいけど、ニュースにこまかく目をとおして、法律の状況を知っておくことがだいじだよ。

身近な税金の相談者

税理士はおもに小さな会社、お店や個人のお客さんが中心。きぼが小さいぶん、密接にお客さんとかかわり合う機会が多いよ。だからふだんからの信頼関係がだいじ。会社の財務状況を見せるのだから、会社も信用できない人にはたのめないよ。わかりやすく税金のことを説明できる能力にくわえて、人がらがよいことも重要なんだよ。

お仕事ぴったり度チェック！ check!

- [ ] 算数がとくい
- [ ] 人と話すのがすき！
- [ ] 友だちのヒミツは絶対に守る
- [ ] お金の貸し借りはきらい
- [ ] 根気があるっていわれる
- [ ] 話がわかりやすいっていわれる

司法書士、行政書士

身近な問題の相談を受け、むずかしい手つづきや書類の作成をうけおう。

司法書士は桐の花、行政書士はコスモスのバッチをつけているよ

きちんとした服そうをしているよ

役所に出す書類はわたしにまかせて！

司法書士は、家を建てたり、土地を売り買いするときや会社をつくるときに必要な書類の作成と、さまざまな手つづきを相談者の代わりにやるのが仕事。法律の相談にのって解決するためのアドバイスをしたり、裁判所に出す書類をつくることもあるよ。法律にくわしくないとできないよ。行政書士は、役所にとどけるさまざまな書類をかわりに書く仕事。お店をはじめる許可をとるときや資格をとるときなどは、むずかしい書類を役所に出さなければいけないから、行政書士がかわりにやるんだよ。両方の仕事のいいところをいかして、司法書士と行政書士の資格をもって両方を仕事にする人もいるよ。

お仕事メモ

勤務形態は？ 司法書士事務所、行政書士事務所の正社員。フリーも多い

勤務時間は？ 1日8時間。残業をすることも

勤務地は？ 事務所、各種役所など

休日は？ 土日祝日。休日出勤も多い

お給料は？ 月収20万円くらいから。フリーなら数十万円にも！

ココが楽しい

いらい者が問題を解決し笑顔やほっとした顔を見せたとき。書類をつくるのは大変だけどやってよかったと思えるんだよ。

ココが大変

作成する書類はどれもふくざつで、決してまちがえてはいけないものばかり。書類をつくるための調査も大変だよ。

なりたい！ 司法書士、行政書士への道

高校、大学、専門学校を卒業
↓
司法書士、行政書士試験に合格
↓
司法書士、行政書士事務所に入る
↓
あこがれの司法書士、行政書士に！

司法書士・行政書士ともにむずかしい試験。とくに司法書士試験は合格率が3％と難関。大学に行きながら専門スクールにかよう人も多いよ。

司法書士、行政書士への第1歩

法律にくわしくないとできない仕事だから、どんな法律があるか本を読んだり、ニュースを見て調べてみるといいよ。

知ってる？ 司法書士、行政書士あれこれ

行政書士のあつかう書類の数は1万種類以上！

書き方がむずかしい書類を早く正確につくる行政書士。たのまれる仕事も多く、作成がみとめられている書類の数は1万種類！ つくり方をすべておぼえるのは大変なので、最近ではとくいな分野にしぼって、仕事をしている人もいるよ。

弁護士と司法書士のちがい

司法書士の場合、140万円までの借金のトラブルや、被害の少ない事故についてのみ、いらい者のかわりに裁判にでることができるよ。身近な法律の相談をするなら司法書士、犯罪にかかわることや要求する金額が大きい裁判をするときは弁護士が活やくするよ。

銀行をまわって営業をすることも！

司法書士は土地の売り買いの手つづきがおもな仕事。銀行がお金を貸すことがほとんどなので、銀行から仕事をたのまれることが多いの。だから独立したての司法書士や司法書士事務所の新人は銀行へ営業に行くよ。

お仕事 ぴったり度チェック！ check!

- ☐ パソコンがとくい
- ☐ 友だちの相談によくのる
- ☐ 手紙を書くのがすき
- ☐ 正義感が強いほう
- ☐ 人見知りはあんまりしない
- ☐ 自分で書いた文はかならず見直す

ファイナンシャルプランナー

将来にそなえたり、財産をふやすために
お金をどう使ったらいいかをアドバイスするよ。

お金についての新しい情報をいつもチェック!

スーツで相談者をむかえるよ

人に合わせたお金の使い方を考えるよ!

財産や保険、税金といったお金のことで相談をうけてアドバイスする仕事だよ。財産とは、貯金してあるお金や、土地や建物、株などのことだよ。それらの財産をふやす方法や、どう使ったらゆたかな生活を送れるかを考えるんだよ。ファイナンシャルプランナーは、銀行や保険会社のようなお金をあつかう会社で働く人が多いんだ。そういった会社へは、たとえば家を建てるためにお金を借りたい人や、病気や事故など、急にお金が必要になったときにそなえて、保険に入りたい人が相談にくるの。お金をやりくりする仕事だから、年金、保険、法律などのこともくわしく知らないといけないね。

お仕事メモ

勤務形態は? 銀行、保険、証券、コンサルティング会社の正社員

勤務時間は? 1日8時間。相談者に合わせて動くことも

勤務地は? 会社、相談者の事務所、家など

休日は? 土日祝日

お給料は? 月収25万円くらいから

ココが楽しい

プランがうまくいって、相談者に感謝されたとき。みんながしあわせになるよう、おてつだいができるのがうれしい。

ココが大変

相談者と信頼関係をきずき、お給料など、ふつうは人に言いたくないことも、教えてもらうのは大変だよ。

高校、専門学校、大学を卒業

▼

ファイナンシャルプランニング技能士などの資格をとる

▼

金融系の会社に入る

▼

あこがれのファイナンシャルプランナーに！

ファイナンシャルプランナーの資格には、とったあとに研修をしなくてよい国家資格と研修が必要な民間資格があるよ。海外でも仕事ができる国際資格もあるの。

ファイナンシャルプランナーへの第1歩

おこづかいをどのように使うのか、ふやす方法はないか考えてみよう。おこづかい帳をつけて使い方を工夫するのもいいね。

知ってる？

ファイナンシャルプランナーあれこれ

アメリカ生まれの仕事で日本ではまだ歴史が浅い

アメリカでは、ぐあいが悪ければお医者さんに行くのと同じで、お金の使いみちにこまったらファイナンシャルプランナーに相談する人が多いの。だからフリーのファイナンシャルプランナーがたくさんいて、活やくしているよ。日本でも、保険や預金の種類などがふえて、アドバイスをほしがっている人もふえているから、これからはファイナンシャルプランナーがもっと活やくするよ。

ファイナンシャルプランナーは人脈と情報が命！

相談者に合った計画を提案したら、その実行のための道すじを立てなければならないよ。それには税金や年金のことはもちろん、どんな保険に入るといいか、どんなローンを組めばいいかなど、さまざまな情報を知っていないとできないの。情報をあつめるためには、その分野の専門家と知り合いになることもだいじな仕事だよ。

お仕事 ぴったり度チェック！ check!

- ☐ 聞きじょうずっていわれる
- ☐ あいさつはかかさない
- ☐ お金の計算が早い
- ☐ 計画的に貯金できる
- ☐ 株をやってみたい
- ☐ 算数と社会がすき

銀行員

銀行につとめて、会社や個人のお客さんを相手に
お金をあずかったり貸したりするよ。

たいじな貯金を
しっかりあずかります

窓口にいる人
は制服が多い

お金をあずかって安全に保管したり、お金を人や会社に貸したりするのが銀行の役目。別の場所にお金を送ることもできるよ。銀行員は、銀行で働いて、その仕事のおてつだいをしている人のことだよ。窓口にいる人は、お客さんと直接お金の受けわたしをしたり、お金の動きを通帳に記録しているの。そのほかにも、会社やお店などに行って、銀行にお金をあずけてもらったり、反対に借りてもらえるようにおねがいする役目の人もいるよ。銀行が閉まったあとも、いろいろな仕事をおそくまでしているんだよ。たいせつなお金のやりとりをする仕事だから、まじめで計算などをまちがえずにできる人がむいているよ。

お仕事メモ

勤務形態は?
正社員、派遣社員など

勤務時間は?
1日8時間くらい。月末は残業も多い

勤務地は?
銀行、取引先の会社など

休日は?
土日祝日

お給料は? 月収20万円くらいから。銀行によりだいぶちがう

銀行員への道

なりたい!

高校、専門学校、大学を卒業

↓

銀行で働く

↓

あこがれの銀行員に!

資格がなくてもなれるけど、宅地建物取引主任者の資格と英語力があると、より採用されやすいよ。電卓が速く打てるようになっておこう。

お仕事ファイル

166

保険外交員

くらしの不安にそなえる「保険」を
おすすめする仕事だよ。

保険のことに
なんでもこたえるよ！

動きやすく清潔
感のあるスーツ

パンフレット
がぎっしり入
ったカバン

政治・法律・金融のお仕事

銀行員／保険外交員

保険会社につとめて、お客さんに保険に入ってもらうようお願いするよ。会社やお客さんの家をたずねて、その人の生活や年れいに合った保険を紹介したり、手つづきをするの。病気や事故などでお金が必要になったとき、お金がなくて支はらえないということがないように、少しずつ保険会社にあずけて、いざというときお金を出してもらうしくみが保険なんだよ。本人がなくなったときには、その家族にお金が支はらわれるの。保険のしくみは保険会社でもちがうし、むずかしくてこまかい約束ごとがいっぱいあるよ。それぞれの保険会社には独自の試験があって、受かった人が保険外交員になるよ。

お仕事メモ

勤務形態は？
保険会社の正社員

勤務時間は？
1日8時間くらい

勤務地は？
保険会社、営業先など

休日は？
土日祝日。休日出勤も多い

お給料は？
保険の契約件数による

なりたい！

保険外交員への道

高校、専門学校、大学を卒業

↓

保険会社に入る

↓

研修を受ける

↓

あこがれの保険外交員に！

女性が多いよ。実力しだいで収入アップできるよ。時間が自由に使えるので、結婚して子どもが産まれてもつづける人が多いよ。

証券アナリスト

世の中の動きをよく知り、
株を売り買いするタイミングを判断するよ。

経済の最新情報
はいつもパソコ
ンでチェック！

証券を買うなら
わたしに相談して！

　いま、世の中の景気はどうなっているか、仕事がうまくいっている会社はどこかなどのデータをあつめて調べるのが証券アナリストの仕事だよ。証券というのは、貸したり、投資しているお金の権利をあらわす券のこと。株式会社はその証券（株券）を買った人たち（株主）のお金で運営されているんだ。証券を買うと、その会社がもうかったときに配当金というお金がもらえるんだよ。証券を買う人はその会社がうまくいっているか知らないと不安だよね。そこで、証券アナリストがデータをもとにどの証券をいつごろ買うべきかアドバイスするんだよ。いろいろな情報をあつめるのがすきで、算数がとくいな人がむいているよ。

お仕事メモ

📋 **勤務形態は？** 証券、保険会社、銀行などの正社員。フリーもいる

🕐 **勤務時間は？**
1日8時間くらい

🏃 **勤務地は？**
会社や情報を知りたい企業

📅 **休日は？**
土日祝日

💰 **お給料は？** 月収20〜50万円くらい。経験しだいで数百万円にも！

証券アナリストへの道

なりたい！

大学の経済学部を卒業
↓
証券会社などに入る
↓
証券アナリスト試験に合格
↓
あこがれの証券アナリストに！

試験には1次と2次があり、2次試験に受かったあと、3年以上証券の仕事経験がある人がアナリストの資格をもらえるんだよ。

金融ディーラー

お客さんから株などをあずかり、
一番いいときに売り買いするよ。

つねに最新の経済状況を見ているよ

お金をじょうずにふやす達人だよ！

銀行や証券会社にいて、投資家からあずかった株などを代わりに売ったり買ったりするのが金融ディーラーの仕事。投資家というのは、株を売り買いしてお金もうけをする人だよ。株は世の中の景気やさまざまな情報によって値段が変わるので、売り買いのタイミングが悪いと損をしてしまうよ。そこで金融ディーラーが株の値段（株価）の動きをチェックするの。株式市場というところで取引がはじまると、さまざまな株価の動きを見ながら、売る時期や買うタイミングを見計らってすばやく手つづきするよ。世の中のことや会社のこと、政治のことまでさまざまなことを知っていないといけないよ。

お仕事メモ

📋 **勤務形態は？**
契約、正社員。フリーもいる

🕐 **勤務時間は？**
株などあつかうものによる

🚶 **勤務地は？**
証券、保険会社、銀行など

📁 **休日は？** 日本市場をあつかう
会社なら土日祝日

💰 **お給料は？** 会社によってちがうが、月収 50 〜 100 万円くらいから

なりたい！

金融ディーラーへの道

大学を卒業
↓
証券会社、保険会社、銀行などに入る
↓
ディーリング部門に配属
↓
あこがれの金融ディーラーに！

日本だけでなく世界中の株価を調べて、情報をあつめないといけないから気力のいる仕事。体力に自信がある人におすすめよ。

証券事務員

証券会社でお客さんの窓口対応をし、
ときには専門家のアシスタントも！

証券会社で事務の仕事をする人だよ。証券会社とは、投資家がもっている株の売り買いをてつだったり、相談を受けたりする会社なの。証券事務は、会社に相談にきたお客さんの話を聞いて証券の管理をしたり、インターネットや電話での相談にも対応するよ。ほかにも証券アナリスト P330 や金融ディーラー P331 のアシスタントとしてデータをあつめたりもするの。ふつうの会社の事務とちがって、むずかしい専門の知識がいるんだよ。お金の計算も正確にできないと大変。証券外務員の資格をとると、事務の仕事以外にお金の取引ができるようになって、証券の売り買いのアドバイスもできるよ。

窓口業務は制服でいることが多いよ

安心して資産運用の相談をしてくださいね

お仕事メモ

■ 勤務形態は？
派遣社員が多い。契約、正社員も

⏰ 勤務時間は？
1日8時間くらい

⚒ 勤務地は？
証券会社など

■ 休日は？
土日祝日

☕ お給料は？ 月収23万円くらいから。時給の所が多い

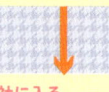

証券事務員への道

高校、短大、大学を卒業

↓

証券会社に入る

↓

あこがれの証券事務員に！

証券外務員の資格があるとよりだいじな仕事をまかせてもらえる。一度やめても経験があれば、証券事務員として仕事にもどってきやすいよ。

こまっている人をたすけたい！

医療・警察・防衛のお仕事

人の命や安全にかかわる、
病院や警察、国の防衛などのお仕事。
病気や危険から人々を守るため
大きな責任とほこりを胸にがんばるよ！

歯科医師
P340

臨床心理士
P342

薬剤師
P348

救急救命士
P353

助産師
P344

医師

ぐあいが悪い人を診察して
元気になるように治療をするよ。

体の調子が悪い人は
原因を調べます

いつも白衣姿。
内科医は聴診器
で体の調子をみ
るよ

健康診断をしたり、病気やケガをした人の体を調べて治療をするのが医師の仕事だよ。内科や外科など、医師にはそれぞれ専門があるのよ。まず、かん者さんの話を聞いたりようすをみたりして、どこが悪いのか調べるよ。そして治療方法を決めて、薬をえらび、ときには手術をすることも。かん者さんの体を直接調べるお医者さんのことを「臨床医」というよ。ほかに、病気の原因をさがして新しい治療方法を研究している「研究医」がいるの。1人でも多くの人を治すために、たくさん勉強をしているんだよ。また、かん者さんの気持ちをわかってあげられるやさしい心と、どんなときも落ち着いて対応することもだいじだよ。

お仕事メモ

勤務形態は?
勤務医、開業医など

勤務時間は?
不規則。交代で夜勤あり。急かんの対応も

勤務地は?
病院

休日は?
日祝日と平日に1日くらい

お給料は?
月収30～100万円とさまざま

ココが楽しい
治療したかん者さんがよくなり、元気に生活してくれるのが一番うれしいよ。もっとたくさんの人を治したいと思うよ。

ココが大変
夜中にかん者さんが運ばれてきて治療をしたり、10時間以上連続で働くことも。生活リズムがみだれやすいの。

\なりたい!/ 医師への道

大学の医学部か医科大学を卒業

↓

医師国家試験に合格

↓

大学病院などで、2年以上研修医として働く

↓

あこがれの医師に!

ふつうの大学生とちがって、医学部は6年間勉強するの。国家試験はとてもむずかしいけど、80%の人が合格するよ。

医師への第1歩

算数と理科の勉強はだいじだから、クラスのトップをねらってみてね。

知ってる？ 医師あれこれ

医師はそれぞれ専門がある

＊内科医…かぜなどの一般的な病気や、内臓の病気をおもに薬を使って治療。

＊外科医…手術が必要なくらいの病気やケガを治療。

＊小児科医…子どもの病気を専門に治療。0歳の新生児から中学生までがか

ん者となる。

＊産婦人科医…女性特有の子宮などの病気や、妊娠・出産をあつかう。

＊整形外科医…骨折やねんざなど、骨格・関節のケガや病気を治療。

＊精神科医…うつ病や神経症など心の病気をあつかう。

＊眼科医…目の病気を治療する。

＊耳鼻科医…耳や鼻の病気を治療する。花粉症などのアレルギーによる症状も治療。

先ぱいにトッゲキ☆インタビュー

米沢市立病院／佐藤 智佳子さん

Q いつから医師になりたかったですか？

高校生のころ。祖父が脳卒中で亡くなり、病気のことをくわしく知りたいと思うようになり、それならば、医師になろうと医学部に入学しました。

Q 気をつけていることはありますか？

自分が病気になると、かん者さんにもまわりのスタッフにめいわくをかけるので、いそがしくても食事や睡眠をしっかりとり、健康を心がけています。

Q やりがいと感じるのはどんなときですか？

重症のかん者さんのぐあいがよくなったときや、むずかしい病気を早く診断できたとき。かん者さんが笑顔で退院する姿を見るとうれしいです。

お仕事 ぴったり度チェック！ check!

- [ ] だれかのためになりたい
- [ ] 勉強がすき
- [ ] どんなときも冷静でいられる
- [ ] しっかり者だと、よくいわれる
- [ ] 体はじょうぶなほう
- [ ] 自分は思いやりがあると思う

歯科医師

虫歯をキレイに治療して、
健康でピカピカな歯にしていくよ。

見えにくいお口の中を治療するためのかがみ

お口の健康はわたしが守ります!

歯科医師の仕事は歯や口、口のまわりの病気を治すことだよ。虫歯を治すだけではなく、虫歯にならないように歯のよごれ（歯こう、歯石）をとったり、歯ぐきの病気を治したり、ときには手術をして歯や口の健康を守っているの。ほかにもかん者さんの歯に合った差し歯や入れ歯をつくることも。「矯正」といって、キレイな歯ならびにするのも歯科医師の仕事だよ。最近は歯をキレイに見せる薬や、痛くない治療の方法など、技術も進歩してきているの。歯科医師も新しい器具や技術をいつも勉強し、かん者さんに合った治療を考えているよ。こまかい作業が多いから、手先が器用でがまん強い人がむいているね。

お仕事メモ

勤務形態は?
勤務医、開業医など

勤務時間は?
1日9時間くらい

勤務地は?
歯科医院

休日は?
日祝日と平日に1日くらい

お給料は?
月収30〜70万円とさまざま

ココが楽しい

つらそうなかん者さんが治療をおえて、笑顔で帰って行くとき。キレイになった歯を見ると本当によかったと思うよ。

ココが大変

小さな子どもは、治療がこわいと泣いてしまうことも。そんななかで傷をつけないように歯の治療をするのは大変!

なりたい！ 歯科医師への道

大学の歯学部か歯科大学を卒業

↓

歯科医師国家試験に合格

↓

歯科医院で1年以上、研修医として働く

↓

あこがれの歯科医師に！

歯学部などでは、6年勉強するよ。最後の2年は、実際に歯科医師としての実習をするの。すぐに開業できるけど、数年は経験をつむ人が多いよ。

歯科医師への第1歩

正しい歯のみがき方を知っておこう。歯医者さんで教えてくれるよ。

知ってる？ 歯科医師あれこれ

歯を美しく見せる技術

歯を白くするホワイトニング、歯ならびをキレイにする歯列矯正などする人がどんどんふえているよ。歯の美容が専門の歯科医師も多いの。とくに、人前に出る仕事の人は、美しい歯でいることがもとめられているから、モデルや女優なども歯のケアにはとても気をくばっているんだよ。

かかわりのある仕事

歯科医師をサポートする 歯科衛生士

歯石とりや、治療に使う器具の消毒、歯科医師のアシスタントをするのが歯科衛生士。かん者さんに正しい歯のみがき方や、虫歯を予防するためのアドバイスもするよ。短大や専門学校の歯科衛生士学科や歯科衛生士養成所に入って、歯の専門知識を学ぼう。卒業後は、歯科衛生士試験に受かれば、資格がとれるよ。

お仕事ぴったり度チェック！ check!

- ☐ 虫歯にならないようにしている
- ☐ 歯医者さんに行くのは平気！
- ☐ 人のためになりたいと思う
- ☐ 勉強がすき
- ☐ 手先が器用なほう
- ☐ 小さな子どもと遊ぶのがとくい！

臨床心理士（りんしょうしんりし）

心理学の専門家（せんもんか）として、
なやみをもつ人の力になるよ。

かん者（じゃ）さんが、元気（げんき）を
とりもどすのをたすけるよ

かん者さんの変化（へんか）をこまかく書（か）きとめています

なやんでいる人の話を聞（き）き、元気になるようにアドバイスする仕事（しごと）だよ。「臨床心理士（りんしょうしんりし）」の資格（しかく）をもっていないと、この仕事にはつけないよ。いろいろなストレスで心の病気（びょうき）になった人や、病気やケガで気持ちがしずんでしまった人の話をじっくり聞いてあげて、何が原因（げんいん）でそうなったのか考えるの。そして自分で解決（かいけつ）できるように手だすけしてあげるんだよ。警察署（けいさつしょ）で被害（ひがい）にあった人の相談にのったり、大学で学生や地域（ちいき）の人の話を聞いたりもしているよ。また、臨床心理士がスクールカウンセラー P270 として、学生のなやみを聞いてくれる学校もあるよ。人の話をじっくり聞いてあげられる、やさしい人がむいているよ。

お仕事（しごと）メモ

勤務形態（きんむけいたい）は？
正社員（せいしゃいん）、契約社員（けいやくしゃいん）など

勤務時間（きんむじかん）は？
1日に8時間くらい

勤務地（きんむち）は？ 病院（びょういん）（心療内科（しんりょうないか）や精神科（せいしんか）など）、福祉関連施設（ふくしかんれんしせつ）、学校

休日（きゅうじつ）は？
日祝日（にっしゅくじつ）と平日（へいじつ）に1日

お給料（きゅうりょう）は？
月収（げっしゅう）15万円くらいから

ココが楽（たの）しい

くらい顔（かお）をしていた人が、自分で解決（かいけつ）の道を見（み）つけて、イキイキとした表情（ひょうじょう）になると、本当（ほんとう）によかったと思（おも）うよ。

ココが大変（たいへん）

悲（かな）しいことや苦（くる）しいことになやんでいる人がほとんど、感情（かんじょう）に流（なが）されずに冷静（れいせい）に話を聞（き）けるように訓練（くんれん）が必要（ひつよう）なの。

なりたい！ 臨床心理士への道

第1種指定大学院を卒業 → 第2種指定大学院を卒業

↓

臨床心理士資格審査を受けて、合格する ← 1年以上の実務経験をつむ

↓

あこがれの臨床心理士に！

第1種指定大学院と第2種指定大学院のちがいは、専門講師や、学内の相談室などの実習施設の数。第1種大学院のほうが、数が多いの。臨床心理士は卒業して資格をとっても就職先が少ないことも。

臨床心理士への第1歩

友だちから相談をされたら、最後まできちんと話をきいてね。解決方法をいっしょに考えてあげるといいよ。

知ってる？ 臨床心理士あれこれ

スクールカウンセラーとしても活やく

臨床心理士の資格をもっていると、学校生活や家庭の問題で、なやみをかかえる子どもの力になるスクールカウンセラーP270として働けるよ。犯罪をおかしてしまったり、いじめにあった子どもの心をケアするために、少年院や児童相談所で働いている人もいるよ。

かかわりのある仕事

心を明るい方向へみちびく 心理カウンセラー

仕事や家庭の問題でなやんでいる人の相談にのる専門家。いじめや登校拒否などの相談にのる「学校心理士」、家庭のなやみを聞く「家族相談士」など資格の種類はいろいろ。みんなの身近な場所で小さななやみも聞くんだよ。臨床心理士P342よりも資格の試験はかんたん。とくい分野をつくって開業する人もいるよ。

お仕事 ぴったり度チェック！ check!

- ☐ 友だちの相談にのることが多い
- ☐ こまっている人をほっとけない
- ☐ 人の役にたちたいと思う
- ☐ どちらかというと聞きじょうず
- ☐ しっかりした自分の考えをもっている
- ☐ 読書や勉強がすき

助産師

新しい命の誕生をたすけて
ママと赤ちゃんの心と体をサポートするよ。

エプロンなど
をつけて、清
けつにしてい
るよ

赤ちゃんが産まれるまで
おてつだいするよ

赤ちゃんをうむおてつだいをする仕事。もうすぐ産まれるよ、というサインの「じん痛」がはじまってから赤ちゃんが産まれるまでは、何時間もかかるの。痛みに苦しんでいるお母さんを元気づけながら、赤ちゃんがぶじに出てこられるようにサポートしてあげるんだよ。出産だけじゃなくて、にんしん中や出産後のお母さんと赤ちゃんの健康をチェックするのもだいじな役目。食べ物や運動の指導、ミルクのあげ方、おむつのかえ方など、育て方のアドバイスもするよ。ほとんどのママが、出産に不安をかかえているもの。その不安をできるだけやわらげるようはげまし、相談にのってあげることもあるよ。

お仕事メモ

勤務形態は?
正社員、契約社員、開業もできる

勤務時間は? 不規則。病院は交代
で夜勤あり、助産院は出産の時間による

勤務地は?
病院、助産院

休日は?
出産日によって不規則

お給料は?
月収 21 万円くらいから

なりたい♪ 助産師への道

高校を卒業
↓
看護大学を卒業
↓
助産師国家試験に合格
↓
あこがれの助産師に!

助産師は女性だけがなれる職業。経験をつんで開業する人もいるよ。病院ではなく、家で出産したいという女性をサポートすることも多いよ。

理学療法士

病気やケガできずついた運動機能を、もとにもどすリハビリの専門家だよ。

医療・警察・防衛のお仕事

助産師／理学療法士

体が不自由な人が元気に動けるようにサポート！

動きやすいパンツタイプの白衣

病気やケガで体が不自由になった人の治療やリハビリテーション（リハビリ）をするのが仕事。立ち上がる、歩くなど生活に必要な動きができなくなった人が訓練をするのがリハビリ。関節のまげのばしをくりかえしたり、バーにつかまって歩く練習をしたり、体の動きをらくにするための訓練を指導するよ。痛い部分にマッサージや電気をあてて、痛みをやわらげることもあるの。かん者さんの回復によってリハビリの方法をかえながら、少しずつ治していくんだよ。治療は時間がかかるからかん者さんもつらいの。それを明るくはげまし、前むきにさせるのがだいじ。思いやりがあり、がまん強い人がむいているよ。

お仕事メモ

勤務形態は？
正社員、契約社員など

勤務時間は？
1日8時間くらい

勤務地は？ 病院、リハビリセンター、障がい者福祉施設など

休日は？
日祝日

お給料は？
月収17万円くらいから

なりたい！ 理学療法士への道

高校、短大、大学を卒業
⬇
理学療法士の養成学校を卒業
⬇
理学療法士国家試験に合格
⬇
あこがれの理学療法士に！

ほかの医療系の試験よりも合格率が高いよ。自宅でリハビリをおこなっているお年よりのケアなど、活やくする機会がふえているの。

視能訓練士

目の検査や視力アップの訓練など、
目の健康を守るお仕事！

視力検査でおなじみのマークを使って検査するよ

目がよくなるように指導するよ

　眼科医と相談しながら、病気やケガなどで見る力（視力）が下がった人の目を調べて、よくなるためのアドバイスをしたり、訓練をさせるよ。目の病気を早く見つけることもだいじな仕事。さまざまな方法で目の検査をするんだよ。その１つは視力検査。かんたんなテストをしながら、視力をはかり、病気にかかってないかの判断に役立てるよ。視力の回復がむずかしいときは、メガネやコンタクトレンズを正しく使う方法も考えるよ。また、目に病気をもつ人が少しでもよくなるように、リハビリのおてつだいもするの。かん者さんは赤ちゃんからお年よりまでいろいろ。回復して笑顔を見せてくれたときはとてもうれしいよ。

お仕事メモ

勤務形態は？
正社員、契約社員など

勤務時間は？
１日８時間くらい

勤務地は？
病院（眼科）

休日は？
日祝日と平日に１日

お給料は？
月収18万円くらいから

なりたい！ 視能訓練士への道

高校・短大・大学を卒業

⬇

視能訓練士養成所を卒業

⬇

視能訓練士国家試験に合格

⬇

あこがれの視能訓練士に！

この分野の専門学科がある大学もあるよ。試験に合格しやすい医療資格としてたくさんの人が受験しているの。女性が多い職場だよ。

診療放射線技師

放射線を使う検査をして、
かくれた病気をイチ早く見つけるよ。

レントゲン写真などを撮影

放射線を使う検査を安全におこなうよ

レントゲンなど放射線を使った器械で検査や治療をする人のこと。病院などで医師 P336 の指示をうけて検査をするの。放射線を使った検査には、フィルムに体の中をうつす「レントゲン検査」や、体の中を輪切りにした画像をうつす「CT検査」、さまざまな方向から見た体の中をうつす「MRI検査」などがあるよ。体の中のようすがこまかくわかるから、外からでは見えない病気や骨折などのケガを早く見つけることができるんだよ。がんの治療にも放射線は使われていて、近ごろはPETというがんを早く見つける器械も開発されたの。このようにつぎつぎと出る新しい器械を使いこなせないといけないよ。

お仕事メモ

勤務形態は?
正社員、契約社員

勤務時間は?
1日8時間くらい

勤務地は?
病院、診療所、検査センター

休日は?
日祝日と平日に1日

お給料は?
月収20万円くらいから

なりたい！

診療放射線技師への道

専門学校、短大、大学の放射線学科を卒業

↓

診療放射線技師国家試験に合格

↓

あこがれの診療放射線技師に！

診療放射線技師の活やくの場は、病院のほか放射線機器メーカーや研究所にも。専門の学校で勉強すれば、試験は医師ほどむずかしくないよ。

薬剤師

かん者さんに合った薬をえらんだり、
薬の相談にのってくれる専門家。

薬の飲み方をアドバイスするよ

くすり

薬を1つひとつ見せながらしっかり説明

薬をきびしく管理して、医師 P336 が決めた薬の種類や量を正しくかん者さんにわたすのが薬剤師の仕事だよ。薬をえらぶのはお医者さん、その薬をかん者さんに出すのが薬剤師なの。薬局にはかならず薬剤師がいるよ。薬はあつかい方をまちがえると命にかかわる危険もあるから、かん者さんに安全に薬を使ってもらうために薬のことをしっかり説明するんだよ。医師や看護師に専門的な立場から、新しい薬の解説をすることも。学校で保健室や理科室に置いてある薬や薬品についての指導をしたり、国や薬をつくる会社で新しい薬の研究をする仕事もあるよ。食品や化粧品にも薬剤師の技術がいかされているんだよ。

お仕事メモ

勤務形態は? 正社員、契約社員、公務員、開業もできる

勤務時間は? 1日8時間くらい

勤務地は? 病院、薬局、製薬・食品会社、保健所、衛生研究所など

休日は? 日祝日と平日に1日

お給料は? 月収は20万円くらいから

薬剤師への道

なりたい!

大学の薬学部か薬科大学を卒業
↓
薬剤師国家試験に合格
↓
病院や薬局に入る
↓
あこがれの薬剤師に!

大学は6年制、薬学部を卒業しないと国家試験は受けられないよ。薬剤師の経験をつんで、自分で薬局を開く人もいるよ。

医療事務員

病院の窓口でかん者さんの案内をしたり、
医療にかかわる事務手つづきをするよ。

医療・警察・防衛のお仕事

薬剤師／医療事務員

病院でかん者さんの応対をするよ

　病院の受付や診療費の計算、カルテの管理など、病院の事務を担当するよ。病院にきたかん者さんの対応をするだけでなく、診察の内容や薬、診療費などをパソコンに記録したり、資料を整理したりとやらなければいけないことがたくさんあるから、大いそがし！テキパキと仕事をするのがだいじだよ。病気になって不安をかかえるかん者さんと、直接顔を合わせることが多い仕事だから、こまやかな心くばりのできる人がぴったり。また、医療にかかわる専門用語を使うので、きちんと医療の知識を身につけてないといけないの。「医療事務」は女性にとても人気の資格なんだよ。

かん者さんと接するから、清けつ感と落ち着きがある服そうが多い

お仕事メモ

勤務形態は？
正社員、契約・派遣社員など

勤務時間は？
1日8時間くらい

勤務地は？ 病院、リハビリセンター、障がい者福祉施設など

休日は？
日祝日

お給料は？
月収16万円くらいから

なりたい！ 医療事務員への道

高校、大学、専門学校を卒業

↓　　　　　　　↓

医療事務にかかわる資格をとる　　専門学校に入る

↓　　　　　　　↓

あこがれの医療事務員に！

医療事務はパソコンを使えないとできない仕事。「医事コンピュータ技能検定試験」という試験を受けておくと、就職に有利だよ。

介護福祉士

介護が必要な人の身のまわりをサポート。
家族のように、よい話し相手にもなるよ。

毎日を元気にすごせるように、サポートするよ

力仕事が多いから、動きやすい服そうをしているよ

お年よりや体の不自由な人を介護する仕事だよ。介護とは、その人が自分ではできないことを手だすけしてあげること。食事をするのをたすけ、おふろに入れたり、トイレのお世話もするよ。またその人や家族の相談も聞いて、どのように生活したらよいかアドバイスもするんだよ。専門の知識と技術がいるから資格がないとできないの。働く場所は、老人ホームや障がい者福祉施設が多いよ。施設にはたくさんの人がいるけど、お年よりや体の不自由な人の気持ちになって1人ひとりに合ったお世話をすることがたいせつ。お年よりの人数がふえているので、どんどん必要とされていく仕事だよ。

お仕事メモ

勤務形態は?
正社員、契約社員、派遣社員

勤務時間は?
1日8時間くらい。交代で夜勤あり

勤務地は?
老人ホーム、障がい者福祉施設など

休日は?
週休1〜2日

お給料は?
月収15万円くらいから

ココが楽しい

お世話をしている人によろこんでもらえること。元気がなかったお年よりが笑ったときは、自分のことのようにうれしいよ。

ココが大変

おふろやトイレのお世話は、お年よりをだき上げたりささえたりと、体力が必要。自分の体調にも気をくばっているよ。

高校を卒業

大学の福祉学部や保育士養成の施設を卒業

↓

介護福祉士専門学校で学ぶ

介護福祉士養成施設で学ぶ

↓

介護福祉士国家試験に合格

↓

あこがれの介護福祉士に！

ほかに、福祉系の高校を卒業するか、介護施設スタッフなどの実務を3年以上経験してから試験を受ける方法もあるよ。

介護福祉士への第1歩

おじいちゃんやおばあちゃんとたくさん話すようにしてね。お年よりがこまっていたら、たすけてあげよう。

かかわりのある仕事

家族にかわってお年よりをサポート
ホームヘルパー

家族がめんどうをみられなかったり、お年よりだけの家庭では介護はむずかしいもの。そのような家で、お年よりの生活をたすけるのがホームヘルパー。介護福祉士が病院や福祉施設で働けるのにたいして、ホームヘルパーはお年よりを家でお世話するよ。養成学校などで勉強している人がほとんどだよ。

家族の相談にのって介護をコーディネート
ケアマネージャー

国から介護保険を受けた人と、その家族に合った介護計画をアドバイスする仕事。介護施設の利用や、ホームヘルパーさがし、国のサポート制度について説明したり、補助金をうけるための手つづきもするの。職場は、社会福祉施設や国の福祉にかかわる機関の窓口など。資格試験は、医療関係の仕事場で5年以上働いた人が受けられるよ。

お仕事ぴったり度チェック！ check!

- [ ] 人のお世話をするのがすき
- [ ] お年よりと話すのが楽しい！
- [ ] いつもテキパキ動ける
- [ ] けっこう力もちだと思う
- [ ] 自分より人のことを考える
- [ ] 気くばりができるといわれる

整体師

骨のズレを治し、筋肉をほぐして
体のバランスを調整するよ。

体のコリをほぐして、
元気にするよ

お客さんの体
にふれるので、
いつも清けつ
にしているよ

整体は、背骨を中心に体のゆがんだところを治すこと。肩こりや腰の痛みも体のゆがみのせいでおこることが多いの。整体師は自分の手を使って、骨や、骨と骨をつないでいる関節、筋肉などを動かして、ずれているところをもとの位置にもどすのよ。そのほかにスポーツ選手やケガをした人の体をほぐしたりもするよ。体のどの部分を治したいか、お客さんの話をきちんと聞いて、その人に合ったケアが必要。必要な資格はとくにないけど、人の体をよく知るためにはたくさん経験をつむことがたいせつだよ。個人で整体院を開いて活やくしている人も多いよ。なかにはプロスポーツ選手と契約している人もいるんだよ。

お仕事メモ

勤務形態は？ 正社員、契約・派遣社員、パート、開業もできる

勤務時間は？ 1日8時間くらい

勤務地は？ 整体院、カイロプラクティック院やリラクゼーションサロン

休日は？ 平日に週休1〜2日

お給料は？ 月収16万円、時給800円くらいから

なりたい♪ 整体師への道

高校、専門学校、短大・大学を卒業

⬇

整体養成スクールを卒業

⬇

整体施設などで、助手として働く

⬇

あこがれの整体師に！

自分の店をもてば、いっきに収入アップもきたいできるよ。ケガをした人のリハビリなどをおこなう整形外科の助手として働く道もあるよ。

救急救命士

ケガや病気の人のもとへかけつけ、
救急車の中で、応急てあてをするよ。

1分1秒をあらそう現場で働いているの

どんな場所でもテキパキ行動できる動きやすい制服

事故や病気でいそいで治療しなくてはならないときに、救急車に乗って現場へかけつけ、その場や病院へつくまでの救急車の中でてあて（応急処置）をする人だよ。出動の指令が出たら、すぐに現場へ。病人やケガ人の状態を確認して、救急車に乗せるの。救急車の中では、受け入れてくれる病院と連絡をとりながら、その医師 P336 の指示どおりにてあてをするんだよ。正しい判断をしてテキパキと動けることがたいせつ。いつでも出動できるように、交代しながら24時間体制で勤務しているよ。救急車の中にある器具がきちんと使えるかどうか点検することも仕事のうち。地域の人たちに、救急時の対応方法を教えることもあるよ。

お仕事メモ

勤務形態は？
公務員、医療機関の正社員、契約社員など

勤務時間は？
24時間、間に数時間ねむる

勤務地は？
消防署内、救急車の中、病院など

休日は？
勤務日のつぎの日が休日

お給料は？
月収17万円くらいから

なりたい♪

救急救命士への道

高校、大学を卒業
↓
救急救命士養成所を卒業
↓
救急救命士国家試験に合格
↓
あこがれの救急救命士に！

救急救命士養成所では2〜3年、勉強するの。就職先のほとんどが消防署。消防署で働くためには公務員採用試験も受ける必要があるよ。

警察官

事件や事故をふせいで、
みんなの安全を守る仕事だよ。

住みやすい町を
つくるのが目標です

いざというと
きのための
防犯道具を
もっているの

警察官の制服を
着る

人や町の安全を守るのが警察官の仕事。警察官は警察署で働いているよ。どろぼうや犯罪をおかした人をつかまえる刑事課、車や人々が安全に道路をとおれるようにする交通課、町のパトロールをしたり不審な家をたずねたりして安全をたしかめる地域課などがあるの。交番は警察官が交代で地域を見守っているところ。警察署に110番の電話がかかったら、事故や事件のあった場所へすぐにかけつけるよ。ほかにも道を教えたり、落とし物をあずかったりと一番身近なところで、安全にくらす手だすけをしているの。人をたすけたいという気持ちと、悪いことをなくそうとする強い気持ちがないとできない仕事だよ。

お仕事メモ

勤務形態は?
公務員

勤務時間は? 1日8時間くらいの通常勤務。交代で夜勤あり

勤務地は? 警視庁、警察署、交番、事故・事件の現場など

休日は? 通常勤務は4週間中8日、交替制勤務は1日ごとに休日など

お給料は?
月給20万円くらいから

ココが楽しい

ぎせい者を出すことなく、事件や事故を解決できたとき。ほんのひとときだけど、ほっと息をつくことができるの。

ココが大変

犯人をたいほするときなど、危険な現場はたくさん。それでもみんなを守るために立ちむかっていかなきゃならないよ。

なりたい♪ 警察官への道

高校、短大、大学を卒業

⬇

国家公務員試験や都道府県警察の採用試験に合格

⬇

警察学校を卒業

⬇

あこがれの警察官に！

警察学校では、けんじゅうの使い方やたいほのときに役立つ柔道や剣道を学ぶよ。

女性警察官は卒業後、交番に勤務するんだよ。そのあと、希望によってさまざまな課に異動していくよ。

警察官への第1歩

まずは体をきたえよう。体育をしっかりがんばって。部活は剣道や空手など、武道がおすすめだよ。

知ってる？ 警察官あれこれ

専門的な分野でも活やく！

前のページで紹介した以外にも警察官の仕事はさまざま。ドラマなどで見る機会もあるから、名前を聞いたことがある人もいるよね。薬品にくわしかったり、科学の知識などの専門的な知識がないとできない仕事もたくさんあるよ。

＊鑑識…指もんなど、事件現場の手がかりを調べる。

＊機動隊…テロや暴動が起きたときに警戒や警備にあたる。

＊科学捜査班…DNAかん定やプロファイリングなど最新技術を使ってそうさ。

＊通信指令課…110番通報が入ったときに、その電話を受ける係。パトカーに無線で通報内容を教える。

先ぱいにトッゲキ☆インタビュー

交通総務課 交通安全教育指導係
（白バイ隊員）／須藤美香さん

Q なぜこの仕事につこうと思いましたか？

街じゅうをかっこうよく走る白バイの姿を見て、人の役に立ちたいとあこがれました。

Q この仕事（白バイ隊員）に必要なことは？

交通事故をなくしたいという熱い気持ちと、大きなオートバイを乗りこなす体力と技術。スピードを出して運転するので、視力もたいせつです。

Q やりがいと感じるのはどんなときですか？

交通安全教育をとおして、子どもから高齢者までいろいろな人とかかわり、交通事故防止や命のたいせつさを伝えられたときです。

お仕事 ぴったり度チェック！ check!

☐ 正義感がとても強い

☐ どんなときも冷静でいられる！

☐ きびしい訓練もたえられる！

☐ 平和な町をつくりたい！

☐ ねばり強い性格だ

☐ 武道をならってみたい

医療・警察・防衛のお仕事

警察官

自衛官

いざというときのために訓練をかさねて、
日本の平和と安全を守るよ。

毎日かかさず訓練しているよ

行事のときに着るきちんとした制服。訓練のときは作業着などを着るよ

日本を守るために働くのが自衛官の仕事だよ。自衛官がいる自衛隊には、陸上、海上、航空があり、それぞれに役わりがあるの。3つの部隊の中で人数がもっとも多いのが陸上自衛官。外国から攻撃を受けたときにそなえ、人々を守るため毎日きびしい訓練をしているよ。日本は戦争をしない約束をしているから、軍隊はないけれど、自衛隊がそのかわりに国を守る仕事をするの。また地震や台風などの災がいがあったときに、被害を受けた人をたすけたり、こわれた道路や町を直したりもするよ。海外で戦争があったときには人々の生活に必要なものをとどけたり、町を立て直すおてつだいをするんだよ。

お仕事メモ

勤務形態は?
公務員

勤務時間は?
1日8時間くらい、交代で夜勤がある隊も

勤務地は?
陸・海・空の訓練所、災がい地など

休日は?
週休2日、緊急で出動もある

お給料は?
月収16万円くらいから

ココが楽しい

どの任務も責任が大きいけれど、やりとげたときは達成感を感じるの。平和な国づくりの役に立っていると実感できるよ。

ココが大変

1日中ランニングやうでたてふせなど、トレーニングの毎日。服そうのみだれや生活態度にも、きびしい決まりがあるの。

マンガでわかる 自衛官ストーリー

毎日きびしい訓練をしながら、国を守る意識を高めているの

今日は正式な入隊日！国防のために気合いが入ります

AM6:00 起床

点呼！

訓練

勉強会

就寝

自衛隊のもっとも大きな役わりは、外国の侵略から身を守ることなの

万が一のことを考え、陸・海・空の3つにわかれ、訓練しているよ

陸上自衛隊
国の領土を守る

海上自衛隊
海から日本を守る

航空自衛隊
空から日本を守る

なりたい！ 自衛官への道

中学、高校を卒業

↓

自衛官の採用試験に合格するか
防衛大学校などを卒業

↓

あこがれの自衛官に！

将来たくさんの自衛官をまとめる立場になりたい人は、防衛大学に入って専門の勉強をしよう。試験のときには、身長や体重、視力などの検査もあるよ。

自衛官への第1歩

ランニングや腕立てふせなどの体力づくりを毎日つづけるのがだいじよ。

知ってる？ 自衛官あれこれ

陸・海・空で日本を守るよ

＊陸上自衛官…国土を守り、国の安全を守るよ。自衛隊の中では、一番規模が大きいの。駐屯地とよばれる、もしものときに備えた住まいや移動できる施設は約160カ所にあり、隊員は約15万人。災がいのときのケガ人救助、くずれた建物をかたづけたりするよ。

＊海上自衛官…海上を守るよ。船や潜水艦にのって警備をしたり、大砲やミサイルを打つ訓練をしているよ。海上自衛隊の中にも、航空機をそうさしたり、地上で海の安全を監視する人もいるんだよ。そうなんした船や飛行機、行方不明者のそうさくや、災がい時に船で必要なものを運ぶのも仕事だよ。

＊航空自衛官…空からの攻撃をふせぐよ。一般の航空機が安全に飛べるように、地上から航空交通の指示や情報を出したり、天気の観測や予報をするのも仕事。災がい時は、ヘリコプターなどで食りょうを運んだり、そうなん者を救出するよ。

かかわりのある仕事

事故や災がい現場へすばやく出動

レスキュー隊員

災がいや交通事故、工場の事故などで、危険な状態の人をたすける仕事。山岳救助隊、水難救助隊、航空隊などの部隊もあり、毎日、きびしい訓練をしているよ。高校などを卒業後、消防官採用試験に合格し消防官に。消防官は、火災をしずめるのが仕事に対し、レスキュー隊員は人命救助が任務。選抜試験に合格して研修を受けるよ。

お仕事ぴったり度チェック！ check!

☐ 日本の平和を守りたい

☐ こまっている人のためになりたい

☐ だれにもまけない根性がある

☐ いざというとき、決断力がある

☐ 力持ちで、体力にも自信あり！

☐ 体育の時間がとても楽しみ

男性にまざってかがやく！女性が少ないお仕事

いまは男女平等だけど、力仕事やかこくな仕事の現場では、女性がまだまだ少ないの。でも元気に働いている女性たちもいるわ。女の子だからってやりたい仕事をあきらめないで！

女性が少ないお仕事 みりょくのポイント ベスト3

1 女性SPだからこそできる仕事も！

SPは、すぐれた体力や運動能力が必要だから、女性は少ないけど、活やくの場もあるよ。女性を警備するときなど、同性ならではのこまやかさが役立つの。

2 体力勝負の消防士は女性でもなれる！

消防士はほとんどが男性だけど、最近女性もがんばっているよ。地域によっては災がい現場へ出動することも！体力は男性に負けないくらいきたえているよ。

3 トラックドライバーはふえている！

大きなトラックをかっこよく運転する女性がふえているよ。大きなトラックは、荷物も大きくて重いけれど、きちんと体力をつければつとまる仕事だよ。

ジョッキーさんにインタビュー

藤田 菜七子さん

Q ジョッキーになりたいと思ったのは？

小学校6年生のとき、たまたま見たテレビの競馬中継で、ジョッキーが馬に乗って競馬しているシーンを見て、「カッコイイ」と思いました。

Q この仕事に必要なことは？

男性にくらべて体力、筋力が劣るので、もっと練習して技術をみがきたいと思います。

Q 仕事の励みは？

レースに勝ち、お客さんから声援を受けることです。

メッセージ

自分の思い通りの騎乗ができ、その馬の能力を引き出せたときに、やりがいをとても感じます。たくさん競馬を見て、めざしてください。

ジョッキー

競走馬にまたがってレースに出場 1等賞めざして芝生を走る！

サラブレッド（競走馬）にまたがって、レースでいちばんはやくゴールできるように競い合うのがジョッキー。馬によって性格も能力もちがうから、自分が乗る馬とは、ふだんからコミュニケーションをとることがだいじ。有名になればお給料もアップするよ。ジョッキーには競馬会で決められた年れいと体重制限があり、こがらな人が多いの。馬に負担がかからない体格と時速約60kmのスピードにたえられるバランス感覚が必要だよ。中学を卒業して競馬学校に入学し、騎手免許をとる人が多いよ。

お仕事メモ

勤務形態は？ 厩舎（調教師が管理する施設）に所属

勤務時間は？ 日によるが、レースの日は8時間くらい

勤務地は？ 競馬場、厩舎など

休日は？ レースのつぎの日

お給料は？ レースの賞金の5％くらい。年収1億円以上の人もいるよ

サラブレッドのひみつ

知っておきたい！ミニ知識

ふつうの馬とどこがちがうのかな？

人間がつくり出した馬
競馬で勝つことを目的に、品種改良した馬。

走りにてきした体格
頭が小さくて、足が長くて細い。はやく走るのにむいている体格。

血統書つき！
走りの実力を証明するための血統書がある。

北海道生まれ
日本で生まれた馬の多くは北海道出身。

消防士

火事が起きたら現場へ急行！
火を消し、人の命を守る町のヒーロー

「火事が起きた」という119番通報をうけ、消防車でまっさきに現場へむかうのが消防士。火事の被害を最小限に食い止めて、人の命をたすける任務だよ。ホースの重さは200kgもあってとっても力がいる仕事。災がいはとつぜん起こるから、24時間交代で消防署に待機しているんだ。消防士になるには、高校か大学を卒業して、地方ごとにおこなわれている採用試験を受験。合格後、消防学校で半年〜1年の訓練を受ける必要があるよ。女性は救急救命士 P353 などに配属されることが多いけど、女性消防士もふえているよ！

知っておきたい！ミニ知識
まだある消防のお仕事
消火以外にもいろいろな仕事をしているよ。

火事の原因調査
火を消し終わったら、なぜ火事が起きたのか、その原因を調査するよ。

火災予防のよびかけ
火事が起こるのをふせぐために、火事にならない方法を積極的によびかけるのもたいせつな仕事だよ。

町の水そう調査
水が出る防火水そうの位置や状態を点検する作業。火事のときにすぐ使えるようにチェックしておくんだよ。

災がい時にも出動
大きな地震や事故が起きたときに出動して救助活動をするレスキュー隊 P361 も、消防署の一員なの。

お仕事メモ

勤務形態は？
公務員

勤務時間は？
24時間（つぎの日は1日お休み）

勤務地は？
消防署、火災現場

休日は？
24時間出勤後、2日休み

お給料は？
月収23万円くらいから

SP

政治家などのそばにピッタリついて 体をはって守るボディーガード

SPとはセキュリティーポリス（Security Police）の略。総理大臣や政治家、政府が招待した外国の人がきけんな目にあわないように守る警察官のことだよ。SPが守るのは、その人が自宅を出てから帰宅するまで。勤務中はけんじゅうや警ぼうをもって、いざというときにそなえているんだよ。きけんをともなう仕事だから日々たくさんの訓練が必要なの。とくに射撃の技術はピカイチ！ SPになれるのは、身長などの条件をクリアし、柔道または射撃のうでまえがみとめられた人だけなんだよ。

お仕事メモ

勤務形態は？
警視庁所属の公務員

勤務時間は？
守る人の勤務時間と同じ

勤務地は？
守る人の勤務先

休日は？
週休2日

お給料は？
月収20万円くらいから

知っておきたい！ ミニ知識

SPのいろいろ
SPのおもしろエピソードを紹介！

上着をあけている
上着のボタンをいつもあけて、すぐに武器をとり出せるようにしているよ！

水を飲むのもひと苦労
警護中はトイレに行けないときもあるから、水分をとりすぎないように気をつけているんだよ。

射撃のプロ
射撃のレベルは一般の警察官のはるか上！ 25m先のマトを、10秒以内に5発以上命中できるよ。

SPのバッジ
勤務中は上着のえりにバッジがキラリ。にせもの防止のため毎日のように色を変えているんだよ。

トラックドライバー

たくさんの荷物をトラックにのせて目的地まで運ぶ運転手!

工場や港、市場などから荷物をトラックにつんでいらいされた場所まで運ぶお仕事。荷物の種類はお店の商品や、土砂や木材などさまざま。遠くまで運ぶこともあれば、近い場所を何度も往復することもあって、ほとんど1日中トラックを運転しているんだよ。運転中に事故を起こしたり、荷物をきずつけては大変! 長時間安全運転ができる集中力と、期限までに荷物をとどける運転テクニックがいるんだ。荷物の上げ下ろしもするから体力もたいせつ。大きなトラックを運転するには、中型・大型免許が必要だよ。

知っておきたい！ミニ知識

トラックの種類

運ぶ荷物に合わせたトラックがあるよ!

小型、中型トラック
小型は運べる荷物の量が2トン以下。中型は4トン。中型は中型免許が必要だよ。

大型トラック
運べる荷物の量が10トン。大きな荷物や重い荷物を運ぶときに使うよ。大型免許が必要だよ。

ダンプカー
土やじゃりを運ぶときに使うトラック。荷台の部分が持ち上がって、土やじゃりをすべり落とすよ。

タンクローリー
石油などの液体を運ぶトラック。車にバランスよく力がかかるように、荷台がだえん形になっているんだよ。

お仕事メモ

🗓 **勤務形態は?**
正社員、契約社員など

🕐 **勤務時間は?**
不規則。早朝や深夜の交代制

⚒ **勤務地は?**
運送会社、工場、港、市場など

🚩 **休日は?**
週休2日

💰 **お給料は?**
月収23万円くらいから

酒造家

江戸時代から日本に受けつがれる伝統の方法で日本酒をつくる職人

　日本酒づくりは古くからつたわる職人技。「杜氏」とよばれるリーダーのもと、酒蔵でおいしい日本酒をつくるのが酒造家だよ。日本酒は、むしたお米とこうじ菌、水を使ってしこみ、タンクで発酵させながら、時間をかけてつくるんだよ。その中でも温度や湿度を調節しながらこうじという菌を育てるのは、長年の経験とカンがないとできないこと。酒造家になるには、酒蔵に就職して、見習いとして修行するのがいちばんの近道。大学の農学部などで醸造学やバイオテクノロジーの技術を学んで、はじめる人もいるよ。

女性が少ないお仕事

トラックドライバー／酒造家

知っておきたい！ミニ知識

日本の有名な酒蔵
有名な酒蔵は日本全国にあるよ！

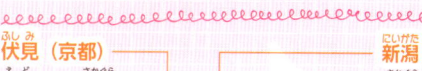

伏見（京都）
江戸時代の酒蔵の町なみが残っている地域。「月桂冠」などが有名。

新潟
約90もの酒蔵があるよ。「八海山」など日本酒の代表的なブランドがたくさんあるよ。

灘（兵庫）
神戸にある有名な酒蔵の町。「白鶴」など酒蔵の見学ができる施設もあるよ。

会津（福島）
会津地方にもむかしながらの酒蔵が残っているよ。「榮川」などは酒蔵見学もOK。

お仕事メモ

勤務形態は？
正社員

勤務時間は？
1日8時間くらい

勤務地は？
酒蔵

休日は？
週休2日

お給料は？
月収20万円くらいから

お仕事ファイル 189

すし職人

寿司

いい食材を見きわめてすしをにぎる

すし職人は弟子入りしてから一人前になるまでに何年も修業が必要なきびしい世界。美しくにぎるだけじゃなく、新鮮な魚を見わけるのも職人の役目だよ。最近は、専門学校を卒業してから海外ですし職人をする人がふえているよ。

お仕事メモ

勤務形態は？	正社員、経営者など
勤務時間は？	1日8時間くらい
勤務地は？	すし店、ホテルなど
休日は？	週休1〜2日
お給料は？	月収18万円くらいから

お仕事ファイル 190

そば職人

自分流のそばを打つ、日本伝統の職人

江戸時代から日本で活やくするそば職人。いいそば粉を仕入れ、自分ならではのそばを打つんだ。そば打ちのセンスがあれば、職人に弟子入りして数年で自分の店を開くことも。そば打ちは力のいる仕事。体力のある人がむいているよ。

お仕事メモ

勤務形態は？	正社員、経営者など
勤務時間は？	1日8時間くらい
勤務地は？	そば屋
休日は？	週休1〜2日
お給料は？	月収18万円くらいから

すてきな家をつくりたい！

建築（けんちく）・インテリア

のお仕事（しごと）

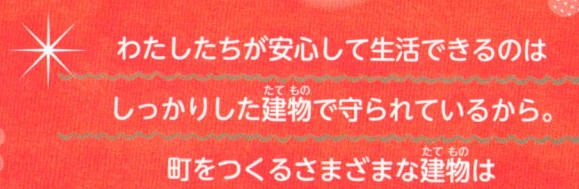

わたしたちが安心して生活できるのは
しっかりした建物（たてもの）で守られているから。
町をつくるさまざまな建物（たてもの）は
1人ひとりの誠実（せいじつ）な仕事（しごと）からできているよ！

住みやすい家ができるまでに活やくする人たち

塗装工　P384

不動産鑑定士　P379

インテリアコーディネーター　P376

建築士　P372

建築士

住宅から高層ビル、学校、スタジアムまで
いろいろな建物を設計するよ！

建築現場では
安全のための
ヘルメットを
つけるよ

あなたにぴったりの
家を設計！

家やビルなどを建てるためには、どんな建物にするかを書いた設計図が必要。その設計図をつくるのが建築士の仕事だよ。まずは建物を建てたいと思っているお客さんと話をして、建物のつくりやデザイン、予算などの希望を聞くの。つぎは建物を建てる場所に行って、太陽のあたり方や交通量、まわりの環境などをチェック。これがおわったら建物の形や部屋の配置を図面に引いていくんだよ。建物は人を守る役わりもあるから、かっこいいデザインにするだけじゃなくて、地震でもたおれないつくりや住みやすさも考えなくちゃダメ。工事がはじまってからも、図面どおりに進んでいるかを何度も確認するよ。

お仕事メモ

🔲 **勤務形態は？**
正社員。フリーも多い

🕐 **勤務時間は？**
1日8時間くらい。残業も多い

🚶 **勤務地は？**
設計事務所、建設会社、工事現場など

🗓 **休日は？**
土日祝日。休日出勤も多い

💰 **お給料は？**
月収18万円くらいから

ココが楽しい

自分のイメージどおりの建物が完成したとき。建築は工事から完成まで時間がかかるから、よろこびもおきいよ。

ココが大変

安全などの問題で、お客さんの希望がとおらないことも。納得してもらえるように何度も相談をかさねるよ。

\なりたい!/

建築士への道

高校、専門学校、短大、大学、大学院の建築学部を卒業

↓

建設会社、建築設計事務所などに入る

↓

経験をつんで1級、2級建築士試験に合格

↓

あこがれの建築士に!

建築士の資格をとるためには経験が必要。建築系の学校を出ていればよいこともあるから、あらかじめ学校に入るのがおすすめ。

建築士への第1歩

町にあるいろいろな建物を調べてみよう。構造や部屋の配置を見てみると、いろいろな発見があるよ。

建築士

知ってる?
建築士あれこれ

建築士の資格は3種類あるよ!

＊木造建築士…3階建てまでの木の家を設計できる。
＊2級建築士…鉄筋コンクリート3階建てくらいまでが設計できる。
＊1級建築士…学校や劇場などの大きな建物を建てられる。試験の合格率は10%以下。

進化した設計図のつくり方

むかしは大きなテーブルの上で手書きをしていたよ。いまはCADという製図用のソフトウェアで設計することが多いの。CADは修正がかんたんで作業が速いんだよ。

先ぱいにトツゲキ☆インタビュー

井川建築設計事務所／森田 香代子さん

Q 建築士になろうと思ったのはなぜですか?
すてきな建物をつくって、お客さんによろこんでもらいたいと思ったからです。常に、お客さんの気持ちを考えて設計することを心がけています。

Q やりがいを感じるのはどんなときですか?
設計図どおりの建物ができあがり、お客さんの笑顔が見られたときにやりがいを強く感じます。私もとてもうれしい気持ちになります。

Q 気をつけていることはありますか?
お客さんからの信頼をたいせつにしているので、接客もていねいにおこなっています。お客さんの理想をかなえるために、親身になって話を聞きます。

お仕事 check!
ぴったり度チェック!

☐ 建物を見るのがすき
☐ しんちょうな性格といわれる
☐ 算数がとくい
☐ インテリアに興味がある
☐ 絵をかいたり立体をつくるのがすき
☐ 自分はキッチリしているほうだ

インテリア コーディネーター

すてきなお部屋をつくるおてつだい。

すてきなお部屋づくりを
アドバイス！

おしゃれな家具
をえらぶ目はた
しかなの！

インテリアコーディネーターは、お客さんの希望に合わせて家具や照明、カーテンなどをえらんだり、配置を考えたり、インテリアについてアドバイスをする仕事。お客さん1人ひとりの生活スタイルに合わせたお部屋をコーディネートするには、はば広いインテリアの知識をもっていないといけないんだよ。家具店や住宅会社などに入り、会社員として活やくしている人が多いけど、なかにはフリーで仕事をしている人もいるよ。インテリアコーディネーターには資格が必要で、資格をもっている人の約8割が女性。経験や年れいの制限はないから、子どものいるママやちがう分野で仕事をしている女性も多く取得しているよ。

お仕事メモ

勤務形態は？
正社員、契約、派遣社員。まれにフリーも

勤務時間は？
1日8時間くらい。残業も多い

勤務地は？
建築会社、家具店など

休日は？
平日に週休1〜2日

お給料は？
月収20万円くらいから

ココが楽しい

お部屋をコーディネートし、お客さんがよろこんでくれたとき。自分のセンスと気くばりがつたわったとうれしくなるの。

ココが大変

インテリアの種類はおどろくほどたくさん！ その部屋に合ったものをえらぶためには知識と経験がないとむずかしいよ。

なりたい♪ インテリアコーディネーターへの道

高校、専門学校、大学を卒業

↓

建築会社、家具店などに入る

↓

インテリアコーディネーター資格試験に合格

↓

あこがれのインテリアコーディネーターに！

インテリアコーディネーターの資格のほか、建築士の資格をもっている人も多い

よ。部屋の設計図を書くことも多いので、建築士の資格があると役立つんだよ。

インテリアコーディネーターへの第1歩

家や学校、お出かけ先でかざられているインテリアを見たり、美術館で芸術にふれ、ものを見るセンスをみがこう。

知ってる？ インテリアコーディネーターあれこれ

コーディネートのテクニック！

インテリアのえらび方には、たくさんのポイントがあるんだよ。統一感を出すために使う色やがらを何色かに限定したり、部屋を広く見せたいときはゆかから天井にむかい色を明るくするとか…。インテリアの配置や組み合わせにも、プロならではのコツがあるんだよ。

かかわりのある仕事

空間をデザインして、工事も手配する

インテリアデザイナー

インテリアデザイナーは、お部屋のかべやゆかそのもののデザインをする人のこと。空間そのものをデザインするので、建築について知識をもっていることがたいせつ。設計図を書いたり、工事の手配をしたりと建築士の仕事ににているところもたくさんあるから、建築士の資格をもっている人も多いよ。

お仕事ぴったり度チェック！ check!

- ☐ いろいろな家具を見るのがすき
- ☐ 図工の授業がすき
- ☐ お部屋の整理整とんがとくい
- ☐ 話がわかりやすいといわれる
- ☐ 手芸がすき
- ☐ お部屋のもようがえをよくする

不動産営業スタッフ

不動産の契約をおてつだい。
いろいろな物件を紹介する "不動産やさん"。

家や土地がほしい人の手だすけをするよ

スーツを着て、重要事項を説明

土地・建物（不動産）を売る人・買う人、貸す人・借りる人の間に入って、契約をむすぶまでのおてつだいをする仕事。家や土地をさがしている人の希望を聞いて、それに合った物件を紹介したりもするよ。不動産を取引するときは法律にもとづいた「契約」が必要。重要なことをまとめた書類にもとづいて、取引する人にきちんと説明し、ルールを約束させるのも、不動産営業スタッフの仕事だよ。契約だけじゃなく、お客さんの相談にのることも。そのためには、建物だけじゃなく、町のことを深く知っておかないと、いいアドバイスができないんだよ。仕事をするには「宅地建物取引主任者」という資格が必要だよ。

お仕事メモ

📋 **勤務形態は？**
正社員、派遣社員など

🕐 **勤務時間は？**
1日8時間くらい

📍 **勤務地は？**
不動産会社など

📅 **休日は？** 会社の定休日、ほか平日に1日など

💰 **お給料は？**
月収19万円くらいから

なりたい♪ 不動産営業スタッフへの道

高校、専門学校、大学を卒業
↓
宅地建物取引主任者資格試験に合格
↓
あこがれの不動産営業スタッフに！

資格をとるのに学歴や年れいの制限がないから、人気があるよ。資格をとったあとは不動産会社に就職したり、独立する人もいるよ。

不動産鑑定士

土地や建物などの調査をして
その価値を正しく評価するよ。

土地を調べて鑑定するよ

土地・建物（不動産）を売ったり買ったりする会社や国、個人からいらいを受けて、その不動産の価値を金額で評価するよ。不動産は場所や形によって価値が変わるの。同じ大きさの土地でも、いなかより都会のほうが金額が高いんだよ。土地の評価をたのまれたら、実際にそこへ行って、土地の広さや環境などをこまかく調べるの。土地の評価がおわったら、不動産の金額とその金額をつけた理由を書いた「不動産鑑定評価書」をつくってお客さんにわたすんだよ。不動産鑑定士は不動産関係の仕事の中でもむずかしいよ。難関の国家試験を受けるために、みんなはたくさん勉強して資格をとるんだよ。

現場には図面やカメラ、メジャーをもっていくよ

お仕事メモ

 なりたい！

勤務形態は？
正社員、フリーも多い

勤務時間は？
1日8時間くらい。残業も多い

勤務地は？ 不動産鑑定事務所、
不動産会社、金融機関など

休日は？
週休2日。休日出勤もある

お給料は？
月収25万円くらいから

不動産鑑定士への道

高校、専門学校、大学を卒業
↓
不動産鑑定士国家試験に合格
↓
実務修習（1年数カ月）
↓
あこがれの不動産鑑定士に！

国家試験に合格するまではとにかく勉強。合格後は事務所を設立する人が多いの。男性の中にまざって、女性もがんばっているよ！

測量士

道路や橋、住宅などの土木・建築現場で
地形を正しく調査するよ。

土地のことを
こまかくチェック！

測量計で正確
な数値を出す
んだよ

道路や橋をつくる土木現場や、住宅やビルをつくる建築現場で、最初に活やくするのが測量士。土地はでこぼこだったり、ななめになっていたり、複雑なかたちをしているから、土地のかたちを計算して建物を建てる必要があるの。だから工事をはじめる前に、その土地の位置や高さ、長さ、面積などを専門的な道具を使ってしっかり調査して、正確な図面を作成するの。お仕事の現場は大きな施設から個人の土地までいろいろ。中には地図をつくるための調査や、新しい町づくりのための調査もあるんだよ。工事がはじまったら、少しのまちがいが大きな事故になるから正確さがだいじ。専門技術が必要だから、資格がいるよ。

お仕事メモ

勤務形態は？
測量会社などの正社員、公務員など

勤務時間は？
1日8時間くらい

勤務地は？
事務所または工事現場など

休日は？
土日祝日

お給料は？
月収19万円くらいから

ココが楽しい

測量した土地に道路や橋、建物ができるのを見ると、自分の仕事が役に立っていると実感できて、うれしくなるよ。

ココが大変

建物がくずれる原因になるから、ミスは絶対ゆるされないの。どんなときも集中力をかかさずに仕事をするのは大変だよ。

なりたい！ 測量士への道

高校、短大、大学の土木・測量学科を卒業

↓

測量会社などに入る

↓

測量士の試験に合格

↓

あこがれの測量士に！

測量学科や土木学科がある学校を卒業して現場で経験をつめば、試験を受けなくても資格がもらえるよ。受験するのに年れい制限はないから、通信教育や専門学校で勉強して資格をとる人もいるよ。

測量士への第1歩

まずは地理に興味をもとう。その土地や地形がどうやってできたのか、歴史や風土を調べると楽しい発見があるよ！

知ってる？ 測量士あれこれ

働く場所はいろいろ

測量士の勤務先は、国土交通省、農林水産省、国土地理院、地方公共団体の土木課や地方事務所、測量会社、地図出版社…、いろんな職場があるんだよ。測量の種類は地下やトンネル工事をおこなうために調査する土木測量、新しい建物や橋などをつくる前に調べる土地測量、新しい地図をつくるための地図測量があるよ。チームを組んで仕事することが多いからチームワークも必要なんだよ。

伊能忠敬は測量士の大先ぱい

正確な日本地図をはじめてつくった伊能忠敬は、いまから200年以上も前に地図をつくるために日本中を自分の足で歩いて調査したの。その方法は歩測（歩いて距離を測る方法）や手づくりの測量機器を使った、いま考えると気の遠くなるようなもの。約17年かけてようやく完成した日本地図を見て、当時の人たちは「これが日本の本当の姿か！」とおどろいたそうよ。忠敬の知恵が現代の測量技術にも受けつがれているよ。

お仕事 ぴったり度チェック！ check!

- [ ] 地図を見るのがすき
- [ ] コツコツやりとげる性格
- [ ] こまかい作業がすき
- [ ] 旅行などいろいろな所へ行くのがすき
- [ ] 計算が速い
- [ ] 集中力がある

大工

木を組み立て家を建てる職人さん。
日本の伝統的なお仕事だよ。

家づくりは
おまかせ！

ニッカボッカ
というズボン
をはくよ

大工の仕事は、木造住宅を建てること。材木を使ってじょうぶな家を建てるためには、木と木をすき間がないようにピシッと組み合わせる職人技と、その土地の環境を読む力も必要。1つの家を建てるにはまず、設計図をもとに材木に印をつけて、その印に合わせてかんなやのみという道具で材木をけずっていくの。その材木を組み立てて家のわくぐみをつくるんだよ。その現場をしきるのが「棟梁」とよばれる大工の親方。みんな棟梁の指示にしたがって働くよ。家づくりには壁をぬる「左官」 P384 や塗料をぬる「塗装工」 P384 などいろいろな職人がかかわっていて、大工はそのまとめ役にもなるよ。

お仕事メモ

勤務形態は？
工務店・住宅会社の正社員、アルバイトなど

勤務時間は？
1日8時間くらい。季節によっても変わる

勤務地は？
家を建てる現場など

休日は？
雨など天気が悪い日

お給料は？
月収40万円くらいから

ココが楽しい

1軒の家が完成したとき。自分が建てた家に、これからずっとお客さんが住んでくれると思うと、本当にうれしくなるの。

ココが大変

高い場所に登ったり、材木を運んだりするから危険が多いよ。大きなケガをしないようにいつも注意しているよ。

なりたい！ 大工への道

中学、高校を卒業
↓
工務店・住宅会社に入る → 棟梁に弟子入り
↓
あこがれの大工に！

現場で働くには、工務店などに就職するか棟梁に弟子入りするのが一般的。職人技を身につけて一人前になるためには何年も修業が必要だよ。

大工への第1歩

まずはのこぎりやとんかちなど、道具の使い方をおぼえるために、かんたんな本だなやテーブルづくりにチャレンジしてみよう。男の子に負けないように体力をしっかりつけておくのも重要だね！

知ってる？ 大工あれこれ

道具箱の中には"大工の七つ道具"

大工の道具箱の中にはめずらしい道具がいっぱい！ L字型をした金属のものさし「さしがね」、刃のこまかさがいろいろある「のこぎり」、クギを打つ「玄能」、木材の表面をつるつるにけずる「かんな」、材木に穴やみぞをつくる「のみ」、材木に印をつける「墨つぼ・墨さし」、柱などをけずる「ちょうな」。これらは"大工の七つ道具"と言われていて、家づくりに大活やくするの。むかしから使用されているんだよ。

女の子でも体力とやる気があればOK！

重い材木を運んだり、全身を使って材木をけずったり、大工はとにかく体力勝負のお仕事。男性ばかりのイメージだけど、中にはがんばっている女性もいるよ。体力とやる気があれば、女性でも活やくできる仕事だよ。

大工の技は自分で学ぶ

大工の仕事はきびしい職人の世界。新人のうちは、現場のおそうじや道具の手入ればかりで、棟梁は何も教えてくれないことが多いよ。職人技は、棟梁や先ぱいが仕事をしている姿を見ながら勉強するんだよ。

お仕事ぴったり度チェック！ check!

- [ ] 体力には自信がある！
- [ ] 図工がすき
- [ ] 高い所が平気なほう
- [ ] 職人はかっこいいと思う
- [ ] 手先が器用だ
- [ ] がまん強い性格だ

383

左官（さかん）

左官（さかん）とは建物（たてもの）のかべをぬる職人（しょくにん）のこと。土やセメント、砂などをコテという道具を使ってキレイにぬり上げていくの。土のことをよく知っていて、ぬる場所によってどう土を使い分けるかが左官職人（さかんしょくにん）のうでのみせどころ。快適（かいてき）な空間には、建物（たてもの）の強さと見た目の美しさの両方（りょうほう）が重要（じゅうよう）なの。ぬり上げたかべは、建物（たてもの）の強度を高める役目もはたすよ。

＼なりたい／ 左官（さかん）への道

中学、高校を卒業（そつぎょう） ➡ 親方（おやかた）に弟子入り（でしいり） ➡ あこがれの左官（さかん）に！
➡ 左官会社（さかんがいしゃ）に入る ➡

×××××××××××××××××××××××××××××××××××××××

塗装工（とそうこう）

塗装工（とそうこう）はペンキなどの塗料（とりょう）を、ハケやローラーでぬったり、スプレーをふきつけて、建物（たてもの）の床（ゆか）やかべ、天井（てんじょう）、建物（たてもの）の外側（そとがわ）などをキレイにしあげる人。塗装（とそう）にはただ色をつけるだけじゃなくて、抗菌（こうきん）や防水（ぼうすい）、防カビ（ぼうかび）などの役わりもあるよ。目に見える部分だから、どんなイメージの色や材質（ざいしつ）にするか、お客さんとよく打ち合わせをすることもたいせつ。

＼なりたい／ 塗装工（とそうこう）への道

中学、高校を卒業（そつぎょう） ➡ 親方（おやかた）に弟子入り（でしいり） ➡ あこがれの塗装工（とそうこう）に！
➡ 塗装会社（とそうがいしゃ）に入る ➡

ゲーム・IT（アイティー）のお仕事

パソコンをそうさするのが楽しい！

ゲーム・
IT（アイ ティー）
のお仕事（しごと）

わたしたちの生活を便利（べんり）にするパソコン。

ゲームやインターネットだけじゃなく

社会のあらゆるところで

IT（アイティー）の技術者（ぎじゅつしゃ）たちが活やくしているよ！

ゲームクリエイター

テレビゲームやオンラインゲームの
ストーリー、登場人物、演出などを考えるよ。

ゲームづくりの
プロ集団！

服そうは自由。
ラフなかっこう
でOKよ！

ゲームづくりにかかわる人を、みんなゲームクリエイターとよぶよ。ゲームづくりは、いろいろな技術をもった人があつまりチームを組んで仕事がスタートするの。チームのリーダー役のゲームプランナーが、ゲームの基本となるお話や、どう制作すればおもしろくなるかを考えるの。ゲーム全体を指揮する役わりだよ。制作チームには、物語を考える「シナリオライター」、映像を動かす「CGクリエイター」 P392 、ゲームを動かすプログラムをつくる「プログラマー」 P398 などがいて、ゲーム完成まで力を合わせて取り組むよ。おもしろいゲームになるようみんなでアイデアを出し合うから、発想のゆたかさや協調性がだいじだよ。

お仕事メモ

勤務形態は？
正社員、契約、派遣社員。フリーもいるよ

勤務時間は？
1日8時間くらい。残業も多い

勤務地は？
ゲーム関連の会社

休日は？
週休2日。休日出勤も多い

お給料は？
月収20万円くらいから

ココが楽しい
自分のアイデアがゲームにもりこまれ、完成したときは本当にうれしい。それが「おもしろい」と評判になれば最高！

ココが大変
ゲームづくりの仕事はいそがしい上に時間がとても不規則。夜おそくまで働いたり、休みの日に会社に行くこともあるよ。

マンガでわかる ゲームクリエイターストーリー

まずは企画書づくり

こんなゲームをつくりたいな

ゲームプランナーがどんなゲームをつくるか、考えるよ

ゲーム会社の会議

最近は動物とのふれあいが注目されています

いいね！

なるほどね！

物語を考える

シナリオライター

会議でOKが出たら、企画は実現にむけて動くよ

音楽をつくる

サウンドクリエイター

みんなですてきなゲームをつくろう！

映像を動かす

CGデザイナー

1つのゲームは、何人ものチームでつくられているんだよ

ゲームを動かす

プログラマー

全部のデータがあつまったら、わたしの出番！ゲームとして組み立てるよ

なりたい！ ゲームクリエイターへの道

大学、ゲームの専門学校などを卒業

↓

ゲーム関連の会社に入る

↓

開発部門に配属される

↓

あこがれのゲームクリエイターに！

ゲームの専門学校や理系や美術系の大学を出て就職する人が多いよ。

ゲームクリエイターへの第1歩！

こんなゲームがおもしろいというアイデアを、ノートに書きとめておこう。小学生のときに考えたアイデアで、ゲームをつくった人もいるよ。

知ってる？ ゲームクリエイターあれこれ

あらゆるところからヒントを得る

ゲームづくりは、小説や映画をつくる作業ににていて、ふだんの生活や町のようすなどいろいろなところからひらめきがわくよ。ものごとを観察するするどい目が必要だよ。

ゲームづくりに必要な制作費と人数

最新3D映像など高品質のゲームは何億円もかけてつくられるよ。スタッフの人数もさまざまで、数百人でチームを組むこともあるんだよ。ぎゃくに、かんたんなゲームなら少ない予算で1人でつくることもあるんだよ。

先ぱいにトツゲキ☆インタビュー

セガゲームス／神戸祥子さん

Q なぜこの仕事につこうと思いましたか？

ゲームで遊んだときに感じるうれしい気持ちや楽しい気持ちを、みんなに感じてもらいたい！と思い、ゲームをつくる道をめざしました。

Q コンピュータにくわしくないとダメですか？

表現したいことを形にする手助けをしてくれるのがコンピュータ。くわしくなくてもだいじょうぶだけど、使いこなせる技術は必要です。

Q やりがいを感じるのはどんなことですか？

ゲームを遊んでくれた人から感想を聞いたとき。家族や友だちに「そのゲーム、知ってる！」と言われたときも、うれしいです。

お仕事ぴったり度チェック！ check!

- [ ] ゲームが大すき！
- [ ] パソコンがとくい
- [ ] 集中力には自信がある
- [ ] マンガや小説を読むのがすき
- [ ] 協調性があると思う
- [ ] もの知りだといわれたことがある

CGクリエイター

コンピュータを使って映像や絵を制作。
映画やCM、WEBの世界で活やくするよ!

ペンタブレットやマウスで絵をかくよ

パソコンを使った映像ならまかせて!

CG（コンピュータグラフィックス）とは、コンピュータで作成される画像のこと。CGクリエイターは、映画やCM、ゲームなどで流れる映像や、ポスターやカタログで使われる画像をつくる仕事だよ。いろいろなイラストや映像を組み合わせて、実際には撮影できないような絵や動画を生み出すの。空飛ぶ人間のポスターや高速で走る車のCM、3Dのアニメーションなど、あらゆるところにCGクリエイターの技術がかくれているんだよ。仕事には絵をかく力とCG制作に必要なソフトを使いこなせることがだいじ。CG制作はプログラマー P398 やゲームクリエイター P388 などとチームで仕事することが多いんだよ。

お仕事メモ

勤務形態は?
正社員、契約・派遣社員。フリーも多い

勤務時間は?
1日8時間くらい。残業も多い

勤務地は?
CG制作会社

休日は?
土日祝日。休日出勤も多い

お給料は?
月収25万円くらいから

ココが楽しい

完成したCGを見ておどろいてもらえるとうれしくなっちゃう! 本物みたい! というのは、最高のほめことば。

ココが大変

CGをつくるためにはチームワークがたいせつ。頭の中のイメージを人につたえることは、けっこうむずかしいんだよ。

なりたい！ CGクリエイターへの道

CGクリエイターの専門学校、大学の美術学部を卒業

↓

CG制作会社などに入る

↓

あこがれのCGクリエイターに！

CGクリエイターを育成する専門学校へかようのが近道。資格はとくに必要ない けど、「CGクリエイター検定」に合格すると就職するときに有利になるよ。

CGクリエイターへの第1歩

いまからできることは絵をたくさんかいて練習すること！ 美術の授業をがんばろう。デッサンや写生にも挑戦してみよう。

知ってる？ CGクリエイターあれこれ

CGはいろいろな現場で活やく！

映画やCMなどの制作以外にも、いろいろな所で活やくしているよ。ビルや道路などの大きな建物の設計図を立体にし、完成予想のCGをつくったり、科学研究のシミュレーション映像をつくることもあるよ。

絵やデッサン力が発揮できる！

ほとんどパソコンの前でする作業が多いけど、ときには自分のイメージを紙にかいたり、映像に登場するキャラクターや背景をえがくことも。絵をかく力を重視される仕事だよ。

ブルーバックで背景を自由に合成

テレビや映画で、人物と背景画像を合成するときに青いシート（ブルーバック）の前で演技をするよ。アクション映画で俳優がビルの上を飛んだりするのも、CGクリエイターが合成しているの。

お仕事 ぴったり度チェック！ check!

☐ 絵をかくことがすき

☐ テレビや映画をよく見る

☐ パソコンをよく使う

☐ ずっとすわったままの作業も平気！

☐ 集中力には自信がある！

☐ 体力にも自信がある！

システムエンジニア

コンピュータを動かすためのシステムを
お客さんの希望に合わせてつくるよ。

コンピュータを
動かす司令役だよ

きちんとした服
そうでお客さん
のもとへ

コンピュータを動かすには、プログラムをつくって命令をあたえることが必要なの。お客さんから「こういうふうにコンピュータを動かしたい」という希望を聞いて、プログラムの設計図をつくるのがシステムエンジニア（SE）の仕事。いらいを受けたら、設計図をつくって、プログラマー P398 へわたすの。プログラマーはその設計図どおりにコンピュータシステムを作成。希望どおりに動くかどうかのテストをして、お客さんにコンピュータをわたすよ。そのあと問題が発生したら、対応するのも SE の仕事。銀行や飛行機、鉄道、病院など、コンピュータが使われている場所ではすべて SE がかかわっているんだよ。

お仕事メモ

勤務形態は？
正社員、契約・派遣社員

勤務時間は？
1日8時間くらい。残業も多い

勤務地は？
コンピュータ会社、情報通信会社など

休日は？
土日祝日。休日出勤も多い

お給料は？
月収25万円くらいから

ココが楽しい

自分がかかわったコンピュータがお客さんの希望どおりに動いたとき。お客さんによろこんでもらえるとうれしいよ。

ココが大変

システムのしくみを知らない人にもわかるように説明するのは大変。そのためになんども打ち合わせをかさねるんだよ。

システムエンジニアへの道

\なりたい♪/

専門学校、大学の理工学部を卒業

⬇

コンピュータ会社のシステム管理部などに入る

⬇

プログラマーになって経験をつむ

⬇

あこがれのシステムエンジニアに!

理工系の大学や専門学校出身者が多いけど、それ以外の学部出身の人もいるよ。

最新のIT情報を知っておくことがだいじ。プログラマーとしての経験をつんでSEになる人が多いよ。

システムエンジニアへの第1歩

「パソコン基礎検定試験」など小中学生むけ試験もあるからチャレンジしてみて。

知ってる?

システムエンジニアあれこれ

SEはコミュニケーションもたいせつ

SEはコンピュータの知識にくわしいだけじゃだめ。お客さんの希望にきちんとこたえるためには、相手の話をしっかり聞いて、それをコンピュータでどうやって実現できるか考えることがたいせつ。新しい仕事をとることもあるから、コミュニケーション力が必要だよ。

プログラミング言語を使いこなす

プログラミング言語とは、コンピュータに命令するためのことばのこと。人間のことばを機械が理解できることばに置きかえるのがSEの役目だよ。種類がたくさんあるプログラミング言語を使いこなすのはとってもむずかしいの。資格もあるからチャレンジしてみよう!

人気の商品を担当するチャンスも

就職する会社によっては、最新のカメラや携帯電話など、身近なアイテムのシステムづくりを担当できることも。いろんな商品にかかわることができるのも、SEのだいごみ!

お仕事ぴったり度チェック! check!

☐ パソコンを使うことがすき!

☐ 英語や数字がとくい

☐ 人と話すことがすき

☐ 集中力には自信がある

☐ 説明がわかりやすいといわれる

☐ 新しいパソコン情報にびんかん!

プログラマー

コンピュータを動かすためのプログラムを組み
注文どおりに動かす仕事。

ゲームや携帯電話、パソコン用のソフトなど、どんなコンピュータもプログラムがないと動いてくれないの。プログラマーはシステムエンジニア P394 がつくった設計図をもとに、コンピュータにプログラムを入力（プログラミング）する仕事。こういうコンピュータにしたい、という内容を、アルファベットや記号を使ったコンピュータの専門用語に打ち変えていくの。単純だけど、1つでもまちがえたらコンピュータは動いてくれないから、とても根気のいる作業なんだよ。プログラミングをやっとおえても、正しく動作しない、なんてことも。正しく動くまでプログラミングを何度もやり直さなければならないの。

コンピュータが動くのはわたしたちのおかげよ！

キーボードを打ち込む速さはピカイチ！

お仕事メモ

勤務形態は？
正社員、契約・派遣社員。フリーも多い

勤務時間は？
1日8時間くらい。残業も多い

勤務地は？
コンピュータ・ゲーム会社など

休日は？
土日祝日。休日出勤も多い。

お給料は？
月収23万円くらいから

ココが楽しい

何度もテストをして、ようやくコンピュータが正しく動くようになったとき。短い時間ごできたときはとてもうれしいよ。

ココが大変

正常にコンピュータが動作するまでが、プログラマーの仕事。そのために毎日おそくまで残業があるから、大変なの。

なりたい！ プログラマーへの道

大学の理工学部、専門学校を卒業

↓

コンピュータ・ゲーム会社などに入る

↓

あこがれのプログラマーに！

就職に必要な資格はないから、まずはIT関係の会社の就職試験にチャレンジしてみよう。経験がなくても会社が教えてくれるところもあるよ。

プログラマーへの第1歩

コンピュータがどのようにできているか、そのしくみについて調べてみよう。いろいろな発見がいっぱいあるはずだよ！

知ってる？ プログラマーあれこれ

ゲームを支える技術力

プログラマーは、ゲームの世界でも大活やく。いろいろなクリエイターの作品を、ゲームとして動くようにしているのはプログラマーの力！ いまは携帯電話のゲームも人気だから、携帯にくわしい人も多いよ。

みんなが使いやすいシステムを

「スタート」ボタンをおすとゲームが自動的にはじまる…。これもプログラマーがコンピュータにそう動くように指示をあたえているからよ。複雑なコンピュータを、だれでもかんたんに使えるようにできるかどうかがプログラマーのうでの見せどころだよ！

ゆくゆくはシステムエンジニアに！

プログラマーとして経験をつんだあとに、システム全体の設計図をつくるシステムエンジニア P394 にステップアップする人も。システムエンジニアのほとんどがプログラマー経験者なんだよ。

お仕事ぴったり度チェック！ check!

- [ ] パソコンがすき！
- [ ] 英語や数字がとくい
- [ ] 集中力には自信がある
- [ ] 根気強い性格だと思う
- [ ] 国語より算数のほうがすき
- [ ] キーボードを見なくても文字を打てる

ソフトウエア開発技術者

みんなが使いやすい便利なソフトウエアを
開発するIT業界の発明家。

つくったソフトウエアがさらにパソコンを便利に！

便利なソフトを生み出すよ

ソフトウエアとは、コンピュータを
目的に合うように動かすプログラムの
こと。コンピュータそのものを動かす
システムから、計算ソフト、ゲームソ
フト、デザインソフトなど、いろいろ
な種類があるよ。コンピュータメー
カーなどで新しいソフトウエアを開発
しているのが、ソフトウエア開発技術
者。ボタン１つで計算ができたり、パ
ソコンの画面に絵がかけたり、みんな
がおどろくような便利なソフトをつく
るの。ソフトの種類はたくさんあるか
ら、業界の中でもより高い知識と技術
をもってないといけないよ。この仕事
につくまで、システムエンジニア P394
やプログラマー P398 を経験する人が多
いよ。

お仕事メモ

勤務形態は？
正社員、契約・派遣社員

勤務時間は？
１日８時間くらい。残業も多い

勤務地は？
コンピュータ会社など

休日は？
土日祝日。休日出勤も多い

お給料は？
月収25万円くらいから

なりたい！

ソフトウエア開発技術者への道

大学・大学院の理工学部、専門学校を卒業
↓
企業のシステム管理部などに入る
↓
システムエンジニア、プログラマーに
↓
あこがれのソフトウエア開発技術者に！

IT技術者資格で
ある「応用情報技
術者」を取るとお
客さんの信用度も
アップ！まずは
システムエンジニ
アやプログラマー
になろう。

モバイル技術者

携帯電話の機能やしくみはおまかせ！
携帯電話業界で技術を担当するよ。

仕事のため、複数の携帯電話をもっている人が多いよ

使いやすい携帯電話をつくるよ！

モバイルとは携帯電話など、携帯できるコンピュータのこと。携帯電話は通話以外にも、インターネットに接続できたり、写真がとれたり、テレビ番組を見ることができたりするけど、この携帯電話をどんどん使いやすくするのがモバイル技術者だよ。仕事内容は会社によっていろいろ。スマートフォンなどで使う新しいアプリケーションの開発や、携帯電話のしくみを考えるのは、ソフトウエア開発技術者と同じ仕事だけど、携帯電話の複雑なしくみが頭の中に入っていないとできないよ。最近では各社からたくさん新製品が誕生しているから、最新の知識やほかにはないアイデアを出せるかどうかも重要だよ。

お仕事メモ

勤務形態は？
正社員、契約・派遣社員

勤務時間は？
1日8時間くらい。残業も多い

勤務地は？ 携帯電話会社、モバイルのWEB制作会社など

休日は？
土日祝日。休日出勤も多い

お給料は？
月収20万円くらいから

\なりたい！/

モバイル技術者への道

大学の理工学部、専門学校を卒業

↓

モバイル関連の会社に入る

↓

あこがれのモバイル技術者に！

携帯電話やスマートフォンをつくっている会社に就職しよう。モバイル技術者の資格試験を受けると、複雑な携帯電話についていろいろと学べるよ。

カスタマーエンジニア

コンピュータを使っているお客さんのもとで
点検や修理をおこなう技術者。

点検・修理中
はスーツの上
から作業着

こわれたコンピュータを
しっかりなおすよ！

　会社や家庭で使われているコンピュータがこわれたときなどに訪問して、点検をしたりこわれた部分をなおす仕事。なおすのは、家や会社で使うパソコンのほか、たとえば電車の走行を制御するようなコンピュータまでさまざま。カスタマーエンジニアの会社によって、それぞれ専門がちがうよ。コンピュータはトラブルがつきもの。とくに企業で使われているコンピュータは、こわれるとみんなのくらしに大きな影響がでるから定期的に点検して、トラブルが起きないようにしているんだよ。お客さんからの希望を開発の担当者につたえて、新商品づくりに役立ててもらうのも重要な役目だよ。

お仕事メモ

勤務形態は？
正社員、契約・派遣社員

勤務時間は？ 1日8時間くらい。深夜勤務もある

勤務地は？ コンピュータ会社、保守サービス会社、訪問先

休日は？
土日祝日。休日出勤もある

お給料は？
月収25万円くらいから

なりたい♪

カスタマーエンジニアへの道

工業高校、大学の工学部などを卒業

↓

コンピュータメーカー、保守サービス会社などに入る

↓

あこがれのカスタマーエンジニアに！

資格はとくに必要ないけれど、コンピュータのくわしい知識があると就職しやすいよ。パソコンそうさにくわしくなっておこうね。

パソコンインストラクター

パソコン教室や最新パソコンの展示会などで
パソコンのそうさ方法をアドバイス！

初心者にもわかりやすく教えるよ！

先生らしいきっちりした印象の服そう

パソコンの使い方がわからない人に、そうさ方法を教えるのがパソコンインストラクター。パソコン教室では、先生としてパソコンの基本的なそうさや便利な利用方法、ソフトの種類や使い方などを指導するの。教室にかよう生徒さんたちは、より高い技術を身につけるために来ている人から、まったくパソコンの知識のない人までさまざまだから、それぞれの人に合わせてわかりやすい方法で教えなくてはダメ。パソコンにくわしいだけじゃなくて、人に教えることがすきな人にむいているよ。ほかにも新しいパソコンの展示会などで使用方法を説明したり、会社のパソコン講習会の講師としてよばれたりすることもあるよ。

お仕事メモ

勤務形態は？
正社員、派遣社員、アルバイトなど

勤務時間は？
1日8時間くらい

勤務地は？
パソコン教室、展示会など

休日は？
週休1〜2日

お給料は？
月収18万円くらいから

なりたい！ パソコンインストラクターへの道

情報処理系の学校や通信教育で学ぶ
↓
パソコン教室などに入る
↓
あこがれのパソコンインストラクターに！

通信教育や専門学校で学ぶ人がほとんど。パソコンの資格だけじゃなく、教えるために必要なインストラクターの資格を持っている人が多いよ。

WEBデザイナー

インターネット上の WEB サイト画面を
自由自在にデザインするよ。

見やすくキレイな
WEBサイトをつくるよ！

服装は自由。
おしゃれな人
が多いよ！

企業やお店は、お客さんに知っても
らうために WEB サイトをつくって、
業務の内容やお店のメニューなどを公
開してるの。WEB サイトは作成ソフ
トを使えばかんたんにつくれるけれど、
WEB デザイナーは、安全性、見やす
さ、ざん新なデザインをもち合わせた
サイトをつくるよ。お客さんからいら
いされたイメージに合わせて、文章や
イラスト、写真をバランスよく置いて
デザインしていくの。企業やイベント
の WEB サイトなど大きな仕事をする
ときは、プロジェクトチームを組んで
作業をするよ。アートディレクター
P116、プログラマー P398 などとチーム
を組み、力を合わせて１つの WEB サ
イトをつくるんだよ。

お仕事メモ

勤務形態は？
正社員、契約・派遣社員。フリーも多い

勤務時間は？
１日は８時間くらい。残業も多い

勤務地は？
WEB 制作会社など

休日は？
土日祝日。休日出勤も多い

お給料は？
月収 17 万円くらいから

ココが楽しい

WEB の技術は日々進化してい
るの。いままでになかったデザ
インが可能になるなど、デザイ
ンの勉強のしがいがあるよ！

ココが大変

デザインした WEB サイトがお
客さんのイメージに合わないと、
何度もつくり直すことも。いら
いどおりにつくるのは大変。

なりたい！ WEBデザイナーへの道

専門学校、大学の芸術学部を卒業

↓

WEB制作会社に入る

↓

あこがれのWEBデザイナーに！

WEBデザインの専門学校へ入って学ぶのが一番の近道。必要なソフトをそろえて1人で勉強してデザインの技術を身につける人もいるよ。

WEBデザイナーへの第1歩

ホームページ作成ソフトを使って、自分のサイトをつくってみよう。無料でつかえるかんたんなソフトもあるよ。

知ってる？ WEBデザイナーあれこれ

手がけたサイトは世界中からアクセス！

インターネット上にある WEB サイトは世界中から見てもらえるもの。これは本や雑誌ではできないこと。知らないところでいろいろな国の人たちが自分のデザインした WEB サイトを見ていると思うと、わくわくするよ。

持ってると役立つ資格

WEB デザインにかんする技術や知識を深めるなら、「WEB デザイン技能士」の資格をとるのがおすすめ。国家検定の「WEB デザイン技能検定」の試験に合格するともらえるの。これをもっていれば就職にも有利になるよ！

知っておきたいパソコンのソフト

デザインに便利なソフトはたくさん。ホームページ作成ソフト「Dreamweaver」や写真の加工やイラストを作成する「Photoshop」や「Illustrator」などのソフト以外にも、プログラミングソフトや動画や音声を作成するものなど、使いこなしておきたいソフトはいろいろ。いまはかんたんなソフトを見つけて勉強してみるのもいいね。

お仕事ぴったり度チェック！ check!

☐ 絵をかくのがすき

☐ パソコンをよく使う

☐ 図工がとくい

☐ 美術館や博物館がすき

☐ WEBサイトを見るのが楽しい！

☐ 新しいことにちょう戦するのがすき

＼ わたしってどんなお仕事にむいているの？ ／

自己診断テスト

「いろいろなお仕事のなかで、自分に合うものってなんだろう？」だれでもそう思うよね。ぴったりのお仕事をさがすためには、あなたの本当の性格やかくれた能力を知ることがだいじ！ ここで2つのテストをやってみてね。あなたに合うお仕事を楽しみながら診断できるよ！

自己診断テスト 1　あなたの本当の性格を知ろう！

問題 1 〜 5 にこたえて、
自分や友だちにはわからない本当の性格を知ろう！

問題 1

友だちとショッピング。お気に入りのファッションでおしゃれしてお出かけしたい！あなたなら何を着る？

a ボーイッシュなショートパンツ

b レースのロマンティックワンピ

c カラフルなミニスカート

問題 2

はじめてデートできた動物園。カレはどの動物を見るかでまよってるみたい。あなたなら何を見る？

a ライオンやトラなどのもう獣

b うさぎやりすなどの小動物

c ゴリラやニホンザルなど

問題 3

おるすばんの休日。なんだかおなかがすいちゃった。とだなの中の食パンでどんなサンドイッチをつくる？

a カツをはさんでカツサンドに

b ベーコン・レタス・トマトを入れたサンドイッチに

c フルーツをはさんでフルーツサンドに

問題 4

家族と映画を見に行ったよ。ママが映画に感動してないちゃった。あなたなら、なんて声をかける？

a 「よかったよねー、わたしも感動しちゃった」

b だまってハンカチをわたす

c 「どのシーンがそんなによかったの？」

問題 5

図書館で友だちとお勉強。でもさっそく勉強にあきちゃった！代わりに読書するなら、どの本を読む？

a カリスマモデルのエッセイ

b 冒険小説

c ずかんや百科事典

診断

5問の中の一番多かったこたえであなたの性格がわかるよ！

a または **a** と **b** が一番多かったあなた

火のタイプ

あなたは、情熱的でいつも一生懸命ながんばりやさん。流行にもびんかんで話題が豊富だから、クラスでもみんなを引っぱるリーダー役だよ。

b または **b** と **c** が一番多かったあなた

水のタイプ

あなたは、やさしくてみんなのことを一番に気づかえる女の子。自分は1歩下がって、友だちの活やくを見守っていることが多いよ。本当は熱い心のもち主よ。

c または **a** と **c** が一番多かったあなた

風のタイプ

あなたは、集団でいてもなぜか人の目を引くような個性をもった女の子。まわりの人にだいたんに見られるタイプだけど、じつは人間関係にはしんちょうよ。

この結果をふまえて、つぎページのチャートもやってみよう！

あなたのかくれた能力を知ろう!

質問にこたえて、ア か イ をえらんで進んでね。
つぎのページであなたにむいているお仕事がわかるよ!

ア → イ →

火のタイプはココから

友だちといっしょにスポーツするなら?

ア サッカー
イ スケート

のんびりしたお休みの日にすることは?

ア ショッピング
イ 読書

水のタイプはココから

誕生日に友だちがプレゼントをくれるなら何をもらいたい?

ア スポーツ
イ 文ぼう具

あなたのこのみのタイプの男の子はどっち?

ア クラスメイト
イ 年上の男の子

風のタイプはココから

家族と旅行に行くなら、どこに行きたい?

ア 日本国内
イ 海外

学校の行事では活やくするほう

ア はい イ いいえ

よくノートや教科書に落書きする

ア はい イ いいえ

映画館でみるならこの
映画しかない！

ア アクション
映画

イ 恋愛映画

→

学級委員になりたい？
もしくはなっている？

ア はい

イ いいえ

→  診断 A へ

→  診断 B へ

新学期のときはかなら
ず新しい服を着る

ア はい

イ いいえ

→

ふだんよく読む雑誌は
何かな？

ア ファッション
雑誌

イ マンガ雑誌

→  診断 C へ

→  診断 D へ

もしも動物を飼うなら？
もしくは飼っている？

ア いぬ

イ ねこ

→

あなたが尊敬する大人
はどっち？

ア 両親

イ 先生

→  診断 E へ

→ 診断 F へ

もしもどちらかの夢が
かなうとしたら？

ア タレントとの
デート

イ 将来、有名な
賞をもらう

→

学芸会でやりたいこと
は何？

ア 役を演じる

イ 台本を書く

→  診断 G へ

→  診断 H へ

つぎページの診断を見てね！

これがあなたに

診断Aのあなた

人をまとめるのがとくいなあなたは、みんなを引っぱるお仕事がぴったり。あなたの情熱がみんなの心をきっと動かすことになるわ！

☑ 政治・法律・金融のお仕事
☑ スポーツにかかわるお仕事
☑ 海外にかかわるお仕事

【そのほか…】ファッションプレス、ニュースキャスター、テレビディレクター、クリエイティブディレクター、アートディレクター、消防士　など

診断Bのあなた

人と接することが何よりすきなあなたは、ほかの人のお世話をしてあげるお仕事がぴったり。やる気と努力を社会に役立てる力がある人よ！

☑ 医療・警察・防衛のお仕事
☑ 料理・食のお仕事
☑ 植物・動物にかかわるお仕事

【そのほか…】保育士、看護師、アロマセラピスト、スクリプター、キャビンアテンダント、バスガイド、国連スタッフ、養護教諭、弁護士　など

診断Cのあなた

おしゃれをどんなときもわすれないあなたは、美しいもの、楽しいものを追求するお仕事がぴったり。センスはだれにも負けないわ！

☑ ファッション・美容のお仕事
☑ 旅行・レジャーのお仕事
☑ 音楽・ダンスのお仕事

【そのほか…】モデル、女優、タレント、アートディレクター、フィギュアスケート選手、着物デザイナー、料理研究家、フラワーデザイナー　など

診断Dのあなた

いつも明るくほがらかなあなただけど、じつは手先の器用な職人タイプでもあるよ。じっくり考えたり、こまかい作業をするお仕事がぴったり。

☑ 日本伝統のお仕事
☑ ゲーム・ITのお仕事
☑ 植物・動物にかかわるお仕事

【そのほか…】マンガ家、ソーイングスタッフ、ネイリスト、字幕翻訳者、スポーツ審判員、アニメーター、シェフ、税理士、大工　など

むいているお仕事

めんどうみのいいあなたは、人や動物に何かをしてあげるお仕事がぴったり。あなたのやさしさにすくわれる人がきっといるわ。

診断Eのあなた

- ✓ 教育のお仕事
- ✓ 植物・動物にかかわるお仕事
- ✓ 医療・警察・防衛のお仕事

【そのほか…】保育士、看護師、美容師、エステティシャン、監督、コーチ、栄養士、キャビンアテンダント、パソコンインストラクター　など

おだやかで心静かな生活をのぞむあなたは、自分でコツコツやれるお仕事がぴったり。あなたの冷静さは仕事をするうえでの財産よ!

診断Fのあなた

- ✓ 出版・美術のお仕事
- ✓ 建築・インテリアのお仕事
- ✓ ゲーム・IT のお仕事

【そのほか…】ソーイングスタッフ、気象予報士、作詞家、栄養士、パン職人、水産技術者、航空整備士、ブリーダー、花屋、行政書士　など

理想が高く行動派のあなたは、夢にむかって一生懸命努力できる人。むずかしいと思えることも、努力してひょいと乗り越えちゃうよ。

診断Gのあなた

- ✓ テレビ・映画・ラジオのお仕事
- ✓ 音楽・ダンスのお仕事
- ✓ 女性が少ないお仕事

【そのほか…】パティシエ、マンガ家、ファッションデザイナー、プログラマー、編集者、予備校講師、通訳、建築家、システムエンジニア　など

いつもおもしろいことを考えていて、それを人の前でもひろうできる強いハートのもち主。自分だけの表現力で花開く人だよ。

診断Hのあなた

- ✓ テレビ・映画・ラジオのお仕事
- ✓ 未知へ挑戦するお仕事
- ✓ 建築・インテリアのお仕事

【そのほか…】ファッションデザイナー、歌手、ミュージシャン、小説家、絵本作家、女流棋士、ソムリエ、大学教授、ゲームクリエイター　など

さくいん

イラスト	オチアイトモミ、加々見絵里、こいち、桜倉メグ、トキシユリコ、ナカムラアヤナ、猫野ココ、ひのもとめぐる、星野ニア
デザイン	棟保雅子
DTP	朝日メディアインターナショナル株式会社
協力	川崎汽船株式会社、株式会社はとバス、株式会社テレビ朝日
執筆協力	大口理恵子、齋藤久美子、坂田佳子、圓岡志麻、平山祐子
編集協力	ダグハウス、平山祐子

※本書は、当社ロングセラー『ミラクルたのしい！ ハッピーお仕事ずかん』（2012年4月発行）に新たなページを加え作成しました。

ミラクルハッピー
お仕事ずかんDX

編著者	ドリームワーク調査会 （どりーむわーくちょうさかい）
発行者	若松和紀
発行所	株式会社 西東社
	〒113-0034　東京都文京区湯島2-3-13
	http://www.seitosha.co.jp/
	営業部　03-5800-3120
	編集部　03-5800-3121〔お問い合わせ用〕

※本書に記載のない内容のご質問や著者等の連絡先につきましては、お答えできかねます。

ISBN 978-4-7916-2381-5